CB143592

Conflitos na TV digital brasileira

PUC
RIO

Reitor
Pe. Josafá Carlos de Siqueira, S.J.

Vice-Reitor
Pe. Francisco Ivern Simó, S.J.

Vice-Reitor para Assuntos Acadêmicos
Prof. José Ricardo Bergmann

Vice-Reitor para Assuntos Administrativos
Prof. Luiz Carlos Scavarda do Carmo

Vice-Reitor para Assuntos Comunitários
Prof. Augusto Luiz Duarte Lopes Sampaio

Vice-Reitor para Assuntos de Desenvolvimento
Prof. Sergio Bruni

Decanos
Prof. Paulo Fernando Carneiro de Andrade (CTCH)
Prof. Luiz Roberto A. Cunha (CCS)
Prof. Luiz Alencar Reis da Silva Mello (CTC)
Prof. Hilton Augusto Koch (CCBM)

Patrícia Maurício

Conflitos na TV digital brasileira

Editora PUC Rio

apicuri

Copyright © 2012 Patrícia Maurício Carvalho

Todos os direitos reservados. Nenhuma parte desta edição pode ser utilizada ou reproduzida – em qualquer meio ou fórmula, seja mecânico ou eletrônico, por fotocópia, por gravação etc. – nem apropriada ou estocada em sistema de bancos de dados sem a expressa autorização das editoras.

Este livro está revisado segundo o Acordo Ortográfico da Língua Portuguesa de 1990, que entrou em vigor no Brasil em 2009.

Produção editorial – Apicuri
Rosangela Dias e Édio Pullig

Conselho editorial – Editora PUC-Rio
Augusto Sampaio, Cesar Romero Jacob, Fernando Sá, José Ricardo Bergmann, Luiz Alencar Reis da Silva Mello, Luiz Roberto Cunha, Miguel Pereira e Paulo Fernando Carneiro de Andrade.

Revisão de originais
Débora de Castro Barros

Revisão tipográfica
Tereza da Rocha

Projeto gráfico de capa e miolo
José Antônio de Oliveira

CIP-BRASIL.CATALOGAÇÃO-NA-FONTE
SINDICATO NACIONAL DOS EDITORES DE LIVROS, RJ

Carvalho, Patrícia Maurício

Conflitos na TV digital brasileira / Patrícia Maurício Carvalho. – Rio de Janeiro : Ed. PUC-Rio ; Apicuri , 2012.

232 p. ; 21 cm

Inclui bibliografia

ISBN (Apicuri) 978-85-61022-64-8

ISBN (PUC-Rio) 978-85-8006-065-2

1. Televisão digital - Brasil. 2. Televisão de alta definição. 3. Comunicação de massa e tecnologia. I. Título.

CDD: 621.388

[2012]
Todos os direitos desta edição reservados à:

Editora Apicuri
Rua Senador Dantas, 75, salas 507 e 301
Centro, Rio de Janeiro – RJ
20031-204
Telefone/Fax (21)2524 7625
editora@apicuri.com.br
www.apicuri.com.br

Editora PUC-Rio
Rua Marquês de S. Vicente, 225
Casa da Editora/Agência Gávea,
Rio de Janeiro – RJ
22451-900
Telefone/Fax (21) 3527 1838/1760
www.puc-rio.br/editorapucrio
edpucrio@puc-rio.br

Para Gui e Robson

Agradecimentos

AGRADEÇO AO GUI E AO ROBSON pelo apoio constante e a paciência ao longo da pesquisa, e ao Robson, também, pelo "suporte técnico" em diversos momentos.

Para que este livro, antes tese, pudesse virar realidade, contei com muita ajuda, e agradeço especialmente aos professores Lilian Saback, que me incentivou e aconselhou do início ao fim; Angeluccia Habert, que me abriu as portas do mundo acadêmico e com quem sempre pude contar; Cesar Romero Jacob e Miguel Pereira, pelo apoio contínuo na PUC; Clarice Abdalla (*in memoriam*); Janice Caiafa, minha orientadora, que se empenhou para que eu pudesse pesquisar o assunto; Valério Brittos, da Unisinos, que foi e continua sendo um guia na economia política da comunicação e nas discussões sobre TV digital; Adriana Braga, que me estendeu a mão e seus conhecimentos em uma hora crítica da tese que deu origem a este livro; José Antônio de Oliveira; e aos colegas pesquisadores do Instituto de Mídias Digitais da PUC-Rio.

Agradeço a todos os que me concederam entrevistas para este livro, fundamentais para entender o contexto da implantação da TV digital. Nesse período, foram muito importantes para mim a convivência e as trocas de ideias com os professores da PUC. O professor João Luiz van Tilburg foi o responsável por minha vontade de pesquisar o tema TV digital a partir de sua lista de discussão sobre televisão. Agradeço, ainda, ao professor João Freire Filho e, novamente, à professora Angeluccia Habert pela leitura atenta e os comentários para a qualificação da tese, e aos demais membros da minha banca de doutorado, Leonel Azevedo de Aguiar e Vera França.

Sumário

Prefácio

TV digital e a encruzilhada da comunicação

Valério Cruz Brittos[1]

ESTE LIVRO DISCUTE os processos de digitalização e suas potencialidades de democratização. Explora, desse modo, as perspectivas para o posicionamento da sociedade civil na contemporaneidade, buscando avanços sociais a partir do processo de implantação da televisão digital terrestre. Parte-se da ideia de que, embora efetivamente a televisão tenha sua história ligada à manutenção e à reprodução do sistema, sua refuncionalização não pode ser descartada a partir da organização popular. A viabilidade de caminhos contra-hegemônicos passa pela mobilização e pela pressão em torno de propostas de políticas públicas democráticas e da ocupação alternativa de espaços midiáticos, reconhecendo-se as múltiplas dinâmicas que condicionam as formações históricas, em que os agentes dominantes conformam a hegemonia.

Nessa direção, o livro *Conflitos na TV digital brasileira*, de Patrícia Maurício Carvalho, resultado de sua tese de doutorado *TV digital: conflitos no nascimento de uma nova mídia no Brasil*, vem contribuir valiosamente para

1 Professor titular no Programa de Pós-Graduação em Ciências da Comunicação da Universidade do Vale do Rio dos Sinos (Unisinos), pesquisador do Conselho Nacional de Desenvolvimento Científico e Tecnológico (CNPq), coordenador do Grupo de Pesquisa Comunicação, Economia Política e Sociedade – Cepos (apoiado pela Ford Foundation), doutor em Comunicação e Cultura Contemporâneas pela Faculdade de Comunicação (Facom) da Universidade Federal da Bahia (UFBA), vice-presidente da Unión Latina de Economía Política de la Información, la Comunicación y la Cultura (ULEPICC-Federación) e diretor administrativo da Confederação Ibero-Americana das Associações Científicas e Acadêmicas da Comunicação (Confibercom). *E-mail*: <val.bri@terra.com.br>.

o conhecimento do que foi o conflituoso movimento de definição do modelo de televisão digital terrestre no país. Defendida junto ao Programa de Pós-Graduação em Comunicação e Cultura da Escola de Comunicação (ECO) da Universidade Federal do Rio de Janeiro (UFRJ), em março de 2011, trata-se de uma tese de economia política da comunicação, e, como é próprio dessa angulação teórico-metodológica, é uma pesquisa situada no âmbito das ciências sociais críticas, que busca contribuir para o desenvolvimento de um novo patamar societário a partir da cultura.

Patrícia é professora do Curso de Comunicação Social da Pontifícia Universidade Católica do Rio de Janeiro (PUC-Rio), no qual trabalha a questão da digitalização, especialmente no Instituto de Mídias Digitais, além de atuar no Curso de Comunicação Social – Jornalismo. Profissional experiente, com passagem por redações de emissoras de rádio, TV e jornais, conhece bem as disputas de poder que demarcam o fazer da mídia, desde a concepção do sistema, como é o caso de seu estudo, até a distribuição dos produtos culturais. Dessa forma, a obra trabalha uma formatação específica da contemporaneidade, em que se identifica um novo momento do contínuo processo de acumulação, intrinsecamente relacionado com o avanço tecnológico, o que, hoje, remete ao próprio papel da mídia.

Compreende-se que, embora o capitalismo, como modo de produção – e, mais do que isso, como sistema civilizatório –, condicione a comunicação, moldando-a com lógicas econômicas, o que faz a todos os setores, essa realidade não é definitiva, por não ser integral a subsunção do campo comunicacional aos ditames da racionalidade econômica. Esse é um dos traços do presente momento histórico-cultural da comunicação e da cultura, denominado *fase da multiplicidade da oferta*,[2] que atravessa e reconfigura as mídias, tendo a TV digital terrestre um papel fundamental. Esse período é pontuado pela exacerbação da concorrência intra e intermídia, a inovação tecnológica acelerada e a rerregulamentação, dentre outros fatores, todos situados no âmbito do capitalismo contemporâneo e de sua flexibilidade.

Assentado sobre o tripé Estado, políticas públicas e tecnologia, o que passa por elementos como movimentos sociais, organizações empresariais e concentração, o livro debate, de modo próprio, as reordenações que assina-

---

2 A *fase da multiplicidade da oferta* tem sua origem no mercado televisivo, mas logo se alastra e atinge a totalidade das indústrias culturais e o mundo da cultura como um todo. Essa temática pode ser aprofundada em diversas obras, como BRITTOS, 2010:17-29.

lam o capitalismo global, encarando-o de forma encadeada. Nesse sentido, analisa primeiramente os fenômenos que caracterizam e desafiam o Estado na atualidade, passando pela dificuldade de implantação de políticas democráticas, particularmente de comunicação, e, por último, a análise da televisão pública como uma possível alternativa de democratização. Acrescente-se que o entendimento deste prefaciador é de que a construção de um patamar democrático de comunicação passa necessariamente pela constituição de um sistema público forte, embora só isso não baste.

Como a democratização passa, necessariamente, por uma ação firme do Estado, em seu papel de regulamentação; da sociedade civil, em sua capacidade de organização, pressão e ação política; e das próprias mídias, assumindo metas sociais e cumprindo a legislação, a leitura de *Conflitos na TV digital brasileira* é fundamental para a compreensão da encruzilhada da comunicação na atualidade. Assim, recomenda-se a obra não apenas para alunos de mestrado e doutorado da área, que poderão ter no conjunto do texto um referencial bibliográfico para entender o fenômeno midiático, bem como para a compreensão do percurso metodológico de construção de um trabalho desse nível. Também entende-se ser importante sua leitura para todos os atores preocupados com a sociedade brasileira.

Por fim, salienta-se que estudar a televisão continua sendo um direcionamento extremamente relevante para as ciências da comunicação, ao permanecer como a principal mídia na atual configuração social, em suas dimensões econômica, política e sociocultural. Na América Latina como um todo, em específico, tal força é acrescida pela facilidade de recepção desse meio, o qual descarta a necessidade de recursos cognitivos elevados. Não obstante seu consumo ser cada vez mais dividido com a recepção de outras mídias e a realização de tarefas diversas, como até os anos 1980, quando o televisor era o principal aparelho residencial, o lugar da TV está ampliado, na medida em que, com a digitalização, ao lado do sistema aberto, outras modalidades são continuamente somadas.

Introdução

Este livro trata da implantação da TV digital aberta no Brasil no contexto de outros meios digitais concorrentes e dos conflitos que a precederam e sucederam, basicamente entre radiodifusores, que queriam manter seu mercado, e movimentos sociais interessados na democratização das comunicações. O interesse público e o interesse privado eram questões que estavam em jogo desde as discussões iniciais sobre o tema, ora prevalecendo um, ora o outro, nos debates e em decisões governamentais. O livro tem o objetivo ousado de contar a história da implantação da TV digital no país. Mas, ao contar essa história, como em uma foto em que se mira no ponto turístico sem perceber que vai aparecer nela o assalto que está acontecendo no local, acaba aparecendo, também, a forma de fazer política no Brasil.

A TV digital aberta já é uma realidade no país. Em 29 de junho de 2006, o presidente Lula assinou um decreto instituindo o modelo tecnológico para a nova TV: seria o modelo japonês, com algumas inovações brasileiras. As transmissões do sinal começaram para São Paulo (dezembro de 2007), Rio de Janeiro e Belo Horizonte (abril de 2008), Goiânia (agosto de 2008), e foram se espalhando pelo Brasil. De acordo com o Ministério das Comunicações, todos os municípios terão sinal digital no final de 2013, e em meados de 2016 serão desligados os sinais analógicos. Em abril de 2011, a Anatel divulgava que transmitiam digitalmente 102 emissoras, levando seu sinal a 480 municípios. Isso significa que 45,98% da população brasileira poderiam ter acesso a pelo menos um canal digital – caso tivessem o televisor compatível ou o conversor. A possibilidade de encerrar as transmissões analógicas em 2016, em face desses números, parece incerta, apesar do otimismo da Anatel ao fazer o anúncio.

O mesmo decreto que instituiu o modelo brasileiro concedeu aos atuais detentores de canais de TV aberta, como as TVs Globo e Bandeirantes, o uso da frequência por mais 10 anos. Antes da assinatura, houve muita polêmica envolvendo diferentes grupos de interesse, debate esse que pouco chegou à mídia – as emissoras de TV e jornais e revistas a elas ligados defendiam o modelo japonês e não queriam o debate sobre o tema.

Mas o decreto, embora definindo alguns pontos que beneficiam as emissoras, não encerrou o assunto, pois ainda faltava a regulamentação, o que levou a uma nova disputa de interesses. Naquele momento, os atores envolvidos eram representantes da sociedade civil organizada, como o Intervozes – Coletivo Brasil de Comunicação Social; cidadãos interessados em democratizar os meios de comunicação, em especial profissionais e acadêmicos de informática, engenharia de telecomunicações e, mais recentemente, de comunicação; e as emissoras de TV comerciais. Companhias telefônicas e fabricantes de equipamentos também atuavam na questão.

A TV digital traz uma série de vantagens para o espectador: ele pode parar o programa, sair e recomeçar do ponto em que parou quando voltar (inclusive pulando os comerciais, o que promete dar uma reviravolta na publicidade); pode parar o programa e comprar um item que aparece na tela, como o brinco da atriz da novela, pelo controle remoto; pode assistir ao jogo de futebol do ponto de vista da sua torcida, com o áudio dela, além de abrir janelas para ver o jogo por outros ângulos e enviar mensagens de texto aos amigos comentando as jogadas, entre muitas outras possibilidades. No início das discussões sobre o novo meio, as emissoras logo pensaram nas vendas, como a do brinco da atriz. O governo Lula, por sua vez, pensou inicialmente em usar o novo meio para educação a distância e serviços, como marcações de consultas no SUS.

Tecnicamente, no espaço em que no sistema analógico é enviado um único canal (6 mega-hertz), com a compressão digital dos dados pode-se optar pela multiprogramação. De acordo com o Centro de Pesquisa e Desenvolvimento em Telecomunicações (CPqD),[3] com a compressão em Mpeg[4] 2,

3 Modelo de referência: sistema brasileiro de televisão digital terrestre. Funttel – Projeto Sistema Brasileiro de Televisão Digital, OS 40539, Campinas, p. 13. Disponível em: <http://www.fndc.org.br/arquivos/Modelo_referencia.pdf>.

4 Mpeg (*Moving Pictures Expert Group*) define padrões para a compressão e a transmissão de áudio e vídeo. Mpeg 2 equivale a imagens em movimento e áudio a uma taxa de 10 Mbps.

é possível enviar quatro programas diferentes na banda de frequências de 6 mega-hertz, e com Mpeg 4 (H.264), oito programas, em definição-padrão (*standard definition*, SD), que equivale à qualidade do DVD. A alta definição (*high definition*, HD) ocupa mais espaço. O áudio também pode ser estéreo ou *surround*, com seis canais.

Cada país pode fazer a opção que quiser dentro dessas possibilidades, transmitindo, por exemplo, só em HD, só em SD ou nos dois tipos. Essa era uma oportunidade de democratizar a comunicação: se o país decidisse ter quatro canais na banda de 6 mega-hertz e cada um deles fosse entregue a um concessionário diferente, poderíamos ter na TV aberta e gratuita VHF (*very high frequency*) 28 canais em vez dos atuais sete. Ou seja, muito mais vozes falariam ao telespectador. Isso poderia ser um problema para as atuais emissoras, que temem dividir o bolo publicitário com outras, e para as empresas de TV por assinatura, pois muita gente que hoje as assina para melhorar a imagem e ter um pouco mais de opção poderia cancelar o serviço.

A interatividade através da televisão se divide em local e plena. A local permite que o telespectador interaja com conteúdos previamente armazenados pela emissora, como o acesso a um texto que dê mais informações sobre uma notícia veiculada e vídeos adicionais que deem mais detalhes, por exemplo, sobre a rotina de um animal em um programa sobre vida selvagem (ou o exemplo mais fácil e barato de produzir, a disponibilização das imagens captadas por outras câmeras durante um jogo de futebol ao vivo para o telespectador escolher). A interatividade plena permite que o telespectador interfira na programação que está sendo enviada para todos, votando, enviando informações e *e-mails* etc. Desde o início da discussão sobre TV digital no primeiro governo Lula havia a perspectiva de canais de serviços, para governos, bancos etc. No caso da chamada TV-gov, a expectativa era a de ser usada para declarações, como a do Imposto de Renda, agendamento de serviços etc. Para isso, é necessário um canal de retorno do televisor para as emissoras, o qual pode ser por telefone fixo, celular, banda larga e até mesmo pela rede elétrica.

A portabilidade/mobilidade tornou possível assistir à televisão em aparelhos portáteis e telefones celulares, inclusive dentro de veículos em alta velocidade. A digitalização também possibilitou a transmissão e a recepção em alta definição (*high definition TV* ou *full HD*). A imagem é formada por 1.080 linhas (contra 520 linhas da analógica), cada uma com 1.920 *pixels* e 60 quadros por segundo. Além disso, é possível gravar programas no disco rígido do televisor (*hard disk*, outra sigla HD), um prenúncio do fim da grade de programação, já que o telespectador passa a poder acessar (usando uma nomenclatura já do campo da informática) o programa na hora que quiser.

Ao mesmo tempo que os processos de pesquisa, escolha e implantação relativos à TV digital aberta se desenrolam no Brasil, ocorre também o crescimento de outras mídias digitais que concorrem com a televisão por audiência: a internet, o celular (com internet e televisão) e a TV por assinatura. Muito se discutiu também, nesse período, sobre convergência de mídias. Inicialmente, havia debates sobre se a TV iria convergir para o computador, o computador para a TV, tudo para o celular etc. No caso do Brasil, uma vez que mais de 90% das casas possuíam televisor, na época parecia lógico para muitos pesquisadores e integrantes do Governo Federal que o projeto de TV digital fosse usado para fazer a inclusão do maior número possível de brasileiros no mundo digital. Seria mais rápido que colocar computadores nesse mesmo número de casas. De acordo com a Pesquisa Nacional por Amostra de Domicílios (Pnad) do IBGE de 2008 (divulgada em 2009), o número de domicílios com computador equivalia a 31,2% do total, sendo apenas 23,8% com internet. A internet chegou ao Brasil em 1991 para servir à comunidade acadêmica, com a instalação da Rede Nacional de Pesquisa em 11 capitais, e veio se disseminando e crescendo em importância na vida dos usuários/cidadãos.

Com o objetivo de dar conta do processo de implantação da TV digital no Brasil, busquei ouvir as principais partes envolvidas e acompanhar seminários e congressos sobre o tema, boletins na internet e reportagens do jornal *O Globo* – diretamente interessado na questão por ser da mesma organização empresarial da TV Globo, emissora de TV aberta que defendeu seus interesses comerciais ao longo do processo de escolhas da TV digital brasileira. As análises também levam em conta que televisão é um serviço público que pode ser outorgado pelo Governo Federal a empresários ou grupos empresariais privados, e um serviço que hoje atinge 95,1% dos lares brasileiros, de acordo com a Pnad 2008. Com um alcance como esse, não apenas o poder que é concedido por meio dessas outorgas é grande, mas a responsabilidade também. Televisão é poder, e mudanças no meio televisão implicam novo confronto para definir quem vai deter esse poder, dividindo grupos de interesse. Nesse contexto, será possível que o interesse público prevaleça?

Este livro investiga o processo de criação da TV digital no Brasil desde os primórdios, passando pelos dois decretos presidenciais que determinaram sua pesquisa e sua implantação, e os obstáculos para que fosse implantada com todos os seus benefícios para a população, obstáculos esses gerados pelas pressões das emissoras de TV e o crescimento da internet e de outros meios novos. Foram muito importantes a análise dos documentos, entre os quais o Decreto nº 4.901, de 26 de novembro de 2003, que determinou os objetivos do governo para a TV digital aberta brasileira, e a exposição de motivos do então ministro das Comunicações; o modelo de referência para a TV digital elaborado pelo Centro de Pesquisas e Desenvolvimento em Telecomunicações (CPqD); o Decreto nº 5.820, de 29 de junho de 2006, que implantou a TV digital alterando os objetivos do governo para o novo meio; a carta de lançamento da Frente Nacional por um Sistema Democrático de Rádio e TV; além das leis já existentes para o setor de comunicação, como a Lei das Telecomunicações e as legislações para a radiodifusão e para a TV por assinatura. Os documentos puderam apontar as posições do governo em momentos diferentes, as dos pesquisadores e as do movimento popular.

Procuro analisar a luta entre interesse público e interesses comerciais na TV digital aberta, buscando na história da radiodifusão brasileira alguns outros momentos cruciais em que esses interesses se chocaram. Esses momentos são importantes para entender por que a questão da TV pública, tema que vamos tratar no Capítulo 3, teve um papel relevante durante o processo de digitalização da TV. Outra questão é a democratização das comunicações, expressão e tema que surgem nos movimentos popular e acadêmico – aos quais temos acesso por meio de entrevistas, publicações e bibliografia – e também nos discursos iniciais do governo. Junto com a democratização das comunicações, outra expressão que faz parte do discurso dos movimentos sociais é o direito à comunicação. Bia Barbosa, membro da coordenação executiva do Coletivo Intervozes, resumiu o significado do termo explicando que em uma sociedade globalizada "qualquer grupo social só vai ter sua liberdade de expressão garantida se sua opinião passar pelos meios de comunicação. A partir do momento em que você diz que algo é um direito, você está afirmando o dever do Estado de garantir este direito".[5]

5 Palestra no curso JPPS da ECO/UFRJ em 1º de junho de 2009.

A comunicação tornou-se central na sociedade atual, por isso é importante pensar de que forma um meio que poderia trazer mais vozes (mais canais com diferentes concessionários) aos telespectadores e propiciar a inclusão digital, melhorando a qualidade de vida, foi tratado pela sociedade brasileira – Governo Federal, movimentos sociais e academia –, e compreender como esses interesses se articularam e a força que tiveram nos variados momentos que se sucederam.

Alguns autores que são referência bibliográfica deste livro são, ao mesmo tempo, participantes do processo de implantação da TV digital no país como integrantes do movimento social e/ou como militantes acadêmicos (conforme explicam César Bolaño e Valério Brittos em menção no Capítulo 2) e/ou como integrantes ou contratados do Governo Federal para fazer pesquisas sobre TV digital e ajudar na definição do modelo. É o caso de Bolaño e Brittos, Adílson Cabral Filho, Regina Mota, Takashi Tome e vários outros. Em seus textos, invariavelmente, havia uma defesa dos objetivos do governo na fase inicial dos governos Lula, quando o ministro das Comunicações era Miro Teixeira. Martins e Holanda, por exemplo, afirmavam, quando analisavam para o Governo Federal uma definição para o modelo nacional, que "o governo dá ênfase à utilização desse veículo de comunicação como plataforma para inclusão social e para a redução das desigualdades de informação, educação e renda experimentadas pelo país" (2005:174). O governo mudou de curso no meio do caminho, enquanto os acadêmicos mantiveram sua posição.

Segundo o sociólogo português Boaventura de Sousa Santos (2007), muito do que existe em nossa realidade é produzido ativamente como não existente. Ele propôs uma sociologia das ausências, para pensar por que as ciências sociais deixam de lado realidades, a qual pode ser usada para verificar por que as controvérsias políticas envolvendo a TV digital e a própria existência de movimentos sociais atuantes na questão esteve tão ausente do noticiário. Santos chama de "epistemicídio" a morte de conhecimentos alternativos, "descredibilizando" esses conhecimentos, especialmente ao evitar que eles sejam conhecidos. Nesse caso específico, pareceu não interessar às emissoras de TV e aos meios de comunicação ligados a elas informar as pessoas sobre o tema, uma vez que os lucros dessas emissoras estavam em jogo.

Em relação à TV de forma geral, minha principal referência é Laurindo Leal Filho. Ele destaca que, no modelo norte-americano e no brasileiro de televisão (no caso, tratando-se ainda da TV analógica), "a propaganda é a principal convidada do banquete, enquanto na Europa ela é apenas tolerada e vai ocupar o lugar mais discreto da mesa" (1997:12).

Leal Filho afirma que o rádio e a televisão europeus "vinham somar-se aos empreendimentos culturais responsáveis por gerar e disseminar a riqueza linguística, espiritual, estética e ética dos povos e nações" e "se colocavam no mesmo setor da sociedade em que estavam localizadas as universidades, as bibliotecas e os museus, e a população os reconhecia desta forma, distante da esfera dos negócios ou da política de partidos ou grupos" (1997:18). Na Europa, o mesmo modelo que servia para a TV analógica serve para a TV digital, no que diz respeito à regulação de conteúdos e ao relacionamento com o público.

Por conta disso, o autor afirma que o telespectador brasileiro é tratado como consumidor e não como cidadão, como ocorre em países europeus como a Grã-Bretanha. Embora a palavra cidadão tenha hoje seu uso desgastado, ela é de grande importância nos estudos de Leal Filho para tratar do público. A mesma concepção encontramos em André Gorz. Para ele, "o consumidor, individual por definição, foi concebido desde a origem como o contrário do cidadão; como o antídoto da expressão coletiva de necessidades coletivas, contrário ao desejo de mudança social, à preocupação com o bem comum" (2005:49).

Vera de Oliveira Nusdeo Lopes (2000:169), em seu artigo "A lei da selva", destaca o fato de que nem mesmo o modelo americano de televisão é tão desregulado quanto o nosso. A mídia, ao não ser regulada, também pode usar seu espaço para defender interesses próprios. O trecho abaixo, de César R. Bolaño e Valério C. Brittos, ajuda a entender a atuação do jornal *O Globo* na veiculação de reportagens de interesse dos radiodifusores:

> Não são as indústrias culturais simples mediadoras complementares de um debate travado externamente, mas o palco em que a realidade social é, ao mesmo tempo, construída e representada. São elas as pauteiras da sociedade, o que obriga os diferentes agentes a adaptar-se a seus ditames para poder participar da arena política. São, ainda, o único caminho para a maior parte dos cidadãos orientar-se e informar-se sobre o mundo. (Bolaño; Brittos, 2007:90-91)

A interatividade, por poder ser instrumento da inclusão digital, tem bastante importância nesse debate. Bolaño e Brittos (2007) expressam preocupação com a possibilidade de cobrança de conteúdos interativos por parte das emissoras. Regina Mota e Takashi Tome (2005), entre outras reflexões sobre o tema, destacam que a plataforma tecnológica não necessariamente define como ela será usada e que a decisão sobre o uso é política. Eles também relatam que a interatividade foi abandonada nos Estados Unidos por seu alto custo e o baixo retorno. Segundo os autores, no início das transmissões naquele país, em 1998, falava-se muito em TV interativa, mas aos poucos o interesse foi acabando.

Muniz Sodré diz que, no século XIX, "o avanço da impressão faz dissociarem-se como nunca no passado os termos polares (falante/ouvinte, emissor/receptor) da relação de comunicação, e que, dessa maneira, a imprensa marca o início da moderna disciplina do diálogo pelo Poder" (1984:13 e 15). Esse pode ser um dos motivos por que fica difícil para a empresa de comunicação pensar em interatividade plena. Ela está acostumada a só falar. Para Sodré, a televisão é a hegemonia tecnológica do falante sobre o ouvinte (1984:26). Não que ele acredite na massificação por causa disso, por conta da recepção diferenciada por parte de cada pessoa. A questão aqui é a intenção dos donos da fala.

Janice Caiafa (2000) também me serve de referência, ao refletir sobre a arte, a técnica e o capitalismo na virada do milênio, opondo a arte ao que pode ser consumido como mercadoria que dê satisfação apenas imediata. Podemos levar sua reflexão para o campo das escolhas em relação à TV digital: o novo meio parece ter sido tratado apenas como mercadoria, como forma de dar lucro aos fabricantes de equipamentos e às empresas de comunicação.

Mas a autora acredita que a TV possa sair desse aprisionamento empobrecedor, e os caminhos que aponta também podem servir de base para pensar sobre os rumos que a TV digital pode tomar, caso haja interesse em que ela sirva para democratizar a comunicação e levar ao público programas e serviços de qualidade. Seu trabalho serve, ainda, para ficarmos alertas à possibilidade de a TV digital ser mais um meio a serviço da exclusão e da desigualdade típicas do capitalismo.

Pensando a partir de Mikhail Bakhtin, o diálogo acontece de qualquer forma, há uma resposta por parte do telespectador, no sentido de que cada um reage à informação que recebe de forma diferente do outro, não é passivo, mas isso não significa uma comunicação *entre* a emissora/programa de TV e o telespectador. O telespectador dialoga com a obra (no caso, o programa de TV), mas não no sentido de sua interpretação chegar ao emissor e alterar qualquer coisa no programa ou na programação. É por isso que a digitalização muda, ou, melhor dizendo, pode mudar. A comunicação, que, pela própria palavra, deveria designar o diálogo, precisa de reforço, porque, no caso da televisão, a comunicação não designava essa via de mão dupla, muito menos a noção de uma comunicação de todos para todos.

João Freire Filho alerta para o uso superficial da interatividade que já se faz na televisão brasileira (usando meios como a internet), como no caso do Big Brother Brasil, em que se decide, segundo ele, entre duas tarefas semanais ridículas e/ou desconfortáveis para os participantes etc. "A despeito da aura democrática radical do BBB, o processo de seleção dos competidores não conta com qualquer interferência popular direta. Trata-se de uma etapa essencial do desenvolvimento deste tipo de programa", diz o autor (2007:74-75). O simples fato de se conseguir interatividade plena na TV digital, o que ainda não está garantido, também nada garante em relação ao benefício que aquela interatividade vai trazer para os espectadores.

Renato Cruz (2008:156-157) mostra que, se a interatividade for usada a partir de um ponto de vista cidadão, pode servir de ponto de partida para se atacarem outros problemas de base, em áreas como saúde, educação e emprego. Segundo ele, entre outras vantagens, quem tem acesso aos meios tecnológicos pode se informar melhor, pode administrar melhor o seu tempo (usufruindo de serviços que governos e bancos oferecem na rede, por exemplo), pode se comunicar de forma mais barata e eficiente e pode se posicionar melhor no mercado de trabalho. Para o autor, ao incorporar a tecnologia em seu dia a dia, o incluído digital passa a exercer sua cidadania de forma mais efetiva, conhecendo melhor seus direitos e conquistando um meio poderoso de se comunicar, transformando as tecnologias da comunicação e da informação em ferramenta de mobilização social.

A questão do interesse público é outro ponto importante no trabalho. Considero que interesse público é algo em benefício de toda a sociedade (no caso, a brasileira), em oposição ao interesse comercial, que coloca o lucro em primeiro lugar, mesmo que isso signifique evitar que benefícios cheguem à população. Tanto no início do rádio quanto no início da TV digital, acredito que houve um embate entre interesse público e interesse comercial. No caso da década de 1920, Roquette-Pinto defendia o interesse público a partir de um ponto de vista específico, de levar educação e cultura ao povo, enquanto hoje se fala em inclusão digital. No entanto, se reduzirmos as questões das duas épocas à sua origem, veremos que Roquette-Pinto queria, com seus objetivos, evitar que o povo fosse explorado pelos poderosos; queria, com seu idealismo, a inclusão daquele povo excluído. A mesma inclusão que os movimentos sociais queriam na implantação da TV digital, cada qual dentro do contexto da sua época.

O livro se estrutura em três capítulos. O Capítulo 1 aborda desde a criação da tecnologia de TV digital até o fim do ano 2005, no qual o ex-funcionário da TV Globo Hélio Costa tornou-se ministro das Comunicações. Nesse capítulo, podemos acompanhar e analisar as movimentações do Governo Federal, chegando ao primeiro decreto sobre TV digital, sua mudança de rumo, as estratégias das emissoras e dos lobistas internacionais, assim como as expectativas dos movimentos sociais e de acadêmicos engajados no processo. O capítulo busca, também, mapear as razões do poder político das Organizações Globo.

No Capítulo 2, a análise dos acontecimentos prossegue em ordem cronológica, passando pelo segundo decreto do governo Lula para a TV digital, a reação dos movimentos sociais, as contradições entre discurso e ações das emissoras, a apatia das produtoras de vídeo, a movimentação das companhias telefônicas, da TV por assinatura e como a internet vinha ganhando terreno. A criação de uma legislação unificada para a TV por assinatura também é abordada.

O Capítulo 3 faz uma volta ao passado para mostrar que as disputas entre interesse público e interesse comercial remontam aos primórdios da radiodifusão, quando Roquette-Pinto e outros defensores do rádio público tentavam evitar que o veículo fosse financiado pela publicidade e, em consequência, beneficiasse o mercado e não um projeto de inclusão cultural e educacional do povo. O mesmo espírito de defesa dos interesses do cidadão presidiu as primeiras tentativas de criação de emissoras públicas de TV, e o capítulo chega ao momento em que a criação da TV Brasil, chamada à época de TV pública por seus criadores, foi uma forma de integrantes do governo Lula, descontentes com os rumos da TV digital, tomarem uma iniciativa em prol da democratização das comunicações – a qual, veremos, ainda não deu muitos frutos.

Capítulo 1

O início da TV digital

UMA DAS GRANDES EXPECTATIVAS dos defensores da democratização das comunicações para a TV digital era a inclusão digital do povo brasileiro via televisão, que estava em 95,1% das casas brasileiras.[1] Marcar consulta no SUS ou fazer testes de saúde via televisão, por exemplo, para quem não tinha internet, seria um grande avanço. Com o atraso da interatividade na TV, e a internet, mídia interativa por excelência, começando a se espalhar (embora ainda esteja muito distante da universalização da TV), muitos interessados no tema começaram a fazer a seguinte pergunta: não vai acabar sendo irrelevante a interatividade na TV digital? Para analisar a questão da TV digital dentro do contexto dos meios que concorrem com ela por audiência e por relevância na vida dos cidadãos, optamos por fazer um histórico da situação, que, embora não abarque a totalidade dos acontecimentos, pode permitir uma visão relativamente abrangente do fenômeno que vem se desenrolando.

1.1. O desenvolvimento da nova tecnologia

A história da televisão digital começou, podemos dizer, com os esforços para melhorar a TV analógica. Conforme Marcos Dantas (2009), desde a década de 1950 o Japão vinha construindo um complexo eletroeletrônico para conquistar uma posição de liderança em novas tecnologias. Com a crise econômica mundial a partir da década de 1970, os baratos produtos japoneses invadiram os Estados Unidos e a Europa, acabando com muitas indústrias locais, especialmente americanas, que exportavam para o mundo todo.

1 Pesquisa Nacional por Amostra de Domicílios 2008, IBGE.

Enquanto isso, em 1970 a TV pública japonesa, NHK, começava a pesquisar uma TV de alta definição, com tela larga retangular (16:9), 1.125 linhas em ciclos de 60 Hz. O total de investimentos do governo e de indústrias do Japão nessa tecnologia, que ainda era analógica, foi de US$ 700 milhões.

> Denominado Hi-Vision/Muse, o sistema japonês exigia 8,1 MHz de banda de frequência. No Japão e nos Estados Unidos, a banda de um canal de TV é 6 MHz. Na Europa, 8 MHz. Para a estatal, tal não deveria ser um grande problema. Fazia parte dos planos de sua tecnoburocracia migrar sua transmissão para um satélite a ser lançado ainda antes do final daquela década. [...] Os fabricantes de equipamentos e receptores também olhavam com muito bons olhos essa migração. Para receber o sinal do satélite em alta definição, os telespectadores teriam que adquirir todo um novo conjunto de equipamentos de recepção: antenas parabólicas, sintonizadores de satélite, o próprio aparelho receptor de TV. [...] O que a estatal NHK e seus sócios da indústria privada vinham preparando era, na verdade, uma total renovação do parque instalado japonês de equipamentos [...], num momento em que as vendas pouco cresciam, seja porque o mercado estava razoavelmente bem atendido, seja porque, conforme exposto, desde meados dos anos 1970, o Japão e o mundo capitalista avançado atravessavam um longo ciclo recessivo. (Dantas, 2009:279-280)

Porém, até como uma reação tardia à invasão de produtos japoneses e pelo temor de que aquele país dominasse mais uma tecnologia que teriam de importar, tanto os Estados Unidos quanto países europeus começaram a desenvolver uma nova tecnologia para melhorar sua TV. Os Estados Unidos chegaram a pensar em adotar a tecnologia japonesa, mas um forte *lobby* da indústria eletrônica nacional fez com que as pesquisas para um modelo americano começassem em 1988. "Em junho de 1990, a General Instruments demonstrou que seria possível adotar técnicas de compressão do sinal de modo a permitir que a TVAD coubesse na banda de 6 MHz, *se todo o sistema fosse digital*" (Dantas, 2009:283). Em 1993, a Federal Communications Commision (FCC, órgão regulador dos meios de comunicação) decidiu a favor de um sistema digital de transmissão e recepção, e os grupos de pesquisa se agruparam no Advanced Television System Comitee (ATSC) para consolidar o modelo. Com isso, os japoneses e os europeus (que a essa altura já tinham começado a pesquisar) abandonaram seus resultados para uma nova TV analógica e também partiram para a digital. Em 1997, a FCC decretou que as transmissões digitais começariam em novembro de 1998 nos Estados Unidos para a TV aberta – a paga já tinha encontrado suas soluções de transmissão digital. Inclusive, na questão da interatividade, foi bem mais fácil para a TV a cabo, uma vez que "as redes de cabo mais modernas são bidirecionais, podendo transportar informações da casa do assinante ao *headend* (central processadora de sinal)" (Bolaño; Brittos, 2007).

A Europa vinha de um modelo de radiodifusão e de telecomunicações estatal ou público que, com o predomínio de governos neoliberais, foi sendo aberto também à iniciativa privada. A partir dos anos 1980, a TV por assinatura também se disseminou na Europa. Diferentemente dos Estados Unidos, os países europeus desde o início rejeitaram a ideia de adotar o *Hi-Vision/Muse* japonês e, a partir de 1986, começaram as pesquisas para um novo modelo analógico de TV, sob liderança das indústrias eletroeletrônicas Philips, Thomsom e Bosch. Com a guinada americana para um modelo digital, percebendo que seu modelo já nasceria obsoleto, em 1993 os europeus criaram o grupo Digital Vídeo Broadcasting (DVB), formado por 120 organizações para criar um padrão digital.

No modelo europeu, especialmente por pressão da britânica BBC, decidiu-se por dividir o espectro de frequências para oferecer mais canais ao público. Com isso, a TV aberta teria mais condições de concorrer com a TV por assinatura. Outra novidade da Europa foi a criação da figura do operador de rede. As emissoras deixariam de transportar o sinal: quem faria isso seriam os operadores de rede, que não seriam produtores de conteúdo nem programadores. Empresas de telefonia eram as candidatas naturais. Além disso, foram unificados os padrões técnicos das TVs digitais aberta e por assinatura. Cruz (2008:20) afirma que esse tipo de estruturação é visto pelas emissoras de TV brasileiras como uma ameaça ao seu modelo de negócios, pois elas, além de produzir conteúdos, os empacotam e distribuem. Mota detalha a questão:

> No atual modelo de radiodifusão no Brasil, os operadores de rede são também os programadores, como a Rede Globo, Band etc., que produzem, operam e transmitem através de suas emissoras e retransmissoras.

> No modelo digital, a transmissão pode ser explorada independentemente da produção, o que colaboraria para a digitalização das emissoras menores, que poderiam transmitir em uma rede de transporte, sem serem proprietárias. Os operadores explorariam apenas o uso dos canais a eles concedidos. Cingapura, Suécia, França, Alemanha e Portugal foram os países que optaram por licenças separadas para prover programação e operação de rede de transporte, dentre os países analisados no Panorama Mundial da Implantação da Tecnologia Digital na Transmissão Terrestre de Televisão. (Mota, 2005:203)

Mota alerta para a concentração dos meios de comunicação no Brasil e o pouco acesso a eles, e afirma que a possibilidade de existirem o operador de rede e a multiplicidade de canais mostra que a tecnologia digital tem a descentralização como um princípio para o modelo. O integrante das ONGs Intervozes e Indecs, Gustavo Gindre, que era também membro eleito do Comitê Gestor de internet no Brasil, explicou as especificidades do padrão europeu ao lamentar, após a escolha do modelo brasileiro, que o Brasil não tenha seguido a mesma linha, aproveitando as possibilidades democráticas que a nova tecnologia permite.

> Isso que a gente chama de canal, [...] imagina uma régua e você vai dividindo em seis unidades. A cada seis unidades você coloca um canal de televisão. Canal 2 vai de 54 a 60 mega-hertz [...]. É sempre de seis em seis, vai até o 69, que é o último canal do UHF. Em 62, quando fizemos a lei (de radiodifusão), o sujeito ganhava o direito de transmitir uma programação. Para transmitir uma programação ele precisava de um canal. Para transmitir um canal ele precisava de seis mega-hertz. Essas coisas eram sinônimas. No mundo digital elas não são mais sinônimas. O cara quando ganhou, ele ganhou uma programação ou ele ganhou 6 mega-hertz? Se você disser que ele ganhou uma programação, esse espaço que era ocupado por uma programação, que hoje permite até oito programações ou quatro com uma qualidade muito boa, uma qualidade de DVD, com som *surround*, você coloca quatro programações simultâneas dentro do mesmo espaço ocupado por um canal de televisão hoje. Se esse sujeito ganhou um canal de televisão, ele passou a ficar com um latifúndio enorme para ele poder transmitir

> até quatro programações simultâneas. Se ele ganhou uma programação, ele tem que fazer o que a Europa obrigou a fazer: "você ganhou uma programação; antes uma programação ocupava 6 mega-hertz, hoje ocupa isso aqui, por favor devolva esse excedente, porque eu vou usar esse excedente para colocar mais emissoras no ar".
>
> Na Europa não tem a antena da Globo, a antena da Bandeirantes, a antena do SBT, como a gente não tem na TV paga o cabo da HBO, o cabo do Telecine, o cabo disso, o cabo daquilo... Todas as empresas entregam o seu sinal para uma única que distribui. Essa única que distribui, que na nossa proposta seria um ente público, ela vai gerenciar o espectro. As TVs na Europa e nos EUA usam MPeg2, que comprime isso aqui do vídeo, nós já vamos nos beneficiar porque estamos surgindo depois, vamos usar MPeg4. Se amanhã ou depois comprimir mais ainda esse espectro, o operador de rede pode colocar mais canais aí dentro. Ou seja, o espectro deixa de ser propriedade da emissora, [...] ela tem uma outorga para uma única programação. Isso nós perdemos. [...] Nós estamos entregando um bem que é público e finito, limitado, na mão de meia dúzia de emissoras para tratar isso como quiserem quando você poderia ter uma explosão de canais [...] Essa é outra potencialidade que a gente está perdendo.[2]

1.2. Os primeiros testes com TV digital no Brasil

O início das discussões sobre uma nova televisão no Brasil foi no governo Collor (1990-1992), em 1991, quando o Ministério das Comunicações criou a Comissão Assessora de Assuntos de Televisão (Bolaño; Brittos, 2007:135), sem maiores consequências. Uma reportagem de 30 de julho de 2007 no caderno Info Etc. do jornal *O Globo* descreve assim o início da TV digital:

> As discussões sobre o assunto vêm desde 1994, quando as emissoras de TV criaram o grupo SET/Abert, que passaria a pesquisar os diferentes sistemas de transmissão de TV digital. Em 1998 foram iniciados os trabalhos do primeiro consórcio técnico envolvendo representantes de universidades, do governo e de várias empresas.

2 Gustavo Gindre, palestra no Erecom 2006, Encontro Regional dos Estudantes de Comunicação Sudeste, em 26 de setembro de 2006.

> Naquele ano aconteceram, em várias cidades, os primeiros testes de laboratório e de campo. A primeira grande polêmica envolvendo o tema dizia respeito ao padrão que seria adotado por aqui. Ficamos entre o europeu (DVB), o americano (ATSC) e o japonês (ISDB). Este último acabou sendo o escolhido. Nesse meio-tempo, muito se especulou também sobre a possibilidade de o Brasil adotar um padrão próprio, cujo desenvolvimento começaria praticamente do zero, mas teria como interesse principal incentivar a indústria nacional de *hardware* e *software*. A ideia, no entanto, não se mostrou comercialmente viável.

Cabral Filho e Cabral (2005:161) comentam que, antes da criação do grupo Abert/SET (Associação Brasileira das Emissoras de Rádio e TV/ Sociedade de Engenharia de Televisão e Telecomunicações), algumas entidades já vinham fazendo testes isolados, "como o Centro de Pesquisas e Desenvolvimento em Telecomunicações (CPqD), que, desde meados da década de 1980, vinha pesquisando técnicas de codificação digital de áudio e vídeo". O CPqD era o centro de pesquisas do sistema estatal de telefonia Telebras e, depois da privatização do sistema, em 1998, passou a ser uma fundação de direito privado. Cabral Filho e Cabral contam que, em 1998, a Abert e a SET, com a parceria do centro de Pesquisas e Desenvolvimento em Telecomunicações (CPqD) e da Universidade Mackenzie (SP), realizaram testes de avaliação com os sistemas americano e europeu e, a partir de 1999, com o sistema japonês. O resultado foi divulgado em 2000 e, segundo os autores, foi uma grande surpresa internacional recomendar o sistema japonês ISDB, referendar o europeu DVB e apontar o norte-americano ATSC como o menos adequado, levando os norte-americanos a pressionar o país. Isso fez com que a Anatel desacelerasse o processo de decisão.

De acordo com Martins e Holanda, 17 emissoras de TV participaram dos testes a partir de 1999 com a assessoria técnica da Fundação CPqD, e, "nessa ocasião, a Fundação CPqD também fez uma pesquisa de mercado junto ao público consumidor, às emissoras e aos fabricantes para sondar as expectativas desses segmentos quanto à nova tecnologia" (2005:170-171). A Anatel ampliou o debate com a Consulta Pública nº 291, de 12 de abril de 2001, e a realização de audiências públicas, que mostraram visões conflitantes sobre o tema. Em dezembro de 2001, a Anatel firmou outro contrato com a Fundação CPqD, que, no primeiro semestre de 2002, fez análises de risco e oportunidades e construção de cenários em relação à TV digital no Brasil, incluindo questões não consideradas nos trabalhos anteriores, ou seja, além dos aspectos tecnológicos, questões econômicas, sociais, culturais e de regulação.

O movimento popular também estava atento às possíveis mudanças na comunicação no Brasil, procurando fazer com que servissem à democracia, e, aos poucos, começou a acompanhar a questão da TV digital, sendo o Intervozes um dos principais movimentos a se ocupar do tema. O Intervozes surgiu no início dos anos 2000, juntando militantes de diversos estados brasileiros, muitos vindos da Enecos, atuando pelo direito humano à comunicação. A ideia que defendem é de que a comunicação é um direito humano inalienável e cabe ao Estado promover esse direito, que no Brasil não estaria sendo respeitado.

A perspectiva de mudança da TV brasileira de analógica para digital vem em um momento em que a legislação para o setor de comunicação é, no mínimo, confusa. Existia a Lei Geral das Telecomunicações (LGT), promulgada em 17 de julho de 1997; a Lei de Radiodifusão; a Lei da TV a Cabo, promulgada em janeiro de 1995; a Emenda Constitucional nº 36, de 28 de maio de 2002, alterando o artigo 222 da Constituição Federal e permitindo a participação de capital estrangeiro nas empresas de comunicação, entre outras (Bolaño; Brittos, 2007:131-133).

Até o primeiro governo Lula (2003-2006), lobistas dos Estados Unidos, Europa e Japão se digladiavam para ver quem conquistaria o mercado brasileiro, ou seja, qual dos três padrões existentes o Brasil iria adotar: o americano ATSC, o europeu DVB ou o japonês ISDB. Era um negócio estimado em US$ 6 trilhões para um período de 10 anos no mundo – US$ 100 bilhões no Brasil, por conta da troca de antenas das 500 geradoras e 8 mil receptoras do país, dos equipamentos dos estúdios (entre 40% e 80% mais caros que os analógicos na época), conversores para os aparelhos de TV analógicos e outros detalhes ligados à imagem em alta definição, como cenários, figurino e maquiagem mais perfeitos, de acordo com reportagem da revista *Exame* de agosto de 2002.

Com a forte pressão dos norte-americanos, que ameaçavam sobretaxar as exportações de aço e laranja brasileiros, e o fato de as emissoras de TV não estarem em condições financeiras de arcar com os custos da digitalização naquele momento, o governo Fernando Henrique (1995-2002) acabou deixando a decisão para o sucessor.

Em junho de 2002, foi instalado o Conselho de Comunicação Social (CCS) do Congresso Nacional, órgão consultivo previsto na Constituição de 1988 e na Lei nº 8.389, de 30 de dezembro de 1991. Cabral Filho e Cabral (2005:156) lembram que "sua aprovação se deu em virtude de um acordo entre os parlamentares governistas e os da oposição, possibilitando a alteração na emenda constitucional que permitiu a participação do capital estrangeiro na mídia em até 30% das ações". De acordo com Bolaño e Brittos, "a atuação do CCS tem ficado aquém do esperado, em termos de influência sobre os processos midiáticos, enquanto, na sua composição, têm predominado nomes ligados ao empresariado de comunicações" (2007:129). O conselho tem a função de analisar a renovação de concessões de rádio e TV e estabelecer orientações gerais sobre a comunicação no Brasil. Em junho de 2009, a deputada Luiza Erundina (PSB/SP) convocou uma reunião para debater o fato de que desde 2007 haviam vencido os mandatos dos membros do conselho, que, portanto, não funcionava.[3] O órgão, até outubro de 2011, ainda não tinha sido reativado.

Enquanto isso, o movimento popular começava a atuar. Em 31 de agosto de 2002, por exemplo, o Comitê pela Democratização da Comunicação do Rio Grande do Sul realizou o seminário "TV digital e democratização da comunicação: o que o movimento social tem a ver com isso?" e distribuiu uma cartilha sobre o assunto (Cabral Filho; Cabral, 2005:164). A luta do movimento popular pela TV digital é principalmente pela inclusão digital.

1.3. Governo Lula: perspectiva inclusiva e nacionalizante

Com a posse de Luiz Inácio Lula da Silva na Presidência da República, em janeiro de 2003, o cenário da TV digital no país mudou. O então ministro das Comunicações, Miro Teixeira, afirmou que o padrão adotado seria uma decisão do governo, e propôs o desenvolvimento de uma tecnologia brasileira que seria comparada aos outros padrões. Lula determinou que Miro solicitasse pareceres de especialistas sobre a viabilidade de o Brasil desenvolver um padrão técnico próprio para transmissão de TV digital, além

3 Câmara analisa situação do Conselho de Comunicação Social do Congresso. *Portal da Imprensa*, 1º jun. 2009. Disponível em: <http://portalimprensa.uol.com.br/portal/ultimas_noticias/2009/06/01/imprensa28532.shtml>. Acesso em: 10 set. 2010.

de continuar estudando os padrões dos Estados Unidos, Japão e Europa. E *O Globo* de 10 de janeiro dava conta de que o Brasil poderia desenvolver um padrão junto com a China e a Índia, e que o ministro das Relações Exteriores, Celso Amorim, já tinha encomendado estudos às embaixadas brasileiras em Nova Délhi e Pequim.

Em 12 de janeiro, outra reportagem do jornal *O Globo* informava que a intenção de Miro Teixeira (de fato, do governo Lula) tinha aberto um debate entre especialistas. "Todos admitem que o Brasil tem profissionais bastante gabaritados mas, para alguns, desenvolver uma tecnologia desse tipo demandaria muito tempo e dinheiro. Há quem diga que a decisão não seria comercialmente viável", dizia a matéria, informando ainda que o grupo Abert/SET pedira uma audiência com o ministro para discutir a TV digital no país. Segundo a reportagem, analistas do setor diziam que não era uma boa ideia desenvolver um padrão de TV digital com a China e a Índia, porque os sistemas desses países ainda não estavam prontos. A reportagem informava, também, que estava "em jogo um mercado estimado em pelo menos R$ 100 bilhões, ao longo de dez anos, diz Izabel Mattos, diretora da Laboris Consultoria, especializada em tecnologia. Esse dinheiro será gasto na adaptação de vários setores da indústria de tecnologia" (Machado, *O Globo*, 2003).

Miro, por sua vez, previa a criação de empregos e o desenvolvimento da indústria nacional com um padrão brasileiro de TV digital, além de dizer que poderíamos ser o padrão latino-americano. Ele se mostrava animado com um estudo apresentado pela Fundação Centro de Pesquisa e Desenvolvimento (CPqD), de Campinas, e pelo Instituto de Tecnologia Genius, de Manaus, dando aval técnico para o desenvolvimento de um padrão brasileiro de TV, e afirmava que o futuro do padrão de TV digital no país deveria ser decidido em dois anos, e que os brasileiros provavelmente assistiriam à Copa do Mundo de 2006 na TV digital. Até aquele momento, podemos dizer que os *lobbies* dos três sistemas tratavam o Brasil como estando "do lado de lá da linha abissal", conforme Santos. De acordo com o pensamento do cientista social português, isso representa a sobrevivência do colonialismo na relação entre estados:

> De fato, o fim do colonialismo político, enquanto forma de dominação que envolve a negação da independência política de povos e/ou nações

> subjugados, não significou o fim das relações sociais extremamente desiguais que ele tinha gerado (tanto relações entre Estados como relações entre classes e grupos sociais no interior do mesmo Estado). O colonialismo continuou sob a forma de colonialidade de poder e saber, para usar a expressão de Aníbal Quijano neste livro. (2010:18)

A posição de Miro Teixeira buscava mudar esse quadro, com a criação de conhecimento tecnológico sobre o tema no Brasil. Em 6 de março, a notícia era de que o embaixador da China, Jiang Yuande, havia comunicado oficialmente aos ministros brasileiros de Ciência e Tecnologia, Roberto Amaral, e das Comunicações, Miro Teixeira, que seu país tinha interesse em fazer uma parceria com o Brasil para construir um padrão tecnológico comum de TV digital. Dias depois, Miro Teixeira diz que o Brasil vai desenvolver seu sistema de TV digital por meio de um *pool* de universidades para compará-lo com o europeu, americano e japonês e poder escolher o melhor. Em seguida, ele incluiu a Associação Nacional dos Fabricantes de Produtos Eletroeletrônicos (Eletros) como representante dos fabricantes de televisores no grupo que estudava a implantação de um padrão nacional.[4] Mas Cruz (2008) diz que, depois disso, a Eletros tentou várias vezes entrar em contato com o ministro e não conseguiu, e acabou só entrando no debate ao participar do Comitê Consultivo do Sistema Brasileiro de TV Digital (SBTVD), constituído em março de 2004, um ano depois. O que não alterou muito a situação, já que o "comitê consultivo foi pouco ouvido no processo de escolha e a Eletros não foi convidada a participar do Fórum do SBTVD-T, criado pelo decreto de 29 de junho de 2006, para definições técnicas sobre o sistema" (Cruz, 2008:105). Apesar de a Eletros, que representava indústrias como a LG (coreana, defensora do sistema americano), Sony (japonesa), Philips (europeia) e Gradiente (brasileira), não ter participado do processo, o ministério escolheu como representantes da indústria no Fórum a Semp Toshiba e a Gradiente (Cruz, 2008:104-105).

No dia 2 de abril, o ministro das Comunicações divulgou sua proposta para TV digital no país, afirmando que o objetivo era promover a inclusão social digital, aproveitando o fato de a televisão aberta estar em 90% dos domicílios brasileiros. No texto, o ministro explica que os padrões de TV

4 TV digital: Miro debate com Eletros. *O Globo*, 22 mar. 2003. Disponível em: <http://arquivoglobo.globo.com/ns_index.htm>.

digital americano, europeu e japonês foram elaborados para atender às necessidades daqueles países, e que com um padrão próprio o país reduziria o pagamento de *royalties*.[5] Dias depois, o ministro diz que é do presidente a decisão sobre o uso, na inclusão digital, dos R$ 2 bilhões do Fundo de Universalização dos Serviços de Telecomunicações, e lembra que Lula tratava o tema como prioridade. A Lei Geral das Telecomunicações (LGT), Lei nº 9.472, de julho de 1997, ao mesmo tempo que permitiu a privatização das telecomunicações, determinou a criação do Fundo de Universalização dos Serviços de Telecomunicações (Fust), especialmente com a possibilidade de garantir a inclusão digital.[6]

Enquanto isso, a Anatel (Agência Nacional de Telecomunicações) trabalhava para abrir caminho para as transmissões digitais, finalizando o plano de distribuição de canais para que as emissoras de TV pudessem transmitir sons e imagens digitais ao mesmo tempo que mantinham o canal analógico. Era importante manter as transmissões analógicas por algum tempo para que os telespectadores que não pudessem trocar logo o televisor ou comprar a caixinha conversora continuassem podendo ver televisão. O superintendente de Comunicação de Massa do órgão, Ara Apkar, disse que são 1.893 canais de TV digital destinados às cidades com mais de 100 mil habitantes no país e explicou que as duas tecnologias de transmissão devem conviver simultaneamente por até 15 anos. O Plano Básico de Canais para a TV digital ficaria disponível para consulta pública do fim de dezembro até 8 de março de 2004.

Em audiência nas Comissões de Infraestrutura e Educação do Senado, em 7 de maio, Miro disse que a TV digital no Brasil deveria permitir o acesso à internet, ajudando a disseminar esse serviço para a população,[7] apenas para explicar mais à frente, em 3 de outubro, que, apesar de o televisor e o conversor não substituírem o computador, eles permitirão, por exemplo, a troca de mensagens eletrônicas.

---

5 Miro apresenta proposta para TV digital no país. *O Globo*, 3 abr. 2003. Disponível em: <http://arquivoglobo.globo.com/ns_index.htm>.

6 Lei nº 9.472, de 16 de julho de 1997 (Disponível em: <http://www.planalto.gov.br/ccivil/leis/L9472.htm>. Acesso em: 13 set. 2010) e Lei nº 9.998, de 17 de agosto de 2000 (Disponível em: <http://www.mc.gov.br/telecomunicacoes/fust/legislacao-1>. Acesso em: 13 set. 2010).

7 TV digital vai permitir acesso à internet. *O Globo*, 8 maio 2003. Disponível em: <http://arquivoglobo.globo.com/ns_index.htm>.

Enquanto tratava da inclusão digital via televisão digital, o governo também se preocupava em disseminar a internet, ainda acessada por poucos brasileiros. Naquele mesmo ano de 2003, o então ministro das Comunicações, Miro Teixeira, a ministra das Minas e Energia, Dilma Rousseff, o presidente da Eletrobras, Luiz Pinguelli Rosa, e o secretário de Comunicação e Gestão Estratégica, Luiz Gushiken, discutiam um programa de banda larga para o país. Miro chegou a fazer reuniões com empresas de TV por assinatura para criar uma grande rede, com a intenção também de usar as redes de Furnas e da Petrobras. Essa preocupação do governo, porém, só começaria a ser concretizada na implantação de um programa em 2010.

Em meados de 2003, os esforços dos europeus para implantar no Brasil seu modelo continuaram. A Philips fez um acordo com a Universidade do Estado do Amazonas pelo qual o Laboratório Philips da Amazônia desenvolveria, entre outras coisas, tecnologia para TV digital interativa padrão DVB, integrando-a a celulares com tecnologia GSM, e, em outubro, a União Europeia anunciava o desenvolvimento de um programa de pesquisa aberto na área de tecnologia da informação no período 2003-2007, que previa a doação de US$ 100 milhões para a América Latina.

Martins e Holanda contam que, em 2003, o Ministério das Comunicações estimulou um extenso debate envolvendo diversos setores da sociedade e do governo em torno da possibilidade de o Brasil desenvolver um sistema próprio:

> Em 2003, ocorreram várias reuniões no Ministério das Comunicações envolvendo fabricantes, emissoras, pesquisadores e representantes de institutos de pesquisa, destacando-se o I Workshop de TV digital, ocorrido na Unicamp em agosto de 2003 e organizado pela SBrT (Sociedade Brasileira de Telecomunicações), com o apoio da Fundação CPqD e do Instituto Genius. Ao fim deste *workshop*, estabeleceram-se os grupos de trabalho compostos por pesquisadores de várias áreas do conhecimento de todo o Brasil, que auxiliaram na montagem da primeira versão do projeto SBTVD. O documento final compôs o Anexo 8 do Convênio entre o Fundo para o Desenvolvimento Tecnológico das Telecomunicações (Funttel) e a Fundação CPqD. (2005:175)

Em 10 de novembro, Miro Teixeira anunciava a liberação inicial de R$ 80 milhões para as universidades que iriam conduzir as pesquisas para a criação do padrão brasileiro de TV digital. Esse valor, na prática, acabaria sendo menor.

Conforme o Brasil foi entrando pelo caminho do sistema próprio e detendo conhecimento da tecnologia, os estrangeiros foram ficando cada vez mais cooperativos. Os americanos fizeram, em junho de 2003, uma proposta de parceria tecnológica com o Brasil. No mês seguinte, a União Europeia fechou um acordo com o governo brasileiro para pesquisas conjuntas em TV e inclusão digitais. No fim de 2003, os americanos ofereceram uma linha de crédito de US$ 150 milhões para projetos conjuntos de desenvolvimento tecnológico na área.

1.4. O Decreto nº 4.901/2003

Em 26 de novembro de 2003, Lula assinou o Decreto nº 4.901, que instituiu o Sistema Brasileiro de TV Digital (SBTVD). O primeiro objetivo do SBTVD definido no decreto é "promover a inclusão social, a diversidade cultural do país e a língua pátria por meio do acesso à tecnologia digital, visando à democratização da informação".[8] Em seguida, cita como objetivos, entre outros, propiciar a criação de uma rede de educação a distância; estimular a pesquisa e o desenvolvimento de tecnologias brasileiras e da indústria nacional relacionadas à tecnologia da informação e comunicação; garantir a adesão gradual de usuários a custos compatíveis com sua renda; incentivar a indústria regional e local na produção de instrumentos e serviços digitais; e contribuir para a convergência tecnológica e empresarial dos serviços de comunicação.

Fica clara, pela redação do decreto, a intenção de incentivar as pesquisas e a tecnologia nacionais. É a mesma lógica que fez com que Estados Unidos, Europa e Japão quisessem, cada qual, ter seu próprio sistema, pois isso implica não depender de tecnologia do exterior, não ter de pagar *royalties* nem importar equipamentos. Isso significa produzir os próprios equipamentos, gerando empregos, e, se possível, exportá-los para países que adotem seu sistema.

O decreto também demonstra uma intenção de democratizar a comunicação e atender aos interesses do público, fazendo a inclusão digital através

8 Decreto nº 4.901/2003. Disponível em: <http://www.mc.gov.br/tv-digital/decreto-no-4901-de-26-de-novembro-de-2003/>.

da televisão. Essa intenção é alinhada com o que defendia Roquette-Pinto para o rádio, que, em última análise, era um projeto de incluir os excluídos. Nesse sentido, podemos destacar entre os objetivos citados no decreto "estimular a evolução das atuais exploradoras de serviço de televisão analógica, bem assim o ingresso de novas empresas, propiciando a expansão do setor e possibilitando o desenvolvimento de inúmeros serviços decorrentes da tecnologia digital, conforme legislação específica". Com as mudanças no governo que veremos mais adiante, nem entraram novas empresas nem foi criada uma legislação específica, o marco regulatório tão aguardado pelos defensores da democratização da comunicação. Outro objetivo estabelecido pelo decreto que também não foi atingido foi o de estabelecer "modelos de negócios para a televisão digital adequados à realidade econômica e empresarial do país". O modelo de negócios da TV, baseado em financiamento pela publicidade, especialmente comerciais de 30 segundos, continuava o mesmo em 2011, configurando-se como obstáculo à implantação da interatividade plena, como veremos com mais detalhes.

Foram criados pelo decreto o Comitê de Desenvolvimento do SBTVD, vinculado à Presidência da República, um Comitê Consultivo e um Grupo Gestor, cujos membros só foram empossados em março de 2004. O Comitê de Desenvolvimento deveria, entre outras atividades, fixar critérios para as pesquisas e os projetos em TV digital, inclusive seus participantes; fixar diretrizes básicas para modelos de negócios; definir todas as estratégias e os planos envolvendo a TV digital; supervisionar o Grupo Gestor; definir o modelo de referência, o padrão e a forma de exploração da TV digital brasileira, o período e o modelo de transição do analógico para o digital. O Comitê seria composto por um representante do Ministério das Comunicações, que o presidiria, da Casa Civil, dos Ministérios da Ciência e Tecnologia, Cultura, do Desenvolvimento, Indústria e Comércio Exterior, do Planejamento, das Relações Exteriores e da Secretaria de Comunicação do Governo.

O presidente do Comitê de Desenvolvimento do SBTVD também presidiria o Comitê Consultivo, e o ministro das Comunicações indicaria seus membros, que devem ser representantes de entidades que desenvolvam atividades relacionadas à tecnologia de TV digital. Esse comitê deveria propor as ações e as diretrizes fundamentais relativas ao SBTVD. O Grupo Gestor deveria executar as ações relativas à gestão operacional e administrativa para cumprir as estratégias e diretrizes estabelecidas pelo Comitê de Desenvolvimento, e seria integrado por representantes do Ministério das Comunicações (que o coordenaria), da Casa Civil, dos Ministérios da Ciência e Tecnologia, Cultura, do Desenvolvimento, Indústria e Comércio Exterior e da Educação, do Instituto Nacional de Tecnologia da Informação, da Anatel e da Secretaria de Comunicação do Governo.

O Grupo Gestor teria o apoio técnico e administrativo do CPqD e da Finep. O decreto estabelecia, ainda, que o SBTVD poderia ser financiado "com recursos provenientes do Fundo para o Desenvolvimento Tecnológico das Telecomunicações – Funttel, ou ainda, por outras fontes de recursos públicos ou privados, cujos planos de aplicação serão aprovados pelo Comitê de Desenvolvimento do SBTVD".

Na exposição de motivos do ministro Miro Teixeira está mais clara ainda a defesa dos interesses público e nacional:

> 3. Tive a cautela de abrir o debate em torno do assunto para consolidar nossa convicção sobre a possibilidade de desenvolvermos sistema e padrão brasileiros de televisão digital. Acredito que o Brasil precisa definir modelo próprio, com estratégia baseada no cidadão, para fazer da inclusão digital o meio mais eficaz e rápido de alcançar a inclusão social, com importantes repercussões na capacidade de inovação e na formação de novas gerações de pesquisadores. 4. Cabe ressaltar o entusiasmo com que nossos centros de excelência em pesquisa e desenvolvimento – nas áreas de tecnologias de microeletrônica, de sistemas multimídia, de propagação, de desenvolvimento de *software*, de desenvolvimento de conteúdo e de serviços – apoiaram os propósitos do Governo quanto ao SBTVD. Aliás, já há muita tecnologia desenvolvida no Brasil nestas áreas, o que nos proporciona segurança nas importantes decisões que deveremos tomar em breve. A iniciativa de desenvolvimento do SBTVD tem sido considerada como um grande projeto agregador de nossas competências, com o potencial de impulsionar positivamente o complexo eletrônico nacional.[9]

9 Exposição de motivos do decreto que institui o sistema brasileiro de TV digital. Disponível em: <http://www.mc.gov.br/tv-digital/exposicao-de-motivos-do-decreto-que-institui-o>.

Em relação à defesa da inclusão digital pelo decreto e pela exposição de motivos, Mota (2005:218) cita dados do Comitê para Democratização da Informática (CDI) em parceria com o Centro de Pesquisas Sociais da Fundação Getulio Vargas do Rio de Janeiro para mostrar que de fato havia essa necessidade: em 2003, o Brasil contava com 26,7 milhões de habitantes que poderiam ser considerados incluídos digitais. O restante, 149,4 milhões, não tinha acesso à internet. A parcela de pessoas com nível superior completo ou incompleto era de apenas 6,3% da população, mas representava 29,6% dos que possuíam computador e 35,2% entre os que acessavam a internet, mostrando uma relação direta entre nível educacional e acesso à rede.

Para a inclusão digital pela televisão digital é fundamental a interatividade plena, o que até hoje não se tornou realidade no país. No dia seguinte ao decreto, *O Globo* publicou, além de uma reportagem sobre o fato, uma nota na coluna Panorama Político, de Tereza Cruvinel (que, mais tarde, assumiria um cargo no governo), informando que Miro Teixeira festejara o decreto do presidente e tinha dito que "só ele, que reúne coragem, habilidade e 52 milhões de votos" poderia ter baixado aquele decreto.

Uma preocupação presente na exposição de motivos de Miro Teixeira era a de que o sistema próprio servisse para aumentar as exportações (o que ocorreria caso outros países adotassem o sistema brasileiro). Segundo Cruz (2008:145), uma fábrica de semicondutores no Brasil serviria para minimizar o *deficit* na balança comercial provocado pela importação desses componentes para os televisores digitais. O texto do ministro tratava de outra questão que não foi para o decreto, que era a "participação dos países latino-americanos no desenvolvimento do SBTVD visando a contribuir para a estratégia de desenvolvimento cooperativo da região". A exposição defende claramente a multiplicidade de canais, afirmando que "a implantação do SBTVD ampliará significativamente o número de canais de TV aberta e propiciará o desenvolvimento de novos negócios multimídia, o que certamente contribuirá para o incremento da competição no setor". Justamente a competição que as emissoras de TV não queriam, para não ter de dividir a audiência e o bolo publicitário.

Barbosa Filho e Castro afirmaram que o projeto SBTVD estabeleceu como princípio quatro eixos de ação: a universalidade dos serviços, ou seja, a escolha de um modelo que privilegie o maior número de brasileiros; a interatividade; a regionalidade – o respeito à cultura e aos valores locais, por meio de um sistema que permita a construção de pequenas emissoras locais, bem como de ferramentas que facilitem a criação de conteúdo (programas) por essas populações; e a inclusão digital, com o uso extensivo do *software* livre e a adoção de padrões abertos (2005:289-290). André Barbosa Filho, um dos autores citados, foi assessor especial da Casa Civil no governo Lula e, em abril de 2005, seria nomeado pelo presidente coordenador de um grupo de trabalho para elaborar uma proposta de Lei de Comunicação Social – a qual acabou não vingando (Cruz, 2008:190).

Em dezembro de 2003, finalmente, entrou no ar o sistema japonês, o favorito das emissoras brasileiras, começando pelas cidades de Tóquio, Nagoya e Osaka (Cruz, 2008:108). Em 2003, a mobilização da sociedade civil em relação ao assunto ainda era pequena, de acordo com Adílson Cabral, professor da Universidade Federal Fluminense e editor do informativo eletrônico *7 Pontos*, que acompanhava e debatia a questão da TV digital. Ele contou que a sociedade civil, ele incluído, demorou a entrar com mais empenho nesse tema porque seu tempo estava tomado pela Cúpula Mundial da Sociedade da Informação pelo Direito à Comunicação, Cris Brasil:

> Em 2001 se anunciou a cúpula, tratando de desenvolvimento tecnológico, governança da internet, inclusão digital etc. Era pensar a ideia de direito à comunicação no mundo, mas pensando a agenda brasileira em conexão com outros países, outras realidades. A Cris tomou dois anos e meio, três, construção até 2003 em Genebra, 2004/2005 em Túnis. Foi a primeira conferência da ONU tripartite – governos, sociedade e mercado. Mas, como em toda conferência da ONU, os governos é que batem o martelo. E teve casos doidos da Nokia bancar a delegação do governo finlandês. O governo brasileiro tinha forte influência da sociedade civil, *software* livre etc. A construção dessa agenda mobilizou a sociedade. Nesse meio-tempo o decreto de 2003 estava sendo construído. As organizações da sociedade civil se perderam no debate, porque a agenda da Cris era outra, era do global para o local, mas não tinha TV digital. Quando caiu a ficha, já estava na transição do Miro para o Eunício Oliveira. A digitalização está em curso, está-se discutindo, tem projeto nas universidades, mas ninguém sabia

> ao certo o que era, estava com os técnicos. Pensamos: vamos entender o que é porque é daí que vem a democratização.[10]

O projeto do SBTVD foi dividido em vários subprojetos, conduzidos por 105 instituições de pesquisa integradas pela Fundação CPqD.

> Para tal, o Funttel, órgão subordinado ao Ministério das Comunicações, assinou, em dezembro de 2003, convênio com a fundação CPqD, autorizando a liberação de R$ 65 milhões (cabendo, à época, R$ 15 milhões para a fundação e R$ 50 milhões para as demais instituições de pesquisa e desenvolvimento) para a elaboração do modelo de referência do SBTVD. Da mesma forma, em sua segunda reunião ordinária, o comitê de desenvolvimento designou a Finep (Financiadora de Estudos e Projetos) como entidade de apoio responsável pelos convênios com as demais instituições de pesquisa e desenvolvimento. O grupo gestor, com o apoio da Fundação CPqD e da Finep, consolidou as diretrizes para a chamada pública e a escolha das instituições de pesquisa. Em 2004, foram publicados 18 editais para a contratação de projetos de pesquisa nas diversas áreas de conhecimento, envolvendo desde aspectos de usabilidade e novos serviços interativos até os subsistemas que deverão compor o SBTVD. A abordagem analítica, a metodologia de gestão do projeto, bem como uma parte importante dos documentos de trabalho que promovem o debate e a fundamentação do processo decisório para a construção do modelo de referência, também foram elaborados, analisados e homologados pelo grupo gestor durante o ano de 2004. O tratamento a ser dado a outros aspectos considerados fundamentais para a implementação do sistema de TV digital, como a propriedade intelectual, o uso de *software* livre, a regionalização de conteúdos, entre outros, também estão [*sic*] entre as atribuições do grupo gestor. (Martins; Holanda, 2005:178-179)

No artigo, os autores dizem que haveria essa fase de apoio à decisão sobre o modelo, terminando em 2005; e a segunda fase, de "dar sequência ao desenvolvimento das tecnologias e serviços considerados relevantes, que foram

10 Entrevista concedida em Natal em 5 de setembro de 2008.

objeto de escolha no modelo de referência, assim como os ajustes políticos e jurídicos necessários à correta implantação do SBTVD". Esses ajustes nunca foram feitos, pelo menos não de acordo com o que orientavam os estudos contratados para dar apoio à decisão. A decisão do governo acabou sendo tomada sem levar em conta os estudos. Em outro momento, os pesquisadores reforçam a importância das pesquisas sobre o panorama da regulação para que pudessem ser pensadas as mudanças necessárias quando houvesse a convergência de mídias. O artigo diz ainda que a última fase "culminará com a efetiva implementação das políticas, tecnologias e serviços desenvolvidos na fase anterior, de acordo com o plano de implantação. [...] O modelo de referência também poderá sugerir o desenvolvimento de um sistema específico de TV digital terrestre". Ou seja, um modelo brasileiro.

As TVs por assinatura eram digitais e interativas bem antes da TV aberta, mas usando cada uma o padrão escolhido pela própria empresa, enquanto o debate sobre o modelo brasileiro de TV digital aberta acontecia. A Sky é digital desde 1996, e em agosto de 2004 apresentou seu primeiro anúncio interativo, de um carro Mitsubishi, o Pajero Sport, permitindo ao telespectador ver mais detalhes de construção e acabamento do veículo, segundo informa reportagem do jornal *O Globo* de 5 de agosto de 2004. A Net começou a se digitalizar em novembro de 2004, inicialmente em São Paulo e no Rio de Janeiro, com investimentos da ordem de R$ 100 milhões para os três anos seguintes. A empresa optou pelo padrão europeu em sua digitalização (DVB), informando que este era utilizado em 60% do mercado de TV por assinatura no mundo. Em 2005, o sistema chegaria a outras praças: Belo Horizonte, Porto Alegre, Curitiba, Brasília, Campinas e Santos (*O Globo*: Machado, 2004; Parajara, 2004; Novo, 2004; D'ercole, 2004).

Em janeiro de 2004, a perspectiva para a TV digital aberta brasileira começa a mudar. O presidente Lula faz uma reforma ministerial para dar mais cargos ao PMDB, partido do qual precisa para ter maioria no Congresso. O deputado federal Eunício Oliveira (PMDB/CE), proprietário de emissoras de rádio (de acordo com reportagens da *Folha de S. Paulo* de 6 e 7 de janeiro), assumiu o ministério no lugar de Miro Teixeira prometendo dar continuidade às políticas do antecessor.

Naquele momento, em 9 de janeiro de 2004, a coluna Panorama Político do jornal *O Globo* publica uma nota sobre o presidente da República falando do primeiro ano de sua gestão e diz que, entre outras coisas, ele "recorda que há meses ninguém acreditava num modelo brasileiro de TV digital. Agora os detentores dos direitos autorais do sistema americano nos oferecem US$ 150 milhões para iniciarmos as pesquisas a partir da plataforma deles".

O novo ministro das Comunicações, Eunício Oliveira, garantia, em 29 de julho, que o presidente Luiz Inácio Lula da Silva iria assistir à Copa do Mundo de 2006 no Brasil em uma TV digital. O presidente da Agência Nacional de Telecomunicações (Anatel), Pedro Ziller, que trabalhava com a mesma hipótese, estimou um valor médio de R$ 200 para o aparelho conversor.

A professora da UFMG Regina Mota, doutora em Comunicação e Semiótica pela PUC de São Paulo, coordenou uma pesquisa para o CPqD entre maio e outubro de 2004 com o objetivo de estabelecer parâmetros de inclusão social e orientações de legislação para o SBTVD, conforme determinado pelo artigo 1º, inciso I, do Decreto-Lei nº 4.901/2003. Ela constatou o total desconhecimento dos cidadãos sobre o que significa digitalizar a televisão (Mota, 2005). O momento era de os meios de comunicação trazerem o máximo de informações para o público sobre o que é a TV digital e quais as possibilidades abertas a ela. Era o momento de os cidadãos serem informados sobre as opções que existiam e como cada uma poderia afetar o seu modo de se relacionar com a TV e de se incluir digitalmente.

De fato, em 30 de julho de 2004, *O Globo* publicou um suplemento especial sobre TV digital, com sete reportagens. Uma delas lembrava que o governo havia garantido que o Brasil teria TV digital até 2006; outra, a defesa pelo ministro das Comunicações do uso da tecnologia para inclusão social e da abertura de um campo para a produção de *software* e prestação de serviços; e as outras abordavam os três padrões existentes e a intenção do governo de criar um brasileiro e pesquisas sobre o tema feitas pelo Grupo Abert/Set (Associação Brasileira de Emissoras de Rádio e TV/Sociedade de Engenharia de Televisão e Telecomunicações). A menor das sete reportagens informava que a TV digital já era realidade em muitos países e que, nos Estados Unidos, o foco do mercado de TV digital era a alta definição das imagens. "Toda a rede cabeada oferece programação em alta definição. Na terra do Tio Sam, mais de 12 milhões de aparelhos de TV de alta definição (HDTV) já foram vendidos, ao custo, em média, de US$ 1 mil cada", contra US$ 8 mil três anos antes.[11] Porém, o acompanhamento sistemático ao lon-

11 Uma realidade em muitos países. *O Globo*, Suplemento de TV Digital, 30 jul. 2004. Disponível em: <http://arquivoglobo.globo.com/ns_index.htm>.

go das semanas seguintes, mostrando os vários ângulos da questão, que os jornais costumam oferecer aos leitores quando algum assunto de maior relevância para os cidadãos está sendo debatido no Executivo ou no Legislativo, não foi feito no caso da TV digital. Certamente a maioria esmagadora dos brasileiros, que costumam se informar mais pela TV do que por qualquer outro veículo, não ficou sabendo o que era a TV digital, quais modelos eram possíveis, quais as vantagens e desvantagens de cada um e o que o cidadão/telespectador poderia ganhar com a nova tecnologia.

Em 11 de agosto, em uma nota dissonante do discurso governamental do momento, *O Globo* publica reportagem com o título "Brasil não vai criar padrão digital, diz secretário". Nela, o secretário executivo do Ministério das Comunicações, Paulo Lustosa, afirmava que o Sistema de TV Digital Brasileiro aproveitaria um dos três modelos mundiais – o americano, o japonês e o europeu – como base, mas o padrão implantado seria adaptado às necessidades e ao perfil dos brasileiros. O discurso de Lustosa, dizendo que "não queremos reiventar a roda", foi feito na abertura do congresso da Associação Brasileira de Televisão por Assinatura (ABTA). Ele respondia à crítica aos planos do governo de criar um sistema nacional feita pelo diretor executivo da ABTA, Alexandre Annenberg, e publicada na véspera pelo *Estado de S. Paulo* sob o título "Criar sistema digital brasileiro é perda de tempo, diz especialista". O ministro Eunício Oliveira mandou Lustosa voltar atrás (Cruz, 2008:95-96). O incidente remete novamente a Santos quando trata da persistência do colonialismo na relação entre estados e entre grupos sociais do mesmo Estado. Segundo ele

> [...] no interior do Sul geográfico houve sempre as "pequenas Europas", pequenas elites locais que se beneficiaram da dominação capitalista e colonial e que depois das independências a exerceram e continuam a exercer, por suas próprias mãos, contra as classes e grupos sociais subordinados. A ideia central é, como já referimos, que o colonialismo, para além de todas as dominações por que é conhecido, foi também uma dominação epistemológica, uma relação extremamente desigual de saber-poder que conduziu à supressão de muitas formas de saber próprias dos povos e/ou nações colonizadas. (Santos, 2010:19)

No caso em questão, empresas que não tinham interesse em um sistema nacional para evitar mexer em seu ainda lucrativo modelo de negócios "colonizavam" a população, que poderia se beneficiar da criação desse sistema nacional. Ao mesmo tempo, e com o mesmo objetivo, discursos como o de Annenberg colocavam o Brasil na posição de colonizado, que não precisava ter tecnologia própria, devia importar da metrópole.

Enquanto isso, outro episódio mostrava que as emissoras de TV continuavam fortes na defesa de seus interesses. Em 11 de agosto de 2004, entrou em consulta pública uma minuta de Projeto de Lei de Audiovisual que transformaria a Ancine (Agência Nacional do Cinema) em Ancinav (Agência Nacional do Cinema e do Audiovisual). A nova agência teria o poder de regular e fiscalizar todo o audiovisual, nos moldes da agência britânica Ofcom. O texto recebeu sugestões até 1º de outubro e foi duramente criticado. O jornal *O Globo*, por exemplo, publicava reportagens recheadas de entrevistados criticando a proposta do Ministério da Cultura. As críticas eram, em geral, voltadas para o cinema, de certa forma escondendo o fato de que o que mais incomodava as emissoras era a possibilidade de regulação do conteúdo de TV. A esse respeito, as reportagens do jornal *O Globo* tratavam como censura a regulação de conteúdo através de leis. Orlando Senna, então secretário do Audiovisual do Ministério da Cultura, publicou artigo no jornal *O Tempo* e no *site* do ministério, do qual se extrai o trecho a seguir:

> Por que tanto medo da Ancinav? Possível perda de privilégios, de possibilidades de monopolização, de hegemonizações? A proposta da Ancinav é de ampliação do mercado, equilibrando interesses, mediando conflitos e gerando o crescimento do setor com recursos públicos e privados. Uma atividade em expansão significa maiores oportunidades para todos: para os pequenos empresários hoje tolhidos pela brutalidade do mercado, para o vasto contingente que deseja ingressar nesse universo e para as grandes empresas que terão um território mais amplo para sua expansão. (Senna, 2005)

O anteprojeto acabou sucumbindo à pressão das emissoras e foi cancelado pelo governo antes mesmo de ser enviado para o Congresso.

Entre 25 e 27 de agosto, o evento Broadcast & Cable, da Sociedade Brasileira de Engenharia de Televisão (SET), atraiu lobistas americanos, europeus e japoneses, que conversaram com o governo e pesquisadores (Cruz, 2008:96). Em 15 de novembro de 2004, *O Globo* anunciava que a Coreia desejava colaborar com o Brasil nas áreas de comunicações móveis e TV digital. Naquele ano, o jornal publicou apenas 12 reportagens sobre o tema, inclusive notinhas em colunas, e três em que o citava como assunto secundário. Pouco para informar os cidadãos, em um ano em que eram feitas pesquisas para a escolha do modelo. Sem a informação fica difícil para o cidadão comum tomar uma posição sobre qual modelo prefere e, se for o caso, pressionar o governo ou parlamentares para tomarem decisões que beneficiem sua escolha.

O livro *Mídias digitais: convergência tecnológica e inclusão social*, com artigos escritos na virada de 2004/2005 e publicados em 2005, mostra as expectativas de apoiadores do governo Lula que trabalhavam ou estudavam o processo da TV digital brasileira. Um dos objetivos do livro, conforme descrito na introdução, é apresentar "análises e propostas que colaborem com o governo federal no sentido de desenvolver projetos de inclusão e estímulo ao cidadão digital. Ao lado deles, também estão artigos assinados por alguns dos atuais realizadores dos projetos de tecnologia digital em curso no governo Lula" (Barbosa Filho; Castro; Tome, 2005:17-18). No prefácio, José Marques de Melo, professor emérito da ECA/USP, escreve que o volume reúne ensaios de pesquisadores identificados ou participantes da estratégia adotada pelo governo Lula no sentido de "romper a brecha digital que estigmatiza a sociedade brasileira. Trata-se de um esforço de reflexão coletiva destinado a estimular ações capazes de conduzir à inclusão social aqueles contingentes que permanecem à margem do banquete civilizatório" (p. 14).

Nesse livro, Mota e Tome defendem uma TV digital com interatividade plena, inclusão social, diversidade cultural, democratização do acesso à informação e formação de rede de educação a distância, conforme previa o Decreto nº 4.901/2003:

> Da intenção governamental à prática cotidiana, entretanto, existe um longo caminho a ser percorrido. O primeiro desafio foi, e continua a ser, o de reunir os atores existentes e novos em torno dessa ideia. Embora, em tese, muitas pessoas e instituições tenham interesse, quando descemos à dura realidade do dia a dia, muitos sonhos e desejos caem por terra. Estes precisam ser conciliados com tarefas, recursos, prazos,

> limitações técnicas, legais e orçamentárias, e alguns acabam desistindo prematuramente. Mas felizmente muitos persistem (brasileiro é persistente), criando um ambiente excitante para os trabalhos.
>
> O segundo desafio está sendo o de definir qual é a abrangência que desejamos. Esse é um debate ainda por ocorrer. Requisitos como o de inclusão social ou diversidade cultural não são facilmente traduzíveis em especificações técnicas. Ainda que a equipe técnica responsável tenha conseguido elaborar uma primeira tradução, seria altamente desejável que esse debate pudesse ser ampliado para diversos setores da sociedade.
>
> O terceiro desafio é o de construir a plataforma tecnológica propriamente dita. Não é uma tarefa elementar. Se, por um lado, existem três sistemas desenvolvidos, testados e bem documentados, por outro, *(a)* todos os caminhos possíveis parecem já ter sido trilhados (o que possui implicações práticas como a de patentes) e, *(b)* à primeira vista, parece tolice buscar soluções para desafios que já foram anteriormente estudados. Entretanto, o cenário é bastante promissor. O desenho de um sistema realizado a partir de um enfoque ampliado (dentro do nosso triângulo conceitual), aliado ao conhecimento técnico acumulado nos outros sistemas e a soluções inovadoras (brasileiro é muito criativo), permite antever uma plataforma não apenas diferente, mas também mais adequada às necessidades brasileiras. (2005:81-82)

Nesse triângulo conceitual criado pelos pesquisadores, cada vértice representa uma proposta de TV digital, sendo o terceiro a proposta defendida por eles, com interatividade plena, fim da grade de programação e o usuário sendo também um produtor e disseminador de informações e conhecimento (transformando-se em "usuário-cidadão"). Takashi Tome trabalhou na engenharia de sistema do projeto SBTVD no CPqD.

Regina Mota, no artigo "Os desafios da TV digital no Brasil" no mesmo livro, afirma que "mais do que qualquer outro meio, a televisão digital poderá transformar e reconfigurar o cenário da mídia eletrônica no Brasil, voltada quase que exclusivamente para os interesses comerciais e para o mercado de consumo de bens e serviços, ao qual mais de 50% da população nem sequer tem acesso" (2005:205). Ela também considera imprescindível que o debate sobre legislação e direito na radiodifusão chegue aos interessados, com o Estado garantindo que a comunicação não esteja apenas a serviço de interesses privados – o que, como se verá adiante, não foi feito. O público de televisão, a grande massa de brasileiros, não foi informado sobre esse debate na profundidade necessária para entender as possibilidades tecnológicas disponíveis e suas implicações para o país e para o próprio público e, a partir daí, ter condição de tomar uma posição sobre o assunto, caso quisesse. Diz Mota:

> Daí a importância, em uma sociedade como a brasileira, do estabelecimento de políticas públicas, com o objetivo de cumprir as funções constitucionais de diminuição das desigualdades. Aqui têm início as dificuldades, uma vez que a comunicação social, quando entregue – ainda que sob a forma de concessões – à iniciativa privada, fica sujeita à dinâmica do mercado que, no caso brasileiro, está estruturado exclusivamente sob a égide do lucro.
> A dimensão pública da informação, para ser resgatada como conceito e como prática, portanto, necessita de um tipo de regulamentação que o mercado não tem interesse em promover. Esse é o papel das políticas públicas. [...] A escolha de um determinado modelo para o SBTVD implicará a manutenção da atual relação da desigualdade comunicacional da sociedade brasileira ou a mudança de parâmetros que possa reverter a ordem de suas prioridades. [...] A televisão digital, por sua característica convergente, interativa e reversível [...], poderia proporcionar apropriações para todos: para as redes de televisão comerciais, para as televisões locais, para a TV a cabo, para as televisões comunitárias, para a telemedicina, para a teleducação, para ampliar o acesso a museus, bibliotecas e bancos de dados, para o comércio eletrônico, para os serviços de toda natureza. (Mota, 2005:220-221)

Adilson Vaz Cabral Filho e Eula Taveira Cabral esperam que

> se pelo menos o conjunto da sociedade civil não estiver acompanhando diretamente o debate, possa pelo menos estar engajado no envolvimento de múltiplas ações que podem vir a garantir uma ocupação qualificada dos canais, dentro de um possível novo sistema brasileiro de TV digital. (2005:165)

No mesmo livro, os educadores Maria de Fátima Monte Lima, Nelson de Luca Pretto e Simone de Lucena Ferreira demonstram seu temor:

> [o SBTVD] pode vir a se constituir [em] uma grande possibilidade de inclusão digital. Isso se o caminho escolhido não for o da simples distribuição em broadcasting de produtos imagéticos em alta definição que, no entanto, ainda continuariam sendo produzidos de forma centralizada e, com isso, fortalecendo a perspectiva de dominação e de expansão do capital. (2005:244)

Para os autores, à educação a distância interessa uma TV digital interativa e, "com isso, potencializadora de espaços não lineares de construção de conhecimento" (2005:245). Eles afirmam, ainda, que, "no âmbito da TV digital, por exemplo, o que se percebe é um movimento do próprio MEC – ao implantar alguns protótipos do que está chamando de TV Escola Digital, em um movimento quase isolado do Sistema Brasileiro de TV Digital" (p. 237-238). Bolaño e Brittos dizem que a digitalização da TV na América Latina e nas demais partes pobres do planeta poderia representar o acesso à internet.

Ricardo Benetton Martins, então diretor e coordenador do Projeto do Sistema Brasileiro de TV Digital na Fundação CPqD, atuando junto ao Ministério das Comunicações, e Giovanni Moura de Holanda, coordenador dos estudos do CPqD para definição do modelo de referência do Sistema Brasileiro de TV Digital Terrestre, afirmaram que o governo dava ênfase à utilização desse veículo de comunicação como plataforma para inclusão social e para a redução das desigualdades de informação, educação e renda experimentadas pelo país: "Tal posicionamento, que se impõe do ponto de vista social e humano e que poderia ser traduzido como 'a tecnologia a serviço do homem', trouxe a necessidade de abarcar efetivamente, além de questões tecnológicas, aquelas de natureza socioeconômica e político-regulatória" (2005:174). Regulação esta, lembramos novamente, que não ocorreu até hoje. Eles também davam como certa a criação de diretrizes "para a condução de políticas específicas que impulsionem a difusão da TV digital terrestre no Brasil, abarcando políticas industrial e educacional atinentes à cadeia produtiva da TV digital, que promovam o desenvolvimento regional e a inclusão social" (p. 188). Para os autores, toda essa política deveria levar a um modelo sustentável, mesmo no caso de mudanças em relação ao PIB ou à taxa de câmbio; e flexível, para poder se adaptar a eventuais mudanças de rumo.

As esperanças dos autores são resumidas por Cosette Castro, ao dizer que a sociedade estava respondendo à convocação do governo Lula ao formular políticas de comunicação pensando o modelo digital como um espaço estratégico de produção de conteúdo nacional, ampliação do mercado de valor não somente para as emissoras, mas também para os profissionais. (2005:317). Porém, sem uma ampla divulgação pelos meios de comunicação de massa, especialmente a televisão, o tema TV digital não se tornou conhecido, e todo esse debate e o envolvimento da sociedade, imaginados por Castro e tantos outros que lutavam pela democratização da comunicação, não aconteceram.

Para Gustavo Gindre, da ONG Coletivo Intervozes, a primeira grande condição para democratizar as comunicações no Brasil era rever a legislação.

> Só para se ter uma ideia, a legislação da União Europeia para o audiovisual, TV aberta incluída, é de dezembro de 2007. A nossa é de agosto de 1962. A nossa tem 47 anos. Salvo a hipótese improvável de que ela tenha sido feita por médiuns, que sabiam o que aconteceria no futuro, ela é absolutamente incapaz de lidar com tudo o que vem pela frente. Não tem como uma lei de 62 conseguir lidar com todas as transformações tecnológicas que vieram daí para a frente. Além do fato de ela ser ruim na sua origem. Ela é conservadora, ela é reacionária lá na origem e ela ainda ficou defasada no tempo. Então hoje, na prática, nós não temos lei para a radiodifusão. Eu desafio quem quer que seja, a entidade que for no Brasil, se ela consegue ter acesso aos contratos de concessão. Você imagina o que é isso? O poder público faz o contrato de concessão com um ente privado e esse contrato de concessão é secreto, ninguém tem acesso a isso. Jamais na história do Brasil se teve acesso a um contrato de concessão de uma emissora de TV ou de rádio. Então, sem mudar essa legislação, sem rever esse arcabouço legal, não dá para introduzir uma nova tecnologia, você está consagrando os interesses que já oligopolizaram esse setor, que nos grandes centros são esses grupos de mídia e no interior, nas capitais do interior, fora do eixo Rio-São Paulo, é pior, é o coronelismo polí-

> tico em aliança com os grandes grupos de comunicação. É Antônio Carlos Magalhães, Collor, Sarney, Jader Barbalho, são esses os donos das emissoras de TV no Brasil. Sem rever isso não dá para introduzir uma nova tecnologia.[12]

Enquanto o debate sobre como deveria ser a TV digital brasileira acontecia, Castro (2005:297) fazia também um balanço da nova televisão em dois outros países:

> A Grã-Bretanha lidera a migração para o digital, e seis principais redes de televisão já transmitem tanto em modelo analógico quanto digital: BBC 1, BBC 2, ITV 1, Channel 4/S4C, Five e Teletext. Outras sete redes já transmitem exclusivamente em digital (BBC 3, BBC News 24, BBC Parliament, CBBC, Cbeebies e S4C2). Isso apenas no que está relacionado às transmissões terrestres. Já em setembro de 2001, a BSkyB havia desligado suas transmissões analógicas, tornando-se a primeira operadora por satélite (DTH, *direct to home*) 100% digital, o que foi seguido por praticamente todas as operadoras satelitais do mundo – inclusive no Brasil, onde Sky e DirecTV prestam esse serviço. Berlim foi a primeira metrópole do mundo a desligar todos os seus sistemas de transmissão analógica terrestre. Isso ocorreu em agosto de 2003 e, em 2010, toda a TV na Alemanha será digital.

Apesar disso, Castro afirmava, também, que ainda não existiam linguagens e formatos específicos para a TV digital e, mesmo na Grã-Bretanha, o formato para a nova TV ainda engatinhava, embora com algumas possibilidades de interatividade, como o voto eletrônico, meteorologia, serviço de aeronaves e situação das estradas. Em 14 de novembro de 2004, reportagem do jornal *O Globo* mostrava uma BBC ainda entusiasmada com a TV digital, o que se reverteria depois, como veremos adiante. Na matéria, Jana Bennett, diretora da BBC, diz que a interatividade está no ar: "Graças à TV digital, cada vez mais, enquanto estiver assistindo a um programa, o telespectador poderá simultaneamente buscar informações complementares e até participar da atração" (Fernandes, *O Globo*, 2004).

---

12 Entrevista em vídeo concedida a Jocelino Pessoa, aluno do professor Ernani Ferraz na disciplina Comunicação Audiovisual da PUC-Rio, em 2 de junho de 2009.

Ferraz lembra que muitos países, como Inglaterra e Estados Unidos, tiveram de adiar seus desligamentos do sinal analógico, "nem tanto porque a cobertura digital por parte das emissoras estivesse abaixo dos 100%, mas muito mais porque nem todos os usuários se sentiram motivados a ter receptores digitais" (2009:26). Segundo Ferraz, o último adiamento da Inglaterra foi para 2012. No caso dos brasileiros, ele aponta como razões para a falta de interesse pela troca o alto preço dos equipamentos, o reduzido conteúdo em alta definição e a falta de interatividade. Nos Estados Unidos, o sinal analógico acabou sendo desligado em 2009.

Com o título "Governo desiste de controlar o setor audiovisual", matéria do jornal *O Globo* de 15 de janeiro de 2005 tratava, também, do início da elaboração de uma proposta de Lei Geral de Comunicação de Massa. A ideia do governo era preparar uma lei que incluísse os meios tradicionais de comunicação e os novos, como internet e TV digital. "O governo, segundo técnicos do Planalto, quer reforçar os dispositivos da Constituição que falam da necessidade de se dar espaço à produção nacional e à produção educativa", dizia a reportagem (Jungblut, *O Globo*, 2005). Mais uma tentativa de regular o setor que, ao menos até 2011, não tinha ido adiante.

Enquanto isso, o governo da China iniciava sua corrida para a criação de um padrão próprio de TV digital. No Brasil, o secretário executivo do Ministério das Comunicações, Paulo Lustosa, afirmou, em maio de 2005, que até 10 de dezembro os grupos encarregados das pesquisas sobre TV digital teriam de entregar seus resultados ao governo. Segundo ele, o governo pretendia decidir que tecnologia de TV digital seria usada no país até fevereiro de 2006 (Tavares, *O Globo*, 2005).

1.5. Movimentos sociais e TV digital

Uma das entidades que participavam ativamente do debate sobre TV digital era o Fórum Nacional pela Democratização da Comunicação (FNDC), que surgiu no fim da década de 1980 e foi registrado como pessoa jurídica em 1991. Cabral Filho e Cabral explicam que o FNDC consolidou seu viés institucional junto às organizações sociais "que saíram ou resistiram, seja por inércia em participar de outras instâncias maiores intermovimentos, seja pelo reconhecimento do histórico de lutas representado pelo próprio FNDC, seja mesmo por se identificar com uma atuação mais legalista" (2005:145). No momento em que escreveram o artigo, fevereiro de 2005, o FNDC contava com 11 entidades nacionais e 70 entidades regionais, vinculadas a oito comitês regionais. Segundo os autores, a maior parte dessas entidades contava com representantes que acompanhavam as reuniões, mas não repassavam os assuntos pautados ou deliberados às suas organizações de origem.

Os autores contam que, a partir da luta do Fórum, surgiram movimentos mais específicos que desembocaram na regulamentação federal para as rádios comunitárias e os canais comunitários de TV a cabo. Dizem ainda que desde 2001 o FNDC chama a atenção do governo para a importância do povo no projeto da TV digital brasileira, e em 17 de julho de 2003 enviou ao governo Lula comentários e propostas pedindo que o aspecto cultural tivesse o mesmo peso que o industrial e o tecnológico na TV digital.

No momento em que escreviam, o Fórum vinha, desde 2003, em um movimento para descentralizar e desburocratizar sua atuação, e a XI Plenária, realizada em Goiânia em maio de 2004, debateu a participação do FNDC no Conselho de Comunicação Social (CCS) e uma campanha para a realização da Conferência Nacional da Comunicação em 2005 (que acabou sendo realizada apenas em dezembro de 2009), a qual estava sendo negociada com o governo federal. Eles afirmam ainda que, no período até 2004, houve

> a instalação de comitês regionais sem representatividade junto ao conjunto da sociedade civil em cada cidade e atividades operacionais de fortalecimento de uma infraestrutura própria, voltada para a qualificação da atuação de suas lideranças, não para a expansão qualitativa de pessoas e organizações associadas. Em geral, estão pautados por representantes de organizações extremamente capacitados para a atuação nesses espaços, mas incapazes de despertar interesses e estimular posicionamentos por parte da sociedade civil a partir de suas especificidades. (Cabral Filho; Cabral, 2005:147)

Os autores classificaram esse quadro como "movimento inerte" e disseram que o FNDC perdeu força, o que ficou claro quando OAB e ABI, que já haviam participado da entidade, propuseram, junto a outras organizações da sociedade civil, um nome para ocupar o cargo de ministro das Comunicações no início do governo Lula, em janeiro de 2003. Outros indicadores desse enfraquecimento foram a vitória de uma chapa de oposição na ABI e a presença de outra na eleição da Federação Nacional dos Jornalistas de 2004. Nesse contexto, surgiram movimentos autônomos pela ética na mídia, como o Zero Fora, no Rio Grande do Sul, que depois se ampliou e se transformou no Midi@ética; a campanha "Mirante ou mentira?", de São Luís (MA), que denunciava as práticas do Sistema Mirante de Comunicação (vinculado à TV Globo), de propriedade da família Sarney; e a campanha "Quem financia a baixaria é contra a cidadania", proposta pelo então deputado pelo PT Orlando Fantazzini (SP). A Comissão de Direitos Humanos da Câmara dos Deputados lidera a campanha, que conta com 57 entidades da sociedade civil, e fez um levantamento das leis e normas existentes no país que se aplicam ao conteúdo veiculado no rádio e na TV. O grupo pressiona anunciantes para parar de anunciar em programas que descumprem a lei veiculando, por exemplo, conteúdos homofóbicos ou que violem o Estatuto da Criança e do Adolescente.

Quanto ao FNDC, Adílson e Eula Cabral dizem que era chamado de rede das redes, mas, na prática, suprimia as especificidades dos grupos participantes e dos comitês regionais. Porém, lembram que ele foi o principal articulador da sociedade civil na elaboração da lei de TV a cabo, na defesa do controle público que levou à criação dos seis canais públicos (para o Senado, Câmara dos Deputados, Assembleias Legislativas e Câmaras de Vereadores, universidades, órgãos públicos de caráter educativo-cultural e para entidades ou instituições comunitárias), além de 30% da capacidade técnica da rede do cabo para uso por entidades sem relação de subordinação e/ou afiliação com o operador. E é essa tese do controle público que os autores dizem que vinha sendo usada para reivindicar um modelo brasileiro de TV digital mais democrático. "Um discurso que reaparece no debate sobre a TV digital por parte do FNDC é o de que, por termos começado mais tarde a adotá-la [...], poderemos implementar um sistema mais atualizado tecnologicamente, pensando uma utilização mais pertinente por parte da sociedade civil" (2005:159-160). Mas, para eles, isso iria depender de os atores estarem de fato mobilizados e conscientes de suas possibilidades, senão a TV digital seria apenas utopia.

Havia, ainda, o interesse das companhias telefônicas no tema. Segundo Cruz, as telefônicas pressionavam pela adoção do sistema europeu. Elas não se envolveram muito diretamente na discussão, mas seus fornecedores, como a Siemens e a Nokia, sim (Cruz, 2008:202). Em entrevista a mim por *e-mail* em 26 de setembro de 2008, um alto executivo da Nokia Siemens Network, que não quis se identificar, explicou como foi a defesa do padrão europeu pela empresa:

> Começamos a nos envolver mais profundamente em fins de 2005, quando passou a existir a perspectiva de fabricação de STBs pela Siemens em Manaus. Defendíamos o padrão DVB-T porque sempre acreditamos em padrões abertos e globais, que trazem produtos de baixo custo e boa qualidade para a maioria dos cidadãos (à semelhança do fenômeno GSM). Antevíamos todas a consequências de uma decisão privilegiando a alta definição como solução única num país pobre como o nosso (caso do ATSC e do ISDB-T), desde o custo elevado dos produtos até a manutenção do *status quo* competitivo no país, sem a criação de novos programas/"canais".
>
> Naquela época ajudamos a fundar a Coalizão DVB Brasil onde diversas empresas se juntaram para defender uma mesma posição de forma bastante alinhada, assim como realizar uma proposta *off-set* para o Governo Brasileiro, em conjunto com a União Europeia, do tipo "barba-cabelo-bigode", compreendendo investimentos desde a criação das bases de uma indústria microeletrônica no Brasil até a cooperação de longo prazo para incluir a academia brasileira no circuito dos desenvolvimentos globais (não me lembro de uma proposta tão generosa como essa em qualquer outro momento das comunicações brasileiras).

1.6. Mudança de rumo no Ministério das Comunicações

Quando o ministro das Comunicações Miro Teixeira foi substituído por Eunício Oliveira, não houve alteração significativa no rumo na política em relação à TV digital. Mas a posse do então senador pelo PMDB/MG Hélio Costa (ex-funcionário da Rede Globo) no cargo de ministro, em julho de 2005, mudou tudo. Hélio Costa entrou para o governo na esteira do chamado escândalo do mensalão, que veio a público a partir de maio daquele ano, ganhando força em junho. Tratou-se de um esquema de supostas mesadas pagas pelo PT, partido do governo, a parlamentares da base aliada para que apoiassem projetos de interesse do governo federal. O escândalo ocupava boa parte do tempo e do espaço dos meios de comunicação.

O presidente Lula, em pronunciamento em cadeia nacional de rádio e televisão, negou ter conhecimento do esquema. A grande imprensa, especialmente as emissoras de TV, possivelmente poderiam ter alimentado a abertura de um processo de *impeachment* do presidente caso centrassem esforços em duvidar da inocência dele ou decidissem investigá-la a fundo. Mas isso não foi feito, e as acusações mais duras foram direcionadas ao ministro-chefe da Casa Civil, José Dirceu, que perdeu o cargo. A entrada de Hélio Costa no Ministério das Comunicações e a consequente guinada da política do governo para a TV digital de uma que visava ao interesse público para outra que atendia aos interesses das emissoras levantaram suspeitas e até mesmo certezas (no movimento popular, na academia e entre empresas como as de telefonia e a indústria de equipamentos) de que houve uma troca de favores: as emissoras fariam um ministro que atenderia aos seus interesses, indicado pelas Organizações Globo, e elas e outros meios de comunicação ligados a elas não acusariam o presidente da República pelo mensalão. É o que demonstra, por exemplo, a declaração de Gustavo Gindre, das ONGs Intervozes e Indecs:

> Repara que o governo troca de ministro das Comunicações durante a crise do mensalão, logo depois da crise do mensalão, quando o governo estava muito vulnerável à pressão, especialmente à pressão da mídia, a mídia voando em cima; tinha ali um processo de reeleição do governo Lula em marcha, o governo estava vulnerável, e aí, de repente, saca-se para ministro das Comunicações um radiodifusor, alguém que tem uma trajetória ligada às Organizações Globo, que construiu a sua vida à sombra das Organizações Globo, e que hoje ainda é um dono de rádio, quer dizer, inclusive uma figura meio estranha, porque ele fiscaliza a si mesmo. Ele é dono de rádio e é o ministro que fiscaliza as rádios. E eu não tenho dúvida de que foi esse projeto político, o projeto de um acordo com a mídia na tentativa de salvar um segundo mandato do Lula que consagrou ministro das Comunicações o Hélio Costa e que, consequentemente, encaminhou para a TV digital o projeto que atendia aos radiodifusores, só aos radiodifusores, e mais, dentro dos radiodifusores, a um grupo de mídia, a Globo. O modelo de TV digital no Brasil é um modelo que atende aos interesses da Globo. E quais são os interesses da Globo? Que nada mude em ra-

> diodifusão. A Globo sabe que um processo de convergência, que um processo de interatividade está em marcha, e que isso é inevitável e que isso abala seriamente os seus negócios. Mas ela vai fazer o máximo possível para retardar esse processo, inclusive com sérios prejuízos para o Brasil, porque para a Globo quanto mais século XX, quanto menos interativo, quanto menos convergente for a comunicação no Brasil, melhor para ela. E o modelo de TV digital atende exclusiva e justamente este propósito da Globo.[13]

Mal estreou no cargo e em plena vigência das pesquisas para o sistema de TV digital, o novo ministro já começou a dar entrevistas citando o modelo japonês como escolha certa do governo. Em 14 de julho de 2005, reportagem do jornal *O Globo* com o título "Ministro descarta padrão brasileiro de TV digital" mostra Costa recusando a possibilidade de o Brasil desenvolver seu próprio padrão de TV digital. "Segundo ele, o país pode até ter capacidade técnica para fazê-lo, mas, como o custo é muito alto, não há condições para que isso ocorra" (Beck, *O Globo*, 2005). A escolha, de acordo com o ministro, ficaria entre os três modelos já existentes.

Reportagem da revista eletrônica *Teletime* de 13 de julho citava a mesma entrevista de Hélio Costa:

> O ministro repetiu que a proposta de Miro Teixeira não tinha sido bem entendida e que o Brasil não estava tentando desenvolver um padrão brasileiro de televisão digital, até porque o país não teria fôlego financeiro para implementar uma proposta deste tipo. Segundo Hélio Costa, o desenvolvimento do ATSC custou cerca de US$ 2,8 bilhões e do ISDB-T, japonês, cerca de US$ 3 bilhões, e "não é com menos de R$ 100 milhões que vamos desenvolver um novo padrão", conclui. Para o ministro o que está sendo desenvolvido é um modelo brasileiro de televisão digital com prioridade para o processo de transição analógico-digital (o conversor): "Não se pode confundir padrão com modelo. Eu até gostaria que pudéssemos desenvolver um padrão nosso, e acredito que tecnologia para isso nós temos, mas não vejo viabilidade. Já o desenvolvimento do modelo é necessário para adaptarmos a TV digital à nossa realidade", afirmou Costa. As pes-

13 Entrevista em vídeo a Jocelino Pessoa, aluno do professor Ernani Ferraz na disciplina Comunicação Audiovisual da PUC-Rio, em 2 de junho de 2009.

quisas em curso, contudo, envolvem um modelo de transição mas, principalmente, o desenvolvimento de tecnologia. [...]

É evidente o cuidado de Hélio Costa para não constranger o ex-ministro Miro Teixeira. Ele minimiza a guinada que está propondo na discussão de um sistema brasileiro de TV digital. Esta impressão fica mais clara quando Costa avisa que, em dois meses, vai convidar os ministros de comunicações de todos os países da América (incluindo Canadá, Estados Unidos e México, que já usam o ATSC) para discutir a questão. Costa avisa também que vai mobilizar as comissões de Ciência e Tecnologia, Comunicação e Informática da Câmara dos Deputados e a Comissão de Educação do Senado Federal para discutir o assunto, e, finalmente, que vai se reunir com os representantes dos três sistemas globais reconhecidos pela UIT. Resumindo: o processo de discussão se voltará agora para a escolha de um dos padrões internacionais.

O novo ministro não vai aguardar as conclusões dos grupos de pesquisa contratados pelo Minicom com dinheiro do Funttel. O posicionamento de Costa reforça a opinião de segmentos da área de radiodifusão, para quem a proposta do ministro Miro Teixeira não tinha consistência, e era considerada pura perda de tempo. Curiosamente, há um ponto em que o novo ministro diverge das posições oficialmente assumidas pela radiodifusão: "Certamente teremos alta definição, mas não é para agora, porque as pequenas emissoras do interior não terão condições de acompanhar o desenvolvimento do HDTV, que é muito mais caro." Hélio Costa diz que vai aproveitar as pesquisas que já foram realizadas, mas não explicita como. Também não diz se os recursos do Funttel, que sequer chegaram aos pesquisadores nacionais, serão liberados.

Até o momento, o governo tem estudos elaborados principalmente pelo CPqD em relação à cadeia de valor da TV digital. Há ainda um estudo comparativo sobre os diferentes modelos adotados no mundo. As universidades em si ainda não apresentaram resultados concretos, com algumas exceções. A Anatel, por sua vez, já entregou o Plano Básico de TV digital, que está preparado para qualquer modulação que existe nos padrões internacionais.[14]

14 TV digital: proposta de Hélio Costa é nova mudança de rumo. *Teletime News*, 13 jul. 2005. Disponível em: <http://www.teletime.com.br/13/07/2005/proposta-de-helio-costa-e-nova-mudanca-de-rumo/tt/53412/news.aspx>.

Cruz diz que "Hélio Costa assumiu o Ministério das Comunicações em julho de 2005 como um homem com uma missão. [...] A missão de Costa no ministério foi digitalizar a radiodifusão impedindo ao máximo a entrada das operadoras de telecomunicações neste mercado" (2008:92-93). Ou seja, protegendo os atuais donos de emissoras. Em sua página na internet, o perfil de Costa não cita nominalmente a TV Globo, empresa na qual trabalhou por décadas, tendo sido repórter do programa "Fantástico" e criado o primeiro escritório da Globo no exterior, em Nova York, em 1973:

> Hélio Costa nasceu em Barbacena, filho de um taxista e de uma operária, sendo o único dos cinco filhos que chegou à universidade. Desde cedo trabalhou para ajudar a família. Aos 15 anos torna-se locutor de rádio e aos 20 anos muda para Belo Horizonte. Trabalha de dia, estuda à noite, e acaba passando no concorrido concurso para atuar na rádio Voz da América, nos Estados Unidos. Ainda no exterior, administra a quarta maior rede de TV do mundo.
> Como repórter conhece 73 países e acompanha de perto as principais transformações do mundo. Vive a experiência única de ver as dificuldades das populações de todos os continentes, muitas delas as mesmas enfrentadas no Brasil.
> Depois de uma carreira de sucesso, passa a se dedicar à política e aplicar a sua experiência a favor do país. Em 1986 é eleito deputado federal. Apresenta 106 emendas à Constituição Federal, a maioria em defesa dos direitos dos trabalhadores. Das propostas apresentadas, 27 foram aprovadas. Também foi vice-presidente da Comissão da Ordem Social e comandou a votação que aprovou os direitos do trabalhador.[15]

Costa também não cita o fato de ser ou ter sido dono de emissora de rádio. Políticos como ele serem donos de emissoras está longe de ser fato raro no Brasil, como informa Cruz:

> Um em cada dez deputados é proprietário direto de rádio ou televisão, o que é proibido pela Constituição, conforme investiga a Procuradoria da República do Distrito Federal. De 513 deputados, 50 têm emissoras, sem contar aqueles com concessões em nome de parentes

15 Disponível em: <http://www.heliocosta.com/perfil.htm>. Acesso em: 12 out. 2010.

> ou empregados. A lista da Procuradoria não inclui os 25 senadores que são donos de empresas de rádio e TV. Quatorze são proprietários diretos e 11 indiretos. O artigo 54 da Constituição proíbe deputados e senadores, desde a posse, de serem "proprietários, controladores ou diretores de empresa que goze de favor decorrente de contrato com pessoa jurídica de direito público, ou nela exercer função remunerada". O artigo seguinte prevê perda de mandato para quem desobedecer ao dispositivo. [...] Além da situação irregular perante a Constituição, os parlamentares radiodifusores também desrespeitam o artigo 180 do Regimento Interno da Câmara ao participarem da Comissão de Ciência e Tecnologia, Comunicação e Informática (CCTCI). O artigo impede os deputados de legislarem em causa própria, obrigando-os a se declararem impedidos de votar e a avisarem a Mesa Diretora. A presença desses parlamentares na comissão impede que sejam votadas leis que atualizem o quadro regulatório das comunicações. (Cruz, 2008:23, 24 e 27)

Segundo integrantes de movimentos de defesa da democratização das comunicações, a briga maior das emissoras na definição do modelo era contra as companhias telefônicas. As emissoras temiam a adoção do modelo europeu por conta da figura do operador de rede, encarregado de transmitir o sinal, o que faria com que emissor e produtor de conteúdo se transformassem em figuras separadas nesse processo. Adílson Cabral é um dos que fazem essa análise:

> Com o Eunício (Oliveira, ex-ministro das Comunicações), o Conselho Consultivo, que o Miro criou pelo Decreto 4.901/2003, estava sendo descontinuado, embora ainda sem a política do Hélio Costa. O Eunício foi incluído pela reforma ministerial para caber o PMDB. Era um processo em construção, mas, na hora de definir, resolveram colocar um orgânico da Abert, Hélio Costa. O problema da Abert não era com a sociedade civil, era com as telefônicas, porque se fosse o modelo europeu ia ter o operador de rede. Para tirar este ator de cena o modelo japonês foi providencial. Seria bom ter um operador de rede de caráter público, agenciando setores público, privado e estatal, usando a mesma torre de transmissão de forma proporcional,

conforme a Constituição afirma quando fala em mútua complementaridade entre sistemas.[16]

O temor das emissoras também ocorria por conta do poder econômico das chamadas "teles". Embora não seja diretamente ligado ao setor de radiodifusão (apenas indiretamente), e sim à TV por assinatura, o presidente da Net, Francisco Valim, deu entrevista em 2006 na qual mostrava o motivo para isso:

> O problema não é as teles entrarem no mercado de televisão paga, mas monopolizarem o acesso ao cliente. Hoje elas já detêm mais de 90% do mercado de telefonia fixa, 95% em alguns casos – ou seja, não há concorrência. E mesmo quando se soma o mercado de telefonia, mais o mercado de celular, mais o mercado de TV paga, elas continuam tendo 80% de participação. Como elas não competem entre si, um jogador nesse jogo tem 80% das fichas. E há uma miríade de outros jogadores com os 20% restantes. Precisamos ficar muito atentos a isso, porque conceder mais poderes às teles significa lhes dar a possibilidade de chegar a 100%. É fundamental que se entenda isso. Elas não são mais uma competição, são o fim da competição. (Nucci, *Meio e mensagem*, 2006)

A preocupação de Valim não é infundada. Uma modificação na área de comunicação que fosse feita de forma descuidada poderia levar ao risco de o país trocar um oligopólio nacional por um estrangeiro. O problema é usar esse argumento, um risco que pode ser evitado se houver cuidado na construção de leis e regulamentações, para evitar a democratização das comunicações – encarnada na democratização do espectro de frequências e na interatividade plena.

Em 16 de setembro de 2005, matéria do jornal *O Globo* mostrava Costa dizendo que a definição do sistema de TV digital, inclusive regulamentação e modelo de negócios, estaria concluída até 31 de dezembro. Já o padrão tecnológico seria definido até 10 de fevereiro. Segundo Cruz (2008:197), em setembro de 2005 o secretário de Serviços de Comunicação Eletrônica do Ministério das Comunicações, Joanilson Ferreira, disse, durante o evento SET 2005 Broadcast & Cable, em São Paulo, que o governo tinha um "plano B" como alternativa ao trabalho dos grupos de pesquisa.

---

16 Entrevista concedida em Natal em 5 de setembro de 2008.

Entre as tecnologias estudadas por pesquisadores brasileiros para a TV digital estava o Ginga, *middleware* (um tipo de *software*) para a interatividade, a única novidade criada no Brasil incorporada ao modelo que viria a ser escolhido para a TV digital no país. Luiz Fernando Soares, professor da PUC-Rio e cocriador do Ginga, explicou que, na TV digital, além do áudio e do vídeo, há aplicações:

> O Ginga é uma camada intermediária de *software* que facilita o desenvolvimento dessas aplicações e torna essas aplicações independentes de plataforma, se o seu aparelho é do fabricante *x*, do fabricante *y*, do fabricante *z*. A importância de o Brasil ter desenvolvido um *software* próprio é muito grande, porque essa camada é que liga a indústria de recepção – quem faz os aparelhos de televisão, os celulares etc. – com quem vai produzir o conteúdo, os radiodifusores, produtores de conteúdo de uma forma geral. Então dominar essa tecnologia é muito importante porque ela é que vai te dar o domínio do que você vai produzir em termos de conteúdo. Então isso para o país representa muito em termos de criação de emprego de qualidade, tanto para os desenvolvedores de conteúdo quanto para a indústria de *software*, que vai desenvolver essas aplicações também. Só como exemplo, nesse pequeno período nasceram várias empresas de *software* e produtoras de conteúdo, inclusive de regiões do Brasil que a gente nunca pensava em ter empresa de *software* com uma quantidade de empregos de qualidade, que exigem mestres e doutores, como foram criados na Paraíba e no Rio Grande do Norte. Essa é a importância de a gente deixar de ser simplesmente montadores de equipamentos nessa área de televisão e passar a produzir tecnologia nacional. E para os desenvolvedores de conteúdo é o domínio da tecnologia. Vai poder criar e se por acaso criar alguma coisa que você não tem suporte o país vai criar esse suporte, coisa que você não conseguiria se uma radiodifusora quisesse fazer alguma coisa num *software* produzido nos EUA, as pessoas nem iam dar bola para isso, não iam dar essa facilidade.

Luiz Fernando Soares explicou que o Ginga é dividido entre a parte declarativa (Ginga NCL) e a parte interativa (Ginga J):

O Ginga NCL é quando você desenvolve o seu conteúdo de TV digital baseado na linguagem NCL, que foi a linguagem desenvolvida aqui na PUC do Rio. E o Ginga J, em que se desenvolvem esses aplicativos utilizando a linguagem Java. Ou seja, a grande novidade do sistema brasileiro é exatamente o Ginga NCL. O que traz essa linguagem diferente de outros sistemas? É que essa é a única linguagem no mundo que permite da forma fácil, que é a forma declarativa, desenvolver conteúdos em que você tenha sincronismo entre várias mídias sendo apresentadas, ou seja, um vídeo, uma imagem, um texto, que você permite a interação do usuário, que você permite a exibição em múltiplos dispositivos. Ou seja, vou poder estar assistindo [*sic*] à televisão e pegar, por exemplo, o celular, interagir com a televisão e receber parte do conteúdo na televisão e parte do conteúdo, seu, individual, no celular. Então todas essas facilidades a gente só encontra no *middleware* brasileiro. Então essa foi a razão pela qual o Ginga foi escolhido como padrão brasileiro e essa é a razão pela qual o Ginga se tornou recentemente padrão no ITU, ou seja, padrão internacional.
[...] Você pode estar vendo um programa, um noticiário, e ter informações extras sobre aquele programa. E essas informações não necessariamente têm que aparecer na televisão, podem aparecer no seu celular. Na área de propaganda você pode estar assistindo a uma novela e gostar do vestido da atriz, e pode efetuar a compra do vestido da atriz imediatamente. Falando de aplicações um pouquinho mais nobres, que são as aplicações de inclusão social, de saúde, de cultura etc., um exemplo: recentemente a Proderj fez uma aplicação de saúde para o governo do estado do Rio de Janeiro sobre as UPAs, você assistindo a um programa de televisão qualquer, você tendo uma pessoa passando mal em casa, interagindo com a televisão ela te daria qual a UPA mais próxima da sua casa, qual atendimento que você poderia receber naquela UPA, o mapa da UPA e a marcação da sua consulta, você chegaria lá e já teria alguém te esperando. Você vai ter aplicações do tipo multicâmera, isso num jogo de futebol significaria você escolher se quer a câmera atrás de um gol, do outro gol, no meio de campo, e, mais do que isso, você poderia receber o som. Nós temos duas aplicações interessantes que foram desenvolvidas. Uma de uma orquestra de câmara, desenvolvida pela TV Cultura, em que você pode escolher

> em qual naipe você quer o foco no momento, a câmera e o som. Uma outra aplicação desenvolvida é a torcida virtual, em que você seleciona que quer sentar na Raça Rubro-Negra, e eu também seleciono o mesmo local. Nós não só vamos ver o jogo da câmera focalizada dali, como vamos escutar o áudio dali, e eu vou escutar a sua voz e você vai escutar a minha como se estivéssemos ali, embora você esteja na sua casa e eu na minha. E repara que essas aplicações hoje são desenvolvidas por engenheiros, caras como eu, e nós não somos artistas. Certamente quando estiver na mão de vocês vai ser uma maravilha, eu espero.[17]

O Ginga foi, desde o início, um sistema aberto. O interesse maior dos pesquisadores envolvidos era oferecer aos brasileiros um modelo unificado para interagir com a sua televisão (sem que fosse preciso aprender todos os comandos novamente no caso de troca de televisor por outra marca) de fácil acesso e usabilidade, sem a necessidade de pagar *royalties* a desenvolvedores de outros países.

A luta de Hélio Costa contra o padrão nacional já havia sido deflagrada. Agora começava aquela a favor do padrão japonês. *O Globo* publicava em 10 de novembro matéria com o título "TV digital: país poderá adotar padrão japonês", com declaração direta do ministro nesse sentido. Hélio Costa dizia que ainda no governo Fernando Henrique Cardoso os japoneses se comprometeram a não cobrar pelo uso de ferramentas de informática, e que o Brasil poderia adotar parte do sistema de TV digital japonês. Na mesma época, entidades como a Sociedade Brasileira para o Progresso da Ciência (SBPC), a Sociedade Brasileira de Computação (SBC) e a Sociedade Brasileira de Telecomunicações (SBrT) vinham a público defender a adoção de um padrão nacional para o sistema de TV digital.

Enquanto os pesquisadores brasileiros se esforçavam na fase final das pesquisas, o ministro dava uma entrevista à imprensa dizendo que o modelo japonês já estava escolhido, deixando-os perplexos. Daí para a frente, até o anúncio oficial da escolha em junho de 2006, em várias ocasiões Hélio Costa ou reportagens do jornal *O Globo* tentavam colocar o modelo japonês, que interessava às emissoras, como um fato consumado. Elas conseguiram

17 Entrevista em vídeo à aluna de Comunicação Audiovisual Renata Lobo, da PUC-Rio, em junho de 2009.

seu intento com o Decreto nº 5.820, de 29 de junho de 2006, e também que o decreto do governo estabelecesse a renovação da concessão de toda a banda de 6 mega-hertz para os atuais concessionários por pelo menos os 10 anos seguintes. Quando o CPqD, que consolidou as pesquisas brasileiras, entregou seu relatório em fevereiro daquele ano (relatório que deveria ser a base da decisão do governo, de acordo com o decreto anterior) considerando o modelo japonês o mais caro, Costa não o divulgou. Veremos, mais adiante, esses acontecimentos em detalhes.

No ano 2005, *O Globo* publicou 16 reportagens sobre TV digital, inclusive pequenas notas, e quatro matérias que citavam o assunto de forma secundária. Houve um caderno especial com sete reportagens sobre o tema.

Ortiz, ao comentar as ideias do liberalismo europeu importadas pelo Brasil no período escravista (e usando para isso a análise de Roberto Schwarz), mostra que o país usava ideias de países modernos e civilizados apenas de forma cosmética, sem as mudanças profundas que elas deveriam trazer:

> [...] o que implica a adequação do liberalismo aos interesses dos grupos dominantes enquanto ideologia particular (ele serve de ornamento de civilização, mas não possui força histórica para transformar organicamente a sociedade como um todo) e simultaneamente na sua inadequação, pois como princípio humanístico não se aplica aos fundamentos da sociedade escravista. (2001:20)

Transposto o panorama para hoje, podemos ver que o Brasil importa a TV digital, mas as emissoras, parte do grupo dominante, só vão usar aquilo que interessa a seus interesses econômicos, não ao interesse público.

1.7. A força das Organizações Globo

A concentração da audiência nas mãos das Organizações Globo (especialmente da TV Globo, mas não somente), propriedade da família do falecido empresário Roberto Marinho, é a chave para entender a razão de tanta influência e até mesmo imposição sobre as decisões políticas. Sintetizando a questão, político algum vai querer ser perseguido ou mesmo ignorado pelo Jornal Nacional, o principal telejornal do país. Além disso, como diversos parlamentares são também radiodifusores, eles têm interesses comuns com esse grupo empresarial para defender no Congresso. As Organizações Globo controlam emissoras de TV e rádio, jornais, revistas, uma editora, canais de TV por assinatura e participam da distribuição desses canais; estão também na internet, através de *sites* de notícias, entretenimento e rede social. Mas, levando em conta apenas a TV aberta, Cruz (2008) afirma que já é um mercado extremamente concentrado no país:

> A Rede Globo tem mais da metade da audiência e das verbas publicitárias. Essa liderança foi construída durante a ditadura militar, quando a televisão foi utilizada como instrumento de poder, e consolidada após a redemocratização, quando se cristalizou como um poder político em si mesma. (Cruz, 2008:49)

Ortiz relembra que a ascensão da Globo se deu por sua ligação com o regime militar. Ele relata que o *Última Hora* e a TV Excelsior, embora tenham se modernizado do ponto de vista da indústria cultural, não seguiram a "regra" da indústria cultural de subordinar o político ao econômico. O *Última Hora* quase faliu por ser adversário da UDN e das multinacionais que dominavam o mercado publicitário na década de 1950, recuperou-se no governo Juscelino, mas o golpe de 1964 o eliminou de cena. A TV Excelsior foi perseguida pelo governo militar e acabou tendo a concessão cassada em 1969. O contrário se deu com a TV Globo:

> Suas atividades iniciais também foram dificultosas devido à vinculação da empresa ao conglomerado Time-Life, o que violava claramente as leis nacionais relativas à comunicação. Roberto Marinho [...] enfrentou uma cerrada campanha das comissões parlamentares de inquérito que investigaram a intromissão dos interesses americanos nos meios de comunicação brasileiros. Porém, os contatos da TV Globo junto à área militar eram fortes, e ela pôde se beneficiar da complacência do regime que não hesitou em favorecê-la. A Globo pôde, desta forma, estabelecer uma aliança com o Estado autoritário, possibilitando que os objetivos de "integração nacional" pudessem ser concretizados no domínio do sistema televisivo. (Ortiz, 2001:155)

Hoje ela procura manter essa mesma relação com o governo democrático e usa para isso o peso de ser a empresa de comunicação dominante no Brasil, capaz de acabar com a carreira de políticos. Não é objetivo deste livro fazer um histórico do início da TV Globo ou da televisão brasileira. Para isso existe bibliografia específica, da qual podemos destacar Bolaño e Brittos (2005), Freire Filho (2005 e 2004a), Sodré (1977), Ortiz (2001) e Herz (1987). A intenção aqui é demonstrar alguns pontos que marcam ou explicam a concentração de poder nas mãos de um único grupo empresarial de comunicação, na medida em que esse fato foi preponderante para o jogo de forças na implantação da TV digital.

De acordo com o *site* Donos da Mídia, projeto elaborado pelo jornalista Daniel Herz e mantido pelo Instituto de Estudos e Pesquisas em Comunicação (Epcom), existiam, em 2010, 34 redes de televisão no Brasil, com 1.511 veículos ligados a elas. O *site* inclui no número de veículos que cada empresa controla as emissoras geradoras e retransmissoras do sinal da rede e também as estações de rádio, jornais, revistas e operadoras de TV por assinatura.

Rede	Veículos
Globo	340
SBT	195
Band	166
Record	142
EBC	95
Rede TV!	84
MTV	83
União	66
PlayTV	63
RecNews	42
Cultura	40
Família	27
Sesc TV	20
Aparecida	17
CNT	14
RBT	14
Vida	13
Canção Nova	12
Gênesis	11
Gospel	11
Gazeta	11
RMTV	10
RBN	10
Rede Diário	7
MIX TV	5
RIT TV	4
Mercosul	3
Nazaré	2
Séc. 21	2
Shop Tour	1
NGT	1

Fonte: Donos da Mídia. Disponível em: <http://donosdamidia.com.br/redes>. Acesso em: 14 jun. 2010.

A revista *Tela Viva*, em sua edição de março de 2010, publicou um encarte sobre o mercado de televisão por assinatura em 2010, e nele também se pode ver claramente o poder das Organizações Globo. A família Marinho detém 100% da Globo Comunicações e Participações S.A., a qual é dona de 100% da TV Globo Ltda., proprietária da Globo News e da Globo Internacional. A Globo Comunicações e Participações (vamos chamar daqui por diante de GCP) possui 100% da Globosat, que tem 100% dos canais por assinatura Globosat HD, GNT, Multishow, Multishow HD, PFC, PFC HD, PFC Intl., Premiere Combate, Premiere Futebol Clube, SporTV e SporTV2. A Globosat tem ainda 50% dos canais Megapix; Telecines Action, Cult, HD, Light, Pipoca, Pipoca HD e Premium; dos canais Brasil e Universal Channel; 60% da PB do Brasil Entretenimento Ltda., que possui 100% dos canais For Man, Fresh!, Playboy TV Movies, Private, Shorteez, Sexy Hot, Venus, Venus XXL e Xcess.

A GCP tem, também, 99,97% da Distel Holding S.A., a qual tem 100% da Net Brasil e 24,8% da GB Empreendimentos e Participações S.A. A GB, a Distel e a GCP se unem em alguns empreendimentos nos quais não fica claro, à primeira vista, o grande percentual de participação da família Marinho. Por exemplo, a Net Serviços de Comunicação S.A. (banda larga Virtua e serviço de telefonia Net Fone em parceria com a Embratel) tem apenas 2,1% de seu capital nas mãos da GCP, mas 51% são da GB e 8,3% são da Distel. A GCP tem 10,34% da Sky Brasil Serviços Ltda., e a Distel tem 15,56%. Ainda segundo a revista *Tela Viva*, no início de 2010, a Net Serviços tinha 51% do mercado de distribuição de TV por assinatura e 90,1% do de banda larga por cabo. A família Marinho tem, também, a Fundação Roberto Marinho, que é a criadora e uma das mantenedoras do canal educativo Futura.

Todo esse poder, sem uma regulação, pode afetar o conteúdo veiculado, beneficiando interesses da organização empresarial. Argemiro Ferreira, em seu artigo "As redes de TV e os senhores da aldeia global" (1991), sobre a ameaça das grandes corporações à democratização das comunicações, cita o pensamento de Noam Chomsky e Edward S. Herman de que, em vez de refletir a opinião pública, como seria de se esperar em uma democracia, a mídia sob controle das grandes corporações busca, com tal modelo, criar a opinião pública.

Nesse conteúdo veiculado, obviamente, será muito difícil aparecer uma reflexão ou uma cobertura isenta do que a própria mídia está fazendo ou quais interesses está defendendo. Gustavo Gindre, mestre em Comunicação e Cultura, membro eleito do Comitê Gestor de internet no Brasil e da ONG Intervozes, afirma: "A mídia não discute a mídia. A mídia no Brasil discute tudo, a gente pode até questionar como ela discute, mas mídia ela não discute. Isso é um tema tabu, está fora, por isso essas questões não aparecem nos meios de comunicação."[18]

Ramonet também reflete sobre mentiras veiculadas pelos meios de comunicação:

> No nosso ambiente intelectual, a verdade que conta é a verdade midiática. Qual é essa verdade? Se, a propósito de um acontecimento, a imprensa, a rádio ou a televisão dizem que alguma coisa é verdadeira, será estabelecido que aquilo é verdadeiro. Mesmo que seja falso. Porque a partir de agora é verdadeiro o que o conjunto da mídia acredita como tal. Ora, o único meio de que dispõe um cidadão para verificar se uma informação é verdadeira é confrontar os discursos dos diferentes meios de comunicação. Então, se todos afirmam a mesma coisa, não resta mais do que admitir esse discurso único... (2001:45)

Esse império das comunicações passou por uma crise no início dos anos 2000. Para criar a Net, primeira distribuidora de TV a cabo no Brasil, em 1991, as Organizações Globo fizeram uma dívida em dólar. Uma crise cambial a partir de 1999 fez o dólar disparar e, do lado da receita, a adesão à TV por assinatura, em um país ainda com péssima distribuição de renda, foi bem aquém do desejado pela empresa. A Net passava em julho de 2002 por 15 milhões de residências, mas só tinha 1,4 milhão de assinantes. Em junho de 2003, o pior momento, esse número tinha caído para menos de 1,3 milhão (Nucci, *Meio e mensagem*, 2006).

A Net teve um prejuízo de R$ 1,125 bilhão em 2002, 60% maior que em 2001. A dívida da empresa era de R$ 1,275 bilhão. A Globopar, *holding* das Organizações Globo para o segmento de TV paga, decretou moratória em dezembro de 2002, mas fez um acordo com os credores em outubro de 2004. Em junho de 2004, a Globopar devia R$ 6,009 bilhões. Desse total, a TV Globo era garantidora de R$ 4,547 bilhões.

---

18 Entrevista em vídeo concedida a Jocelino Pessoa, aluno do professor Ernani Ferraz na disciplina Comunicação Audiovisual da PUC-Rio, em 2 de junho de 2009.

Cruz informa que, em 2004, a TV paga estava presente apenas em 9% das residências brasileiras (contra 86% nos Estados Unidos):

> Em junho de 2004 a Net anunciou a proposta final para renegociação de sua dívida de R$ 1,5 bilhão e o acordo para entrada de um novo acionista, a mexicana Telmex, do bilionário mexicano Carlos Slim Helú. Posteriormente, a Telmex foi substituída pela sua controlada Embratel como sócia da Globo na Net. A TVA, segunda maior de TV a cabo, encerrou em 2003 um forte programa de ajuste e seu controlador, o Grupo Abril, foi a primeira empresa de mídia a atrair investidores estrangeiros, após a emenda constitucional que liberou a participação. [...] A recuperação do mercado também marcou o início do movimento de saída da Globo do mercado de distribuição de TV por assinatura, acompanhado de um fortalecimento de seu papel na venda de programação. Com a entrada da Embratel como sócia da Net, a participação da Globo no capital da empresa ficou em somente 36,9% das ações com direito a voto na companhia. A Embratel detém 62,4%. A lei determina que 51% do controle precisa estar nas mãos de investidores nacionais. Dessa forma, a Globo e a Embratel criaram a GB Empreendimentos e Participações, que tem 51% dos papéis com direito a voto da companhia. A Globo possui 51% da GB, fazendo com que, mesmo com um volume menor de ações, continue sendo considerada, juridicamente, a controladora. (Cruz, 2008:44-46)

Além da entrada dos recursos do sócio estrangeiro, a situação foi melhorando também com o aumento do número de assinantes da Net (14% no primeiro semestre de 2006 em relação ao mesmo período de 2005) e o surgimento do Virtua (serviço de banda larga que teve aumento do número de usuários de 110% no mesmo período). Além disso, os canais por assinatura passaram a exibir anúncios. A Net encerrou o primeiro semestre de 2006 com lucro líquido de R$ 28,9 milhões, 88% acima do registrado no mesmo período de 2005 (ano em que teve lucro pela primeira vez depois da crise). Outra fonte de receita, o serviço de Voip (Net Fone, via Embratel, com oferta conjunta de serviços de vídeo, voz e dados transmitidos por um único cabo), criado em abril de 2006, atingiu em julho 49.300 usuários, quase a meta de 50 mil projetada para dezembro.[19] Mas o número de clientes de TV

19 Lucro da Net cresce 88% e atinge R$ 28,9 milhões. *O Globo*, 22 jul. 2006.

por assinatura ainda era muito pequeno em relação ao total da população: só 8,7% dos domicílios do Brasil, ou 4.228 milhões de assinantes em 2006, segundo a Anatel.[20]

Em junho de 2009, reportagem do jornal *O Globo* demonstra que os problemas financeiros das Organizações Globo já eram história. A empresa era a quinta brasileira a receber grau de investimento por três agências internacionais. A matéria diz que a elevação se baseou na estabilidade das operações da Globo Comunicação e Participações S.A. desde a conclusão da reestruturação de sua dívida em 2005, em sua posição de liquidez confortável e em índices de proteção de dívida muito fortes; e reflete o crescimento da receita total e da receita com publicidade da Globo, que excedeu o crescimento total de publicidade de TV do Brasil nos últimos quatro trimestres. A Globo tinha 45% de participação no total da audiência média dos últimos 12 meses e 76% da programação produzida em seus estúdios. "Além disso, o perfil de amortização de dívida é confortável, com apenas pagamentos mínimos inferiores a US$ 1 milhão nos próximos dois anos, US$ 43,2 milhões em 2012, US$ 200 milhões em notas com vencimento em 2022 e seus US$ 325 milhões em notas perpétuas."[21] Em dezembro, outra matéria conta que a agência classificadora de risco Fitch Ratings deu excelentes notas à Globo Comunicação e Participações, informando que a empresa tinha em caixa R$ 1 bilhão a mais que suas dívidas e que a expansão média das receitas da empresa entre 2004 e 2008 tinha sido de 9,3% ao ano.[22]

Na internet, as Organizações Globo têm o portal Globo.com (que inclui o conteúdo da TV Globo, além de *link* para os outros *sites* da empresa, como o da rádio CBN e o do canal por assinatura GNT), os *sites* de notícias G1 e Globo *on-line*, além do jornal *O Globo* digitalizado, e a rede social O Livreiro. A empresa também tem o provedor Globo.com. O coordenador do projeto Creative Commons no Brasil, Ronaldo Lemos, que é também diretor do Centro de Tecnologia e Sociedade da Escola de Direito da Fundação Getulio Vargas do Rio de Janeiro, afirmou que

> Com a indústria de conteúdo ganhando crescente poder – a ponto de controlar os produtos e serviços que podem ser oferecidos pelas

20 Só 8,7% têm TV a cabo. *O Globo*, 30 ago. 2006.

21 Moody's eleva o "rating" da Globo para Baa3. *O Globo*, p. 26, 3 jun. 2009.

22 Agência dá nota máxima à Globo Comunicação. *O Globo*, p. 40, 5 dez. 2009.

> novas mídias –, cria-se nada menos que uma reserva de mercado dentro das novas mídias digitais. Uma reserva que pretende ser ocupada pela mesma indústria que viu seu apogeu no século XX. Em síntese, cria-se um mecanismo jurídico para evitar a transformação da estrutura do mercado de conteúdo. A proposta das empresas é manter a mesma estrutura de mercado, enquanto a produção de conteúdos passa do processo analógico para o digital. (Lemos, 2005:265)

Há também questões pontuais relativas ao exercício da hegemonia por parte das Organizações Globo. Em 2006, ao analisar a fusão entre Sky e DirecTV, o Conselho Administrativo de Defesa Econômica (Cade) determinou que a Sky passasse a transmitir, por três anos, os canais de conteúdo nacional antes transmitidos pela DirecTV. Mas a Sky retirou do ar a MTV em junho de 2008, alegando que o Grupo Abril tinha aumentado o preço abusivamente e condicionado a negociação à transmissão de outros dois canais do grupo, Ideal e Fiz. Reportagem de leitura difícil e mal-explicada no jornal *O Globo* da época diz, quase no final, que

> Em nota, o grupo Abril reiterou acusações de que as Organizações Globo exerceriam controle sobre operadoras de TV por assinatura. Menciona o contrato social que daria à Globo "poder de veto na compra e renovação de conteúdo nacional, apesar de possuir participação minoritária na Sky".
>
> O diretor-geral do grupo TV da Abril, André Mantovani, afirmou que o episódio envolvendo a Sky e o corte do sinal da MTV representa "o sintoma de uma doença maior", referindo-se à produção e distribuição de conteúdo nacional.[23]

Apenas em 24 de junho de 2009 o Cade aprovou determinação para que a Sky voltasse a transmitir, em sua grade de programação, o canal MTV, do Grupo Abril, por mais um ano. O Cade ordenou, também, que a Sky pagasse ao Grupo Abril a mesma receita mensal fixada no contrato entre as duas empresas em 24 de maio de 2008 – que foi de R$ 214 mil.

---

23 Cade analisa disputa em TV fechada. *O Globo*, p. 34, 19 jun. 2008.

> "Ao contrário do que alega a Sky, todas as propostas feitas pela empresa antes do corte do sinal da MTV previam sempre uma piora nas condições contratuais da Abril", ressaltou o despacho do presidente do Cade, Paulo Furquim de Azevedo. O ponto central, para ele, reside no fato de que a Sky não propôs "qualquer acordo que reproduzisse o padrão mínimo estabelecido pelo Cade".[24]

A transmissão da MTV pela Sky deveria ser feita por um ano, segundo a determinação do Cade, para que se completasse o período de três anos fixado pelo órgão em maio de 2006 para todos os canais pagos de conteúdo nacional que eram transmitidos pela DirecTV antes da fusão com a Sky. O descumprimento da determinação implicaria multa diária de R$ 10.640 pela Sky.[25]

Na TV aberta, a Globo, como as demais, tenta desesperadamente manter o modelo de negócios, mas esse modelo de vender publicidade baseada na audiência tende a escorrer pelos seus dedos, porque a audiência vem caindo ao longo dos anos ao redor do mundo, e no Brasil não é diferente. Por conta disso e de certo cansaço após décadas assistindo a comerciais, os telespectadores estão muito mais refratários à publicidade na TV, conforme explica Patriota (2009), baseada em Jaffe:

> Em pesquisa realizada pelo *National Association of Broadcasters (NAB)*, em 1965, 34% dos telespectadores adultos podiam relembrar um ou mais comerciais que eles haviam visto no *break* do dia anterior. Esse índice foi reduzido para 9% em 2000, quando novamente foi realizada a pesquisa. Outro estudo realizado pela *Knoledge Networks* em 2004 apontou que 47% dos telespectadores trocam de canal ao verem TV, ou porque o programa acabou, ou para evitar os comerciais. Esse mesmo estudo comprovou que no *break* do horário nobre 75% das pessoas estão interagindo socialmente ou lendo, ou, ainda, usando a internet. (2009:110-111)

---

24 Cade determina a retomada das transmissões da MTV pela Sky. *Observatório do Direito à Comunicação*, 25 jun. 2009. Disponível em: <http://www.direitoacomunicacao.org.br/content.php?option=com_content&task=view&id=5170>. Acesso em: 26 mar. 2009.

25 Cade determina que Sky volte a transmitir o canal MTV. *Portal Exame*, 24 jun. 2009. Disponível em: <http://portalexame.abril.com.br/ae/economia/cade-determina-sky-volte-transmitir-canal-mtv-437484.shtml>. Acesso em: 26 mar. 2010.

O modelo de negócios das emissoras está baseado no financiamento principalmente através de anúncios e também no fato de elas serem responsáveis tanto pelo conteúdo como pela transmissão. O modelo de TV digital europeu acabaria com o controle da transmissão. Além disso, a Europa utilizou o novo sistema para implantar a multiprogramação, que também não interessa às emissoras. No modelo europeu de TV digital, a divisão do espectro de frequências para multiplicar o número de canais abertos aumentou a possibilidade de escolha do telespectador:

> Na Alemanha e no Reino Unido assiste-se a até 28 programações ("canais") de TV "terrestre"; na Itália, até 25; na Suécia, até 8 (CNPq, 2005). Em 1993, existiam 33 programadores ("canais") estatais na Europa e cerca de 120 programadores ("canais") comerciais ("terrestres", a cabo e satélite). Em 2002, crescera em apenas três o número de programadores estatais, mas o de "canais" comerciais chegara a perto de 800. Desse amplo universo, 86 "canais" (estatais ou comerciais) conseguiram, cada "canal", índices de audiência superiores a 3% da audiência total. Ainda assim, em cada país, um pequeno grupo de 5 a 10 "canais", entre estes os estatais, seguiu retendo mais da metade da audiência total. (Dantas, 2009:295, apud David Graham and Associates Ltd, 2005)

A Globo busca sempre se manter quase monopolista na TV, com índices de audiência e, portanto, preços de anúncios bem acima dos da concorrência. Esse mesmo espírito ela leva para a TV digital, ao barrar a multiplicação dos canais, conforme fez na TV por assinatura, tornando-se dominante nesse mercado. E o governo, como defensor que deveria ser do interesse público, que faz? Parece sucumbir às pressões e/ou seduções dos grupos empresariais de comunicação, à pressão do capital. Mota explica que em outros países não é assim.

> Ao contrário do que se apregoa, políticas públicas de telecomunicações em países como a Noruega, o Canadá, a Alemanha, a Inglaterra, a França e mesmo os Estados Unidos visam limitar a abrangência e concentração de mídia para garantir a pluralidade de informações para a livre formação de opinião. Nesses países, os índices de au-

> diência das redes privadas ou públicas não podem ultrapassar 30%. Há ainda vários outros procedimentos legais que impedem a propriedade cruzada de mídia e limitam o número de emissoras e retransmissoras de uma mesma rede. O papel das agências reguladoras é fundamental tanto para o debate público sobre evolução tecnológica como para garantir o cumprimento das leis e monitorar o conteúdo programático. (2005:214)

Sodré mostrava em 1977, data da publicação da primeira edição de *O monopólio da fala*, a dificuldade da televisão em lidar com a divisão de poder e de fala. Embora estejamos em tempos de multiplicidade digital, as emissoras continuam trabalhando dentro do antigo padrão, tentando aumentar ao máximo o tempo em que conseguem manter seu até agora lucrativo modelo de negócios. Sodré explica, ainda, que a ideologia dominante é invisível, em seu funcionamento interno, para os sujeitos. E que esse poder pan-óptico é feito de um modo de produção concentracionário e centralizador: "concentração da população em cidades e da propriedade em poucas mãos, centralização dos meios de produção e da força política e mesmo condensação da representação linguística no signo" (1984:21).

Gustavo Gindre faz uma análise do poder dos radiodifusores e chega à concentração de propriedade e poder nas mãos das Organizações Globo:

> A TV digital chega em que contexto? [...] Parafraseando Odorico Paraguaçu [...] – ele dizia que tinha o prafrentemente e o pratrasmente – o contexto do pratrasmente, é o de uma legislação absolutamente defasada. Se vocês acompanharem os anos 90, o mundo inteiro passou por um processo de transformação das suas leis de comunicação para dar conta de uma série de novos fenômenos que estavam sendo introduzidos na comunicação. A gente pode até questionar se essas leis são boas ou se são ruins, se elas são mais avançadas ou menos avançadas... Você tem um cenário um pouco mais avançado na Europa, um cenário muito mais conservador nos Estados Unidos, mas houve uma mudança de marco regulatório no mundo inteiro. Enquanto isso o Brasil continua com a lei que é de 1962 [...]. Na prática ela é inaplicável. [...] É a única vez na história brasileira, isso já mostra o poder que os radiodifusores têm, onde uma lei foi aprovada no Congresso,

> ela foi para a mão do presidente da República que era o João Goulart, ele impôs 52 vetos à lei, a lei voltou para o Congresso e o Congresso derrubou 52 vetos do presidente da República. [...] Isso já mostra naquele momento, em 62, o poder que os radiodifusores tinham dentro do Congresso Nacional. Poder esse que só veio aumentando ao longo do tempo. [...]
> No Brasil hoje você tem um faroeste na área da radiodifusão. Como você não tem lei nenhuma, essa lei não pode ser aplicada, os radiodifusores fazem o que querem. E aí a digitalização da TV aberta está sendo introduzida no Brasil num cenário absolutamente desfavorável para qualquer organização da sociedade, porque você não tem nada, vale tudo, os radiodifusores não têm contrapartida nenhuma.

Gindre afirma que falta ao Brasil até o básico que os países capitalistas desenvolvidos já conquistaram:

> [...] o básico que é cota de tela para produção nacional, cota para produção regional; a Espanha chegou ao ponto, para tentar resolver as contradições internas por conta da questão de ter várias línguas, de ter cota para produção regional em língua local, então tem produção basca, produção catalã... Os países europeus desse tamaninho, o Brasil desse tamanhão não tem nenhuma obrigação de produção regional, as TVs são meras retransmissoras do conteúdo que vem do eixo Rio-São Paulo. Não tem cota para produção independente, você não tem limite de propriedade, você não tem limite de audiência. Nos Estados Unidos, o rei do liberalismo, uma emissora não pode ter mais de x% de audiência, se passar daquilo, o Estado intervém, obriga a vender parte do conglomerado de mídia. Cenários, por exemplo, como a gente vê no Rio de Janeiro, onde o maior grupo de mídia tem a terceira revista mais lida, os dois jornais mais vendidos, a TV aberta, a TV paga, o rádio AM, o rádio FM, isso não aconteceria nos Estados Unidos. [...] E aqui no Brasil isso ocorre tranquilamente, sem que inclusive isso choque no cenário político. A TV digital é introduzida nesse contexto, que por si só já é danoso. A gente deveria ter seguido o caminho que os outros países seguiram, minimamente: mudar a legislação, discutir uma legislação e, a partir da nova legislação, introduzir a TV digital. Por quê? Aí tem o segundo capítulo desse con-

> texto. Tem o pratrasmente, nós não cumprimos a agenda do século XIX, que é a da revolução burguesa em relação à comunicação, que é a liberdade de imprensa, não cumprimos a do século XX, que é a da conta da radiodifusão, e nós temos ao mesmo tempo que lidar com essas duas agendas perdidas e com a agenda do século XXI, que é a da convergência. A TV digital é o começo do fim daquilo que a gente concebe como televisão.[26]

Durante a pesquisa para a tese de doutorado que originou este livro, procurei a TV Globo em novembro de 2008, por meio do projeto Globo Universidade, para uma entrevista sobre a implantação da TV digital, para a tese, que poderia ser usada em um artigo acadêmico. Uma das jornalistas do projeto ofereceu uma entrevista com o assessor de planejamento da Engenharia. Diante da insistência de que eu precisaria de informações sobre produção de conteúdo, ela disse que poderia tentar outra entrevista depois para complementar. Um contato seguinte da jornalista, porém, informou que eu precisaria assinar um "Termo de autorização e apoio à pesquisa" (um contrato de três páginas), em que a TV Globo se reservava o direito de entrar na Justiça contra a autora dependendo do conteúdo do artigo; colocar no artigo que a Globo apoiava a minha pesquisa; e enviar o artigo a eles antes da publicação "para anuência". Declinei, então, da entrevista oferecida, disse à jornalista que não considerava uma simples entrevista como "apoio à pesquisa" e expressei meu estranhamento pelo fato de uma organização que, em grande parte, deve sua existência a entrevistas com outras pessoas em suas atividades jornalísticas fazer todas essas exigências para conceder uma. Especialmente porque não aceita esse tipo de exigência por parte de seus entrevistados.

As Organizações Globo geram emprego no Brasil, especialmente no Rio de Janeiro, e produzem expressivo conteúdo nacional, parte do qual, inclusive, é exportado. Ela é um grupo empresarial capitalista e, como tal, busca o lucro e a hegemonia. O problema é a sociedade, por meio de seus representantes, permitir que uma única empresa de um setor, e um setor como o de comunicação, que ocupa um lugar central no mundo atual, se torne tão poderosa a ponto de torcer a verdade quando lhe é conveniente e usar um espaço público para defender interesses próprios sem que nada lhe aconteça. É por isso que o controle social é importante para a democracia.

---

26 Gustavo Gindre, palestra no Erecom 2006, Encontro Regional dos Estudantes de Comunicação Sudeste, em 26 de setembro de 2006.

Essa busca do lucro e do poder precisa ser regulada, controlada, para não fazer vítimas em seu caminho, sendo a principal delas o interesse público, o interesse do cidadão.

A interatividade plena na TV digital aberta, já sabemos, poderia melhorar e muito a vida de boa parte dos brasileiros. E por que a TV Globo estuda a interatividade, elogia a interatividade, mas adia quanto pode sua implantação? Porque esse tipo de interatividade pode atrapalhar o modelo de negócios. A interatividade com um programa pode fazer com que o telespectador deixe de ver o restante do programa ou, pior, os anúncios que sustentam a programação e que virão em seguida. Se o disco rígido (HD, *hard disk*) do televisor ou conversor continuar gravando o programa (e os comerciais) enquanto o telespectador interage, nada garante que ele vá ver depois os anúncios. Segundo Jenkins (2009:102), os usuários do TiVo, gravador digital, nos Estados Unidos, pulam os comerciais cerca de 59% do tempo em que estão assistindo à televisão.

No caso dos anúncios interativos, ao gastar tempo para interagir com aquele comercial, o telespectador vai deixar de ver o anúncio seguinte e dificilmente vai vê-lo depois na gravação. Em um primeiro momento, o anunciante daquele primeiro comercial pode se sentir beneficiado, mas, ao analisar a situação de forma global, percebe que, em outro momento, seu anúncio pode ser aquele prejudicado pela interatividade do anterior. O mercado (agências de publicidade, emissoras, produtoras de vídeo) ainda está perplexo com todas essas mudanças e seu impacto no modelo de negócios, e por isso é mais fácil deixar tudo como está na televisão aberta (e mesmo na por assinatura) em termos de interatividade e partir para um modelo transmídia, em que a interatividade é feita principalmente pelo computador.

Reportagem da revista *Tela Viva* de março de 2010 mostra executivos de emissoras, inclusive da Globo, tateando nas novas possibilidades de modelos de negócios para a TV aberta, mas sem chegar, ainda, a qualquer possibilidade satisfatória. Para Jenkins, uma das saídas pode ser fidelizar mais os telespectadores, criar programas que tenham fãs. "A probabilidade de os fiéis prestarem atenção aos anúncios é duas vezes maior, e a de se lembrarem de categorias de produtos é duas ou três vezes maior do que a de espectadores casuais" (2009:114). Restaria ainda convencer os anunciantes dessas conclusões e fazer com que eles paguem por isso o suficiente para manter o modelo de negócios de pé. Por enquanto, as emissoras não parecem se sentir seguras com esse tipo de saída.

Capítulo 2

A implantação da TV digital e suas consequências no contexto de outras mídias digitais

Em 18 de janeiro de 2006, *O Globo* publicou que o governo poderia anunciar naquele dia o início das negociações com os representantes do sistema japonês (ISDB) para a implantação da TV digital no Brasil. "Hoje haverá uma nova reunião ministerial sobre a implementação de TV digital. Os representantes das emissoras de TV também vão se reunir com o governo, que pretende concluir as negociações até 10 de fevereiro."[1] No dia seguinte, o jornal informa que, apesar de na véspera técnicos terem descartado o padrão americano e indicado o japonês como o melhor, o governo tinha decidido reabrir negociações com representantes dos três padrões. Apenas para voltar atrás, conforme indica reportagem do dia 1º de fevereiro intitulada "TV digital: após propostas, ministro descarta EUA". A reportagem informa, ainda, que Japão e União Europeia ofereceram empréstimo e que os japoneses dariam isenção de *royalties*. Em março, o embaixador David A. Gross, coordenador de Políticas de Comunicações Internacionais e Informação do Departamento de Estado americano, negou a interrupção de negociação sobre TV digital com o Brasil e criticou as propostas da União Europeia e do Japão. A Europa também continuava tentando, por meio de uma carta enviada ao presidente Lula pelo presidente francês Jacques Chirac e da vinda ao Brasil do presidente da Comissão Europeia, José Manuel Durão Barroso, tratar do tema com o presidente Lula. No mesmo dia, o jornal *O Globo* vazava a informação de que o governo brasileiro já tinha agendado

1 Governo discute hoje padrão de TV digital no país. *O Globo*, 18 jan. 2006. Disponível em: <http://arquivoglobo.globo.com/ns_index.htm>.

a vinda de autoridades japonesas para a solenidade de anúncio da escolha do padrão de TV digital (que seria antes da Copa do Mundo). Também foi anunciada em abril a ida de ministros brasileiros ao Japão e Coreia para visitar fábricas. Cruz (2008:90) informa que eram semelhantes os recursos de financiamento oferecidos por europeus (400 milhões de euros) e japoneses (US$ 500 milhões) caso o Brasil optasse por seu modelo.

O presidente da Câmara, Aldo Rebelo (PC do B/SP), chegou a anunciar que reuniria em seu gabinete deputados e assessores ligados à área de comunicação para tentar montar um projeto de lei para regular o padrão de TV digital no Brasil. A iniciativa, porém, não teve resultados práticos.

Cruz afirmava que, embora a ministra-chefe da Casa Civil, Dilma Rousseff, não tivesse se posicionado em público sobre o assunto, seu assessor especial, André Barbosa Filho, mostrou-se favorável ao modelo europeu em vários eventos públicos. Mas, no final de março, a Casa Civil já tendia aos japoneses. Já o ministro do Desenvolvimento, Luiz Fernando Furlan, segundo ele, tendia ao padrão europeu, "por motivos industriais e de comércio exterior" (2008:94).

> Um grupo do governo, que um lobista de Brasília chamou de "a esquerda do PT", preferia o padrão europeu DVB, vendo nele uma oportunidade de democratização da televisão no Brasil, reduzindo a hegemonia da Rede Globo. Foram vencidos pela posição pragmática do governo, em um ano eleitoral. Também pesou na escolha o fato de as emissoras terem se fechado em bloco em torno do padrão japonês, que, no início, tinha o apoio explícito somente da Globo. (Cruz, 2008:89-90)

O relatório do CPqD[2] foi entregue ao ministro das Comunicações em 13 de fevereiro de 2006 e apontou o ISDB como o padrão mais caro para o consumidor (Cruz, 2008). Ele propôs o modelo de referência para o SBTVD a partir de convênio assinado com o Conselho Gestor do Funttel em dezembro de 2003. O relatório informa que foi baseado nas pesquisas de 20 consórcios envolvendo 105 instituições brasileiras contratadas pela

2 Modelo de referência: sistema brasileiro de televisão digital terrestre. Funttel – Projeto Sistema Brasileiro de Televisão Digital, OS 40539, Campinas. Disponível em: <http://www.fndc.org.br/arquivos/Modelo_referencia.pdf>.

Financiadora de Estudos e Projetos (Finep), que trabalharam em 18 subprojetos ao longo de 2005. A introdução do relatório diz que está descrito ali o modelo de referência que, "ao cabo das análises, se apresentou como a alternativa mais adequada ao atendimento dos objetivos estabelecidos" (p. 7), além do plano de transição do analógico para o digital. A análise não foi apenas tecnológica, mas também socioeconômica e de política regulatória, que incluía política industrial.

Foram analisadas 2,4 mil opções tecnológicas e selecionadas algumas dezenas para estudo mais aprofundado. Para cada etapa do processo há várias alternativas de tecnologia. Os canais de retorno possíveis estudados foram por rede de radiofrequência intrabanda (por VHF ou UHF) como complemento da infraestrutura de telecomunicações, cuja cobertura no país é substancialmente menor que a do serviço de radiodifusão de sons e imagens, com quatro alternativas pré-selecionadas: DVB-RCT, CDMA-450, Wi-Fi e Wi-Max (p. 19). Uma das pesquisas econômicas do relatório estima os preços dos terminais de acesso entre R$ 200 e R$ 800, dependendo de sua complexidade. Ao preço de R$ 200, após 15 anos de implantação da TV digital, 90% dos domicílios brasileiros teriam tido condição de ter um terminal de acesso, a D teria cobertura de 80% e a E, de 50%. Com o terminal a R$ 600, menos de 10% de cada uma dessas s seria atendida; e isso levando-se em conta que a compra seria parcelada em 10 vezes.

O relatório tem como pano de fundo a preocupação com a inclusão digital, fazendo propostas que a facilitem. Em relação a modelo de negócios, o documento faz uma análise da possibilidade de variação da receita publicitária das emissoras, ressalvando que não vai apontar potencial estratégico ou estabelecer diretrizes de negócios. Nesse sentido, estima que a verba publicitária investida em TV pode subir de 60% para 70% do total com a entrada de novas características no meio televisão (p. 48), pois elas atrairiam mais telespectadores e/ou por mais tempo. A previsão era altamente otimista e, como visto, não foi confirmada. As emissoras não quiseram arriscar ter um custo mais alto com produção ou compra adicionais de conteúdo para fazer face a uma eventual multiprogramação e interatividade sem ter a certeza de que sua receita subiria a ponto de cobrir os novos custos. Ao contrário, a TV Globo, por exemplo, apostava que essa receita não subiria. Como até o momento as emissoras implementaram apenas a transmissão em alta definição e uma interatividade que é basicamente o guia de programação e algumas informações adicionais sobre programas em texto, também não foi possível provar empiricamente que a previsão do CPqD estava errada.

Na parte de política regulatória, o relatório recomenda a obrigação de oferta de educação a distância e serviços de governo, com o estabelecimento de um tempo mínimo para esses serviços. Nas recomendações sobre o período e a forma de implantação da TV digital, em quase todas as propostas a partir de cenários diferentes a previsão de gastos pelas emissoras privadas nos primeiros cinco anos era de R$ 800 milhões por ano, em média. E o custo para implantar canal de retorno nas áreas urbanas e rurais do Brasil, no caso de se optar pelo WiMax, foi calculado em cerca de R$ 350 milhões.

Para que sua proposta se adequasse ao decreto de 2003 sobre a TV digital, o CPqD listou o que chamou de indicadores de sucesso. São eles: a inclusão social, que era desdobrada em penetração, interatividade e quantidade de programas; a flexibilidade de modelos de exploração, que incluía oferta de serviços, número e tipos de agente e opções de modelo de exploração; e o desenvolvimento sustentável, que englobava o impacto da escolha na balança comercial, na produção nacional, na absorção de tecnologia nacional, na geração de empregos e no PIB do setor.

Sobre a multiprogramação, o relatório do CPqD afirma que ela "é vislumbrada como alternativa para veiculação de programas educativos e serviços de cidadania, classificados por meio de pesquisa de mercado como sendo atributos de alta relevência para a população" (p. 122). De acordo com o CPqD, o modelo brasileiro de TV digital deveria ter multiprogramação, interatividade com canal de retorno, mobilidade e portabilidade. Seria criada a figura, opcional, do operador de rede, liberando as emissoras dos custos com transmissores digitais. Outra recomendação é que os programas em alta definição fossem também transmitidos em definição-padrão para os usuários que não pudessem comprar uma caixinha conversora de alta definição, mais cara. O relatório, porém, não dizia que o governo deveria adotar algum dos três padrões concorrentes ou criar um próprio. Apenas indicava a opção (ou mais de uma opção) tecnológica que considerava a melhor para cada uma das camadas do padrão, entre as quais estava o Ginga, e ressalvava que muita coisa ainda dependia das negociações que estavam sendo feitas em relação a *royalties* e investimentos no Brasil. Mas alertava que, no caso de aderir a algum padrão estrangeiro, o Brasil deveria negociar questões como a facilidade de transferência de tecnologia, participação do país na evolução das tecnologias (tendo assento nos fóruns do padrão) e a possibilidade de adequar a tecnologia às necessidades brasileiras.

Ao longo do tempo em que se debateu a implantação da TV digital, diversos seminários, congressos e palestras trataram do assunto no país. Os primeiros que pude acompanhar – em que havia basicamente profissionais de engenharia, informática e representantes das emissoras – mostravam o predomínio dos aspectos técnicos. Em todos os eventos era explicado como era a TV digital, ou seja, os modelos europeu, americano e japonês nas camadas em que se formam: a modulação, a codificação e o *middleware*. Os aspectos políticos entravam como uma questão secundária (quando entravam) nas palestras dos técnicos e eram um pouco mais visíveis quando se tratava dos professores de informática da PUC-Rio, por exemplo, que defendiam a adoção do Ginga, uma invenção deles com a Universidade Federal da Paraíba para o *middleware* – o *software* que permite a interatividade.

Mais adiante, no caso das palestras dos representantes dos movimentos populares – em universidades, sindicatos etc. –, o aspecto político era o mais importante. Mas a população não estava sendo suficientemente informada pelos meios de comunicação do que era a TV digital e quais os caminhos possíveis para que cada cidadão pudesse tomar sua posição e, se quisesse, buscar influenciar os políticos para que a seguissem.

Em 16 de fevereiro de 2006, matéria com o título "Emissoras pedem TV digital com todos os recursos" informava que representantes das emissoras de televisão tinham deixado claras para o governo as características que consideravam essenciais no padrão de TV digital: a tecnologia, defenderam, deveria permitir ao mesmo tempo alta definição (som e imagem semelhantes aos de cinema), portabilidade (TV pelo celular) e mobilidade. Nada foi falado sobre multiprogramação, o que significa que a TV não tem "todos os recursos". Foram sonegadas ao leitor informações sobre outros recursos existentes, pelos quais o país poderia optar. Um título mais verdadeiro poderia ser "Emissoras pedem TV digital com todos os recursos que interessam a elas".

Em março aconteceu uma reviravolta que surpreendeu negativamente os pesquisadores que trabalhavam no projeto brasileiro para a TV digital. O jornal *Folha de S. Paulo* noticiou, na primeira página, que o padrão japonês já era o escolhido. "A matéria saiu no dia 8 de março de 2006 e o anúncio da decisão, esperado para dois dias depois, acabou adiado. A notícia que antecipava a escolha, muito provavelmente, teve seu peso no adiamento" (Cruz, 2008:89). Também em 8 de março matéria do jornal *O Globo* dizia que a escolha do modelo deveria ser feita na semana seguinte. Matérias sobre quando seria ou não anunciado o modelo se sucederam em março e abril.

Por sua vez, o ministro da Cultura, Gilberto Gil, disse, em março de 2006, que a questão era muito mais profunda do que a escolha de um padrão. Segundo ele, o cerne das discussões deveria ser o modelo cultural de TV digital a ser adotado pelo governo. Gil afirmou que o padrão digital oferecia mais oportunidades democráticas de participação e também envolvia oportunidades para a indústria brasileira. Reportagem de 6 de junho mostrava Gil se declarando pessoalmente a favor do adiamento da escolha do padrão para 2007, por prudência, por causa das eleições em outubro de 2006.

Ainda em 30 de março, nota na coluna de Flávia Oliveira, no jornal *O Globo*, dizia que na Escola de Comunicação da UFRJ, no Rio de Janeiro, na véspera, o ministro Gilberto Gil tinha recitado para uma plateia de 300 pessoas o texto de cordel de uma autora pernambucana que continha a defesa de um modelo brasileiro para a TV digital e ofensas a seu colega de ministério. O poema trazia os versos: "Hélio Costa / de fato somente aposta / no monopólio privado" e "com uma conversa bosta / só quer saber da imagem".

Antes da escolha do modelo, representantes das empresas de telefonia reunidos em uma associação (Telebrasil) e um sindicato (Sinditelebrasil Telecom) entregaram ao governo um estudo chamado "(Tele) Comunicações 2015: contribuições para o aperfeiçoamento do modelo" e uma carta:

> O estudo da Telebrasil trouxe, em anexo, uma carta encaminhada ao ministro das Comunicações e aos ministros que participam do Conselho de Desenvolvimento do Sistema Brasileiro de Televisão Digital (SBTVD), antes da decisão sobre o padrão a ser adotado no Brasil. O texto defendia a entrada das operadoras no mercado de televisão, elencando algumas demandas:
> 1. A possibilidade de conteúdos distintos poderem ser distribuídos através de plataformas digitais concorrentes ou alternativas.
> 2. A possibilidade de competição entre prestadores, detentores de distintas outorgas, em busca de melhor servir os usuários. Por exemplo:

> a) serviço de banda larga pela rede de telefonia, fixa ou móvel, ou pela rede de TV a cabo;
> b) serviço de TV por redes para serviços de telecomunicações, fixos ou móveis, ou pelas redes de TV a cabo ou DTH;
> c) recepção de sinais de TV digital através de aparelhos celulares disponíveis para os padrões tecnológicos adotados no Brasil.
> 3. O marco regulatório deve ser atualizado à luz dessas novas possibilidades de prestação de serviços num ambiente competitivo. Neste sentido, a regulamentação deve ser o menos intrusiva possível, fomentando a competição, regulando somente falhas de mercado e atuando pontualmente para que oportunidades de ganho por padronização ou escala (externalidades) sejam capturadas em benefício da prestação de serviço.
> 4. Um arcabouço jurídico-regulatório para o SBTVD que considere a convergência tecnológica de modo a evitar graves consequências para o desenvolvimento econômico e social do Brasil. (Cruz, 2008:58-59)

Cruz destaca, nesse embate, a diferença de tamanho financeiro entre emissoras de TV e telefônicas. De acordo com ele, dados do estudo citado mostram que a radiodifusão tem apenas 7% do faturamento total das telecomunicações no Brasil, e "a Globo, maior grupo de comunicação do Brasil, faturou US$ 2,923 bilhões em 2006, o que representa somente 4% das receitas da espanhola Telefônica, um dos conglomerados multinacionais com quem teria que competir" (Cruz, 2008:60). Comparado com o da Telemar (que depois trocou de nome para Oi), à época a maior operadora brasileira de capital nacional, o faturamento da Globo, segundo ele, foi equivalente a 37%.

Em 5 de abril, *O Globo* publicou uma reportagem com Hélio Costa comentando que, com o atraso na decisão sobre o modelo brasileiro, ficaria difícil implantar a TV digital ainda em 2006. Mas, depois disso, o jornal começou a dar como certa a escolha do modelo japonês. A primeira reportagem nesse sentido, de 13 de abril, intitulada "TV digital: Brasil a um passo do padrão japonês", dizia que "os governos dos dois países assinam hoje ou amanhã um memorando de entendimento detalhando os pontos principais do uso do padrão japonês" (Scofield, *O Globo*, 2006). Ministros brasileiros estavam no Japão para a assinatura. No dia seguinte, outra reportagem trazia o título "Amorim: país adotará padrão de TV digital japonês" e informava que o ministro das Relações Exteriores, Celso Amorim, e o chanceler do Japão, Taro Aso, haviam assinado um memorando nesse sentido, prevendo transferência de tecnologia para o Brasil e isenção de *royalties*, o qual ainda dependeria de sanção do presidente Lula. A matéria mostrava o ministro Hélio Costa afirmando que a empresa japonesa NEC se comprometera a fabricar os transmissores de TV digital no Brasil. Em 12 de maio, mais uma matéria indicava que o padrão japonês seria o escolhido.

A explicação dada por Hélio Costa para a escolha do modelo japonês sempre foi a de que era tecnicamente melhor. Para entender claramente essa postura, podemos recorrer a Boaventura Santos:

> Os critérios cognitivos são os que administram certa forma de saber, mas decidir sobre o tipo de intervenção no real não é cognitivo; essa é a armadilha dos engenheiros, dos técnicos, que dizem: "Esta é a única solução técnica". Não, é produto de um critério ético e político. É uma disputa política, e se realmente houvesse uma incompatibilidade entre ir à Lua e preservar a biodiversidade, deveríamos ter um debate global na Terra para dizer se necessitamos disto ou daquilo, aonde vai o dinheiro, qual é o reconhecimento que vamos dar a cada uma. (Santos, 2007:44)

2.1. Demandas dos movimentos sociais

A ONG Intervozes – Coletivo Brasil de Comunicação Social somente em 2005 começou a olhar com mais atenção para o debate acerca da TV digital. De acordo com Jonas Valente, integrante da ONG desde 2003:

> No final daquele ano, fizemos um primeiro caderno sobre o tema que saiu encartado na revista *Caros Amigos* – todos podem ser vistos no nosso site, www.intervozes.org.br. Um de nossos integrantes frequentava as reuniões do Conselho Consultivo pela entidade RITS. Eu inclusive cheguei a ir em [*sic*] duas reuniões do Conselho como suplente desta pessoa. Elaboramos um documento em janeiro de 2006 com propostas para o modelo que seria adotado, centrando em todas as questões muito além da tecnologia. Como havia uma série

> de entidades envolvidas com o tema, atuamos para organizar uma iniciativa conjunta. Em abril de 2006, surgiu a Frente Nacional por um Sistema Democrático de Rádio e TV, reunindo 39 entidades. Esta Frente chegou a ter mais de 100 entidades entre organizações populares, movimentos sociais, sindicatos, entidades estudantis etc. Ficamos de abril a junho de 2006 em uma intensa mobilização para que o governo abrisse o debate da TV digital à população e não simplesmente adotasse a opção defendida pelos radiodifusores.[3]

A proposta da Frente Nacional por um Sistema Democrático de Rádio e TV era de que o governo paralisasse o processo decisório para debater a TV digital com a sociedade. As entidades participantes deveriam mobilizar a sociedade e apresentar propostas concretas para o modelo de TV digital brasileiro, a partir da ótica do interesse público e da concepção de que a mídia brasileira deveria ser urgentemente democratizada, nas palavras de Jonas Valente. A Frente deveria ainda defender o cumprimento dos objetivos dispostos no Decreto nº 4.901/2003, que institui o SBTVD (democratização da informação, aperfeiçoamento do uso do espectro, inclusão social, desenvolvimento da indústria nacional e processo de transição que não onere os cidadãos); defender o que chamaram de um genuíno SBTVD e reivindicar o desenvolvimento de um sistema semelhante para o rádio digital; e defender a definição de um marco regulatório que incorporasse a convergência tecnológica e regulamentasse os artigos constitucionais que tratam das comunicações.

Estiveram presentes na plenária, apoiando a iniciativa da criação da Frente, os deputados Ivan Valente (PSOL/SP), Walter Pinheiro (PT/BA), Jandira Feghali (PC do B/RJ), Dra. Rosinha (PT/PR), Paulo Rubem Santiago (PT/PE), Tarcísio Zimmerman (PT/RS) e Júlio Semeghini (PSDB/SP). As entidades integrantes da Frente pediram ao Governo Federal que os documentos do CPqD fossem colocados em consulta pública, que houvesse audiências públicas sobre o tema em Brasília e em capitais brasileiras e que fosse reativado o Comitê Consultivo do SBTVD. Além disso, queriam uma campanha nacional de esclarecimento da população sobre o assunto na grande mídia, conforme dizia a carta de lançamento da Frente.

3 Entrevista por *e-mail* em 26 de setembro de 2008.

> As decisões em curso podem ajudar o país a se desenvolver sob a égide do interesse público e promover a democratização das comunicações brasileiras. Mas também podem aprofundar os erros históricos cometidos na formação dos sistemas e mercados de radiodifusão no Brasil, com o acirramento de nossa dependência econômica em relação aos países mais ricos e produtores de tecnologia e conteúdo, além da continuidade do processo de concentração da mídia, com a falência do modelo de financiamento do setor e com a ausência de mecanismos de escoamento das produções audiovisuais independentes, locais e regionais. Ou seja, com a continuidade da prevalência dos interesses patrimonialistas e cartorialistas que sempre permearam as relações do Estado brasileiro com os grupos comerciais em detrimento dos interesses da população. [...] Acreditamos que uma definição criteriosa, que conte com a participação dos diversos setores envolvidos no processo, fará com que o Brasil tenha reais condições de desenvolver um sistema de comunicações que seja plural, diverso e verdadeiramente democrático. Uma decisão apressada e pouco transparente só beneficiará os grupos privados, criando uma situação "de fato" que poderá inviabilizar a inclusão de milhões de cidadãos e cidadãs hoje excluídos do processo de produção e distribuição de informação e de conteúdos audiovisuais.[4]

As entidades participantes da Frente eram a Abong – Associação Brasileira de ONGs, Abraço – Associação Brasileira de Radiodifusão Comunitária, ABCCOM – Associação Brasileira de Canais Comunitários, ABCTEL – Associação Brasileira dos Consumidores de Telecomunicações, ABTU – Associação Brasileira de Televisão Universitária, Amarc – Associação Mundial de Rádios Comunitárias, AMP – Articulação Musical de Pernambuco, Aneate – Associação Nacional de Técnicos em Artes e Espetáculos, Associação Software Livre.org, Campanha "Quem Financia a Baixaria é Contra a Cidadania", CBC – Congresso Brasileiro de Cinema, CCLF – Centro de Cultura Luiz Freire, Central de Movimentos Populares do Rio Grande do Sul, Comunicativistas, CFP – Conselho Federal de Psicologia, Confea – Conselho Federal de Engenharia, Arquitetura e Agronomia, CRIS-Brasil – Articulação Nacional pelo Direito à Comunicação, CUT – Central Única dos Trabalhadores, Enecos – Executiva Nacional dos Estudantes de

4 Trecho da carta de lançamento da Frente Nacional por um Sistema Democrático de Rádio e TV.

Comunicação Social, Farc – Federação das Associações de Radiodifusão Comunitária do Rio de Janeiro, Fenaj – Federação Nacional dos Jornalistas, Fitert – Federação Interestadual dos Trabalhadores em Radiodifusão e Televisão, Fittel – Federação Interestadual dos Trabalhadores em Telecomunicações, FNDC – Fórum Nacional pela Democratização da Comunicação, FNPJ – Fórum Nacional dos Professores de Jornalismo, Fopecom – Fórum Pernambucano de Comunicação, Inesc – Instituto de Estudos Socioeconômicos, Intervozes – Coletivo Brasil e Comunicação Social, Instituto de Mídia Étnica, MNDH – Movimento Nacional de Direitos Humanos, Sindicato dos Jornalistas do DF, Sindicato dos Jornalistas de PE, Sindicato dos Jornalistas do RS, Sindicato dos Radialistas do DF, Sinos SintPq – Sindicato dos Trabalhadores em Pesquisa, Ciência e Tecnologia de São Paulo, STIC – Sindicato Interestadual dos Trabalhadores na Indústria Cinematográfica e Audiovisual, TV Comunitária de Brasília Ventilador Cultural.

Claudia de Abreu, da ONG ComunicAtivistas, conta que estava marcada para 16 de maio uma exposição no Congresso Nacional com todos os padrões que existiam à época para que os parlamentares pudessem conhecê-los em detalhe.

> Então iam ter alguns estandes para os parlamentares conhecerem todas as possibilidades de padrão tecnológico, ia ter o padrão japonês para demonstração, o padrão americano, o europeu, e nós, brasileiros, também com um estande. Tudo pronto, ia ser a primeira exibição pública do padrão brasileiro, e foi suspenso. Depois soube-se que foi a pedido do Hélio Costa que a Anatel suspendeu essa exibição, num caso explícito de que o ministro não queria que os parlamentares e a sociedade brasileira conhecessem a possibilidade real do padrão brasileiro. Então eu acho que foi muito sério. Infelizmente isso foi muito pouco divulgado, mas até dentro do Congresso Nacional isso aconteceu, esse boicote explícito do ministro das Comunicações.[5]

No dia seguinte a esse encontro desmarcado no Congresso, *O Globo* publicou que o ministro Hélio Costa defendia rapidez na definição do padrão, e que ele entendia que outras discussões inerentes ao tema deveriam acontecer no Congresso após essa decisão, como a adequação dos canais públicos

5 Palestra no Encontro Regional dos Estudantes de Comunicação, Erecom Sudeste, em 26 de setembro de 2006.

nacionais destinados à educação e à cultura. A sucessão de reportagens antecipando a escolha do padrão japonês continuou: "Padrão de TV digital será anunciado dia 29, com a presença de japoneses", em 8 de junho; "Governo quer TV digital com padrão japonês além de tecnologia nacional", em 20 de junho; "Brasil pode ajudar em padrão digital japonês", em 21 de junho; "Brasil deve adotar padrão japonês de TV digital", em 24 de junho; "Governo assina dia 29 padrão japonês de TV digital com inovações brasileiras", em 27 de junho; além de outras que tratavam de outra questão sobre TV digital e apenas citavam a questão de o padrão escolhido ser o japonês.

2.2. O Decreto nº 5.820/2006

Em 29 de junho de 2006, o presidente Lula assinou o Decreto Presidencial nº 5.820, que prevê a implantação da TV digital aberta. O decreto dispõe que o SBTVD-T (Sistema Brasileiro de Televisão Digital Terrestre, conjunto de padrões tecnológicos a serem adotados para transmissão e recepção de sinais digitais terrestres de radiodifusão de sons e imagens) adote, como base, o padrão de sinais do ISDB-T (*Integrated Services Digital Broadcasting Terrestrial* – Serviços Integrados de Radiodifusão Digital Terrestre, o padrão japonês), incorporando as inovações tecnológicas aprovadas pelo Comitê de Desenvolvimento, responsável por fixar as diretrizes para elaboração das especificações técnicas a serem adotadas no SBTVD-T, inclusive para reconhecimento dos organismos internacionais competentes. Além disso, deveria promover a criação de um Fórum do SBTVD-T para assessorá-lo em políticas e assuntos técnicos referentes à aprovação de inovações tecnológicas, especificações, desenvolvimento e implantação do SBTVD-T.

O Fórum do SBTVD-T seria composto, entre outros, por representantes do setor de radiodifusão, do setor industrial e da comunidade científica e tecnológica. De acordo com o decreto, o SBTVD-T possibilitaria a transmissão digital em alta definição (HDTV) e em definição-padrão (SDTV); transmissão digital simultânea para recepção fixa, móvel e portátil; e interatividade. A multiprogramação não é citada.

O decreto determinou, também, que seria consignado, às concessionárias e autorizadas de serviço de radiodifusão de sons e imagens, para cada canal outorgado, canal de radiofrequência com largura de banda de 6 megahertz, a fim de permitir a transição para a tecnologia digital sem interrupção da transmissão de sinais analógicos. Em sete anos, todos deveriam ter iniciado as transmissões digitais. Ficou determinado que o período de transição do sistema de transmissão analógica para o SBTVD-T será de 10 anos, contados a partir da publicação do decreto, quando a transmissão analógica terminará e os canais usados para esse fim serão devolvidos à União.

Foi definido pelo decreto que o Ministério das Comunicações deveria consignar, nos municípios contemplados no PBTVD e nos limites nele estabelecidos, pelo menos quatro canais digitais com 6 MHZ cada para a exploração direta pela União Federal. Seriam os canais do Poder Executivo, para transmissão de atos, trabalhos, projetos, sessões e eventos do Poder Executivo; de Educação, para transmissão destinada ao desenvolvimento e aprimoramento, entre outros, do ensino a distância de alunos e capacitação de professores; de Cultura, para transmissão destinada a produções culturais e regionais; e de Cidadania, para transmissão de programações das comunidades locais, bem como para divulgação de atos, trabalhos, projetos, sessões e eventos dos poderes públicos federal, estadual e municipal. O Canal de Cidadania, de acordo com o decreto, também poderia oferecer aplicações de serviços públicos de governo eletrônico nos âmbitos federal, estadual e municipal.

No dia seguinte, *O Globo* tratou da assinatura do decreto, mas também da cerimônia de assinatura do acordo com os japoneses e das entrevistas feitas no local. Com o título "Copa do Mundo 'contamina' solenidade no Planalto", uma das matérias dizia que tanto o presidente Lula como os ministros das Comunicações Hélio Costa, do Brasil, e Heizo Takenaka, do Japão, recorreram a metáforas de futebol durante o anúncio do novo padrão de TV. Outra reportagem dizia que, segundo a indústria, o conversor mais barato deveria custar R$ 400, e a ministra Dilma Rousseff afirmara que cogitava "toda a desoneração fiscal necessária" para o preço ser acessível, além de linhas de crédito. E, de acordo com outra matéria, o modelo de negócios definiria o uso de recursos como a interatividade. Ou, seja, o mercado, e não uma regulação do governo ou Congresso – ambos representantes do público –, definiria se a interatividade seria plena ou apenas local. O interesse público seria subordinado ao modelo de negócios que permitisse manter ou ampliar o lucro das empresas de comunicação.

A seguir, um quadro mostra diferenças técnicas entre o chamado padrão nipo-brasileiro de TV digital e o japonês, o americano e o europeu.[6]

6 Os dados fazem parte de uma apresentação do superintendente de Comunicação de Massa da Anatel, Ara Apkar Minassian, aos alunos de Comunicação Audiovisual da PUC-Rio em setembro de 2008.

SISTEMA BRASILEIRO DE TELEVISÃO DIGITAL TERRESTRE
PADRÕES DE SISTEMAS DIGITAIS

	Americano	Europeu	Japonês	Nipo- -brasileiro
Sistema	ATSC	DVB-T	ISDB-T	SBTVD-T
Middleware	Base	MHP	ARIB	GINGA
Compressão de áudio	Dobly AC3	MPEG2 AAC	MPEG2 BC	MPEG4 AAC
Compressão de vídeo	MPEG2 HDTV	MPEG2 SDTV	MPEG2 HDTV	MPEG4 HDTV
Transporte	MPEG2	MPEG2	MPEG2	MPEG2
Modulação	8VS B	COFDM	COFDM (BST)	COFDM (BST)

Ao longo de 2006, antes e depois do anúncio do padrão de TV digital brasileiro, o jornal *O Globo* veiculou uma espécie de novela, tendo como protagonista a implantação de uma fábrica de semicondutores no Brasil como parte do acordo com os japoneses para a escolha do padrão. Vinte e cinco reportagens do jornal *O Globo* naquele ano trataram da fábrica, sendo sete delas já no título. As matérias anunciavam as negociações do governo brasileiro com os representantes do modelo japonês e a instalação de uma fábrica de semicondutores no país, que poderia ser da Sony, NEC, Sharp ou Semp Toshiba. Em um momento, parecia que a fábrica era dada como certa; em outro, os japoneses nada garantiam. Enquanto isso, a União Europeia fazia sua própria proposta de implantação da fábrica, por meio da empresa franco-italiana ST Microeletronics. O ministro do Desenvolvimento, Fernando Furlan, falava da escolha do padrão como trunfo para atrair uma fábrica de componentes eletrônicos. O ministro Hélio Costa rebatia a versão europeia de que a tecnologia japonesa faria o Brasil ficar isolado internacionalmente (por ser adotada apenas no Japão) e já dava detalhes sobre a fábrica de semicondutores, como o valor do investimento de US$ 500 milhões e a informação de que produziria *chips* destinados a televisores, fogões, DVDs e outros aparelhos eletrônicos. Porém, o memorando assinado pelo ministro das Relações Exteriores, Celso Amorim, com o Japão, em 13 de abril, dizia que "o governo japonês colaborará com o governo brasileiro na elaboração, pelo governo brasileiro, de um plano estratégico com o objetivo de desenvolver a indústria de semicondutores no Brasil" e que "valoriza as empresas japonesas que cooperem nos vários estudos para a modernização das indústrias relacionadas *a serem feitos pelo Brasil e estudem a possibilidade* de investimentos futuros na indústria eletroeletrônica, incluindo a indústria de semicondutores". O acordo assinado com os japoneses no dia do anúncio do padrão também não avançou nesse sentido (Cruz, 2008:88-89; grifo nosso).

Uma das reportagens do jornal *O Globo*, de 28 de junho de 2006, colocava o presidente Lula tratando a fábrica como uma exigência para decidir pelo padrão japonês. Delegações de japoneses vieram ao Brasil negociar, e falou-se em investimento do BNDES para a fábrica. De acordo com uma reportagem de 16 de agosto, o governo discutia, também, incentivos fiscais para atraí-la. O ministro da Fazenda, Guido Mantega, disse que entre os benefícios estaria a redução de praticamente todos os tributos federais do setor por cerca de 11 anos – ou seja, decidiu-se pelo padrão japonês sem garantir essa contrapartida que havia sido dada como certa, e depois o governo precisou recorrer a incentivos para tentar trazer a fábrica. Mais à frente, o governo começou a dizer que só tomaria uma decisão sobre os incentivos após as eleições.

No meio do ano ainda começou uma disputa sobre se os conversores (*set top boxes*), ou mesmo televisores digitais, deveriam ser fabricados na Zona Franca de Manaus ou fora dela. Depois o governo optou por dar às indústrias da Zona Franca a reserva de mercado para a fabricação, mediante desonerações tributárias, para logo em seguida voltar atrás, por pressão de outros estados no período pré-eleitoral, e mudar de ideia de novo em dezembro.

A fábrica de semicondutores foi um assunto tratado pelo governo e pelo jornal *O Globo* como uma grande vantagem na escolha do modelo japonês. Mas, segundo Cruz, essa hipótese era remota, uma vez que desde o estouro da bolha da internet em 2000 sobrava capacidade produtiva no mundo, "e os projetos de semicondutores são sempre globais" (2008:140). Além disso, os fabricantes estrangeiros não eram atraídos para cá por conta da "logística deficiente, aduana lenta e que entra em greve todo ano, impostos nas alturas, indústria eletroeletrônica com pouco desenvolvimento local de produtos" (p. 141).

Mas a inexistente fábrica de semicondutores não foi a única contrapartida nas negociações entre Brasil e Japão. Em 3 de fevereiro, reportagem do jornal *O Globo* mostrava que os japoneses ofereceram crédito para custear toda a demanda de investimentos para a implantação do seu sistema. Cruz afirmou que a decisão sobre o padrão de TV digital foi uma vitória do poder político das emissoras de televisão sobre o poder econômico das empresas de telecomunicações. "Pela primeira vez, as grandes redes de TV se viram em posição fragilizada, com sua hegemonia ameaçada pela globalização e pela convergência. Uma vez mais venceram a parada, lançando mão da força política em um ano eleitoral e adiando por algum tempo a invasão de seu mercado" (2008:15).

Ele comentou, também, que, embora o governo brasileiro tenha colocado a fábrica de semicondutores como pré-requisito para a escolha do padrão, o acordo com o Japão não garantiu a fábrica, e o documento assinado no dia do anúncio da escolha, chamado "Termos de implementação", diz apenas que o governo japonês "cooperará com o Governo do Brasil na elaboração, por parte de Brasil, de um plano estratégico para o desenvolvimento da indústria de semicondutores, com vistas a investimentos japoneses no Brasil". Com os empresários japoneses foi firmada uma "Declaração de Intenções" dizendo que "as empresas de eletrônicos cooperarão com a pesquisa conduzida pelo lado brasileiro sobre a modernização das indústrias relacionadas e envidarão esforços para acelerar o estudo sobre a possibilidade de investimento futuro na área da indústria eletrônica, incluindo a de semicondutores" (p. 88). Mais vago, impossível. Para Cruz, o padrão japonês – apesar de mais avançado tecnologicamente, por ser mais recente – é o que traz menos vantagens para a indústria local e o comércio exterior.

As inovações brasileiras limitaram-se ao Ginga e ao uso do Mpeg-4 (ou H.264) para compressão de vídeo. Cruz (2008) conta que um grupo liderado pela Universidade Mackenzie aperfeiçoou o sistema de modulação (que protege o sinal transmitido) japonês com uma tecnologia chamada Turbo Code, aumentando o alcance das transmissões e prometendo acabar com a imagem ruim. Mas os japoneses "argumentaram não haver soluções de mercado, em um único *chip*, para o sistema modificado", e não permitiram que a proposta fosse implantada (p. 125-126). Segundo Cruz, a decisão pelo sistema japonês foi política, embora o governo insistisse em dizer que era técnica:

> Se fosse uma questão estritamente técnica, o governo poderia ter adotado o padrão japonês em 2000. Ou poderia ter optado pelo resultado da pesquisa brasileira, que buscou combinar o melhor das tecnologias internacionais tendo em vista as características do mercado brasileiro. O ex-ministro Miro Teixeira havia falado em comparar o SBTVD com os sistemas internacionais, antes de uma decisão. A comparação nunca aconteceu. Os americanos e europeus também sugeriram fazer nova rodada de testes das tecnologias internacionais, alegando melhorias desde 2000, quando o Mackenzie realizou a comparação. Os novos testes também não foram feitos.
>
> Como os japoneses não garantiram a fábrica de semicondutores (que nenhum outro grupo garantiria), também não pode ser dito que os critérios foram econômicos. Do ponto de vista das exportações, o melhor padrão seria o americano, pois permitiria um sistema único nas Américas. Hoje o Brasil exporta televisores principalmente para a América do Sul. Uma parte também vai para os Estados Unidos, que não têm mais indústria local de aparelhos, importando principalmente do México e de países asiáticos, como a China. As empresas brasileiras poderiam brigar por esse mercado. Do ponto de vista do preço ao consumidor, o melhor padrão seria o europeu, conforme mostrou o estudo do CPqD (2006).
>
> [...] A preferência explícita pelo padrão japonês, que levou Costa inclusive a tratar mal uma representante da União Europeia em visita ao Brasil, colocou dúvida sobre toda a negociação que se seguiu. Em abril de 2006, o governo assinou um memorando de entendimento com o Japão, e se recusou a assinar um documento equivalente com os europeus, apesar de garantir que ainda não havia decidido. (Cruz, 2008:199)

Claudia Abreu, integrante da ONG ComunicAtivistas, comentou, na época, que o trabalho dos pesquisadores brasileiros "pode ir para o lixo":

> Esse processo unificou pesquisadores de várias universidades, centros de pesquisa, com o intuito de cumprir o decreto, todas as obrigações que estavam colocadas nele: inclusão social, expansão da tecnologia nacional, pesquisa nesse setor.

> E, ao final do processo que durou pouco mais de dois anos, se deveria (imagina-se) incorporar tudo o que foi criado dentro do Sistema Brasileiro de TV Digital, ou seja, pelos pesquisadores brasileiros.
> Mas não foi isso que aconteceu. Foram mais de 80 [...] possíveis patentes, inovações tecnológicas, criadas pelos pesquisadores brasileiros. E tudo isso pode ir para o lixo, porque com essa decisão do governo, com a base do padrão sendo japonês, várias dessas inovações nem têm como ser incorporadas. [...]
> E começou o fim desse brilhante projeto do Sistema Brasileiro de TV Digital com a entrada do Hélio Costa no ministério. Porque até então o processo, ainda que nem tão estimulado pelo governo, estava andando. Mesmo na época em que Eunício era o ministro, um representante do empresariado, ele não interferiu nesse processo, as coisas continuaram a andar, as pesquisas, o Conselho Consultivo tinha alguma dificuldade de se reunir, mas se reunia... Só que quando o Hélio Costa entrou ele já entrou com o objetivo de acabar com esse processo e favorecer a empresa em que ele trabalhou e que certamente ainda presta serviço, que é a Rede Globo.
> [...] O que aconteceu após a entrada do Hélio Costa foi o esvaziamento total do Conselho Consultivo, que era formado pela sociedade civil, pesquisadores, para analisar justamente esse processo de pesquisa, as inovações tecnológicas que estavam sendo criadas. A última reunião do Conselho Consultivo na realidade nem aconteceu, ou até aconteceu, mas foi autoconvocada, o governo sequer participou da reunião final que deveria analisar o relatório com todas essas pesquisas. O governo não compareceu. E acho que a própria data foi muito bem escolhida: foi no meio da Copa. Eu acho que qualquer decisão fundamental para o Brasil tomada no meio da Copa é para todo mundo desconfiar.[7]

Cruz lamenta que a indústria instalada no Brasil não tenha sido convidada para tomar parte mais ativa no processo de definição do sistema. Ele cita como exemplo de boa estratégia a Coreia do Sul, "que importou o sistema americano, tendo em vista as oportunidades de exportação de aparelhos,

7 Palestra no Encontro Regional dos Estudantes de Comunicação, Erecom Sudeste, em 26 de setembro de 2006.

e criou um fundo para o desenvolvimento da próxima geração tecnológica" (2008:150).

Gustavo Gindre, mestre em Comunicação e Cultura, membro eleito do Comitê Gestor de internet no Brasil e da ONG Intervozes, é crítico da forma como foi feita a escolha pelo modelo japonês:

> O problema da escolha da tecnologia japonesa é menos a tecnologia japonesa em si, poderia até ter sido ela, mas muito mais a forma de acordo que o Brasil teve com o Japão. Uma forma subordinada, absolutamente dependente; é uma farsa essa história de modelo nipo-brasileiro, não tem, talvez venha a ter o Ginga, que é o desenvolvimento aqui da PUC do Rio de Janeiro, no interior do sistema de TV digital brasileiro, mas por enquanto nem isso tem, então tudo quanto é tecnologia que está lá não é brasileira, é uma farsa essa história. Agora, além disso, além da escolha do modelo japonês, que tem implicações seriíssimas na política industrial brasileira, no desenvolvimento de ciência e tecnologia, em outras questões que independem do modelo tecnológico – poderia ter sido japonês, europeu, o que quer que seja, que daria na mesma – o grande debate era: para que serve TV digital? Democratizar a TV ou mantê-la como ela é hoje, um feudo de poucos? E isso era uma questão que independia da tecnologia, mas infelizmente essa questão, principalmente essa, jamais veio a público. Multiprogramação pode acontecer no modelo japonês, no europeu e até, de uma forma não tão avançada, no norte-americano. É por isso que eu digo que a escolha do modelo japonês, ela é ruim para o desenvolvimento de ciência e tecnologia e para a produção industrial brasileira, mas ela é relativamente indiferente para o projeto político que se teria para a televisão. Aí é um outro debate. É que o Brasil fez duas besteiras ao mesmo tempo, então parece que foi uma besteira só, mas foram duas. Uma, a escolha da tecnologia japonesa; e a outra, a forma como essa tecnologia será empregada na televisão. A gente poderia ter escolhido a tecnologia japonesa, ou europeia ou o que quer que seja, e ter uma TV democrática. Mas não fizemos. Então nós fizemos duas besteiras: uma na área de política industrial e a outra na área da democratização da comunicação.[8]

8 Entrevista em vídeo a Jocelino Pessoa, aluno do professor Ernani Ferraz na disciplina Comunicação Audiovisual da PUC-Rio, em 2 de junho de 2009.

A partir desse momento, a expectativa do movimento popular e de todos que lutavam pela democratização das comunicações era o chamado marco regulatório: as regras, que deveriam ser debatidas no Congresso, regulando a TV digital. Essa regulação, porém, não foi feita.

O Ministério das Comunicações definiu que São Paulo seria a primeira cidade com TV digital, por causa do número de habitantes. O Rio de Janeiro e mais seis ou sete capitais teriam a TV de seis a 12 meses depois. O prazo máximo para início em São Paulo pelas emissoras deveria ser o início de 2008. O ministro Hélio Costa disse que o Ministério da Fazenda preparava um pacote com redução de impostos para compra de equipamentos sem similar no Brasil, como transmissores de alta potência. Segundo ele, a NEC já havia demonstrado interesse em instalar uma fábrica desses equipamentos aqui. O governo criou a Câmara Executiva do Comitê de Desenvolvimento do SBTVD para tentar acelerar a implantação do serviço. A Câmara tinha representantes do setor industrial, de *software*, de radiodifusão (redes de TV) e dois pesquisadores: Sérgio Bampi e Luiz Fernando Gomes Soares (Tavares, *O Globo*, 2006a).

Mesmo depois do anúncio do modelo, a escolha do padrão japonês como base para o brasileiro continuou sendo motivo de polêmica. Marcos Dantas, pesquisador acadêmico e funcionário do Ministério das Comunicações na época em que Miro Teixeira era ministro, aponta uma razão para essa escolha:

> A solução adotada pelo Brasil – o sistema ISDB – revelava-se a única que pode atender, de fato, às necessidades de sobrevivência da TV aberta, sem alterar-lhe substancialmente o perfil. Ela fora concebida por uma poderosa emissora de TV "terrestre" – aliás, "pública" – para permitir a esta e outras emissoras abertas japonesas defenderem-se da corrosão de seus mercados domiciliares pela TV paga e outras NTICs. O sistema, no seu próprio nome, aponta para um processo de convergência empresarial-tecnológica que possa se originar da radiodifusão, logo se adaptando aos seus interesses e ritmos. Permite, se desejável, fragmentar a banda de frequências com mais eficiência que o DVB, bem como levar diretamente o sinal para receptores portáteis (leiam-se "celulares") sem a intermediação das operadoras de telecomunicações. Na disputa mundial pelo mercado brasileiro, ganharam, com

> apoio da Abert, o centro de pesquisa da NHK, a Sony, a Sharp; perderam a Nokia, a Ericsson, a Telefônica espanhola. (Dantas, 2009)

As razões para a escolha do modelo japonês também ficam claras em Arlindo Machado (2009), que afirma ter sido a alta definição uma opção dos "magnatas e altos empresários da televisão", porque, "se a televisão se torna cara, tecnologicamente complexa e de difícil realização, isso afugenta todos aqueles independentes que querem buscar um espaço nela".

O *Informativo Intervozes* de novembro de 2007 lembra que o decreto foi editado durante a Copa do Mundo da Alemanha. E diz que, de uma só vez, foram cometidas diversas ilegalidades que poderiam comprometer o futuro da televisão:

> No inciso XII do artigo 49 da Constituição Federal podemos ver que é atribuição exclusiva do Congresso Nacional a apreciação de atos de concessão e de renovação de rádios e TVs. Ou seja, o Executivo precisa enviar a proposta ao Congresso Nacional, que deve obrigatoriamente se manifestar a respeito. Mas, como os decretos presidenciais não passam pelo Congresso, o governo entregou novos canais de TV para os atuais radiodifusores em flagrante desrespeito à carta magna. O governo alega que estes novos canais servirão somente para que as atuais emissoras possam transmitir sua programação em digital e, portanto, são uma espécie de "extensão" dos canais atuais. Mas o próprio Decreto 5.820 prevê que os canais digitais poderão oferecer interatividade e transmissão móvel, duas características que não existem na TV analógica. Na prática, trata-se de um novo serviço, que requer novas concessões e que deveria ter passado pelo Congresso Nacional, como define a nossa Constituição.
>
> O mesmo artigo 7º do Decreto 5.820 menciona que somente terão direito a este novo canal as emissoras que estiverem "em regularidade com a outorga". Mas o Ministério das Comunicações não fiscaliza as emissoras e também não divulga os dados de cada concessão. Assim, como alguém poderá saber se os canais digitais foram realmente entregues apenas para quem está "em regularidade"?[9]

9 A TV digital e a multiplicação da mesmice. *Informativo Intervozes*, p. 24, nov. 2007.

O *Informativo* compara a regra brasileira com a europeia, mostrando que lá o espectro de frequências foi dividido, e cada novo canal, cedido para uma emissora diferente, enquanto aqui o decreto não impede a multiprogramação ("Globo 1, Globo 2, Globo 3, Globo 4"), mas todos os novos canais permanecem com as antigas emissoras, que podem continuar usando todo o espaço para enviar uma única programação. O artigo afirma, ainda, que o decreto concentrou a TV aberta ainda mais nas mãos das atuais emissoras.

Bolaño e Brittos, em livro publicado também em 2007, afirmam que

> a luta agora é pelo acesso aos novos meios interativos, o que exige não apenas a disponibilização da infraestrutura, mas toda uma política de incorporação das massas, incluindo a socialização do capital cultural, sem o qual a democratização e o ideal de autonomia dos sujeitos não poderiam se realizar. (p. 92)

Ainda em 2006, o Ministério Público Federal de Minas Gerais ajuizou uma ação civil pública pedindo a suspensão do decreto presidencial que definiu o padrão japonês de tecnologia para a TV digital brasileira. De acordo com reportagem do jornal *O Globo* de 24 de agosto, a ação apontava pelo menos cinco violações a leis e à Constituição no decreto, mas o governo afirmava que iria contestá-la. No fim do mês, o juiz Lincoln Pinheiro Costa, da 20ª Vara Federal de Belo Horizonte, indeferiu a ação. Outro questionamento na Justiça, dessa vez uma ação direta de inconstitucionalidade (ADIn nº 3.944), foi protocolado em 21 de agosto de 2007 pelo Partido Socialismo e Liberdade (PSOL) e contestava quatro artigos do decreto, questionando especialmente o fato de o governo não ter aberto licitação para os canais. Ela chegou ao Supremo Tribunal Federal, mas terminaria sendo julgada improcedente em agosto de 2010.

Para o professor da Universidade Federal Fluminense Adílson Cabral, então editor do informativo eletrônico *7 Pontos* (que acompanhava e debatia a questão da TV digital), o movimento social em prol de uma TV digital democrática perdeu força a partir do fracasso da ação impetrada em Minas Gerais.

> O juiz disse que não era da alçada da justiça estadual. Teria que fazer a ADIn e ir para o STF. Aí houve arrefecimento por parte das orga-

> nizações da sociedade civil que estavam à frente, Intervozes e FNDC. Não sei por quê. Se cansaram de dar murro em ponta de faca, se era porque centraram esforços na conferência [Conferência Nacional de Comunicação, que acabou ocorrendo em dezembro de 2009]... Acho erro e fraqueza da sociedade civil. O Intervozes teria que reconstruir isso. O foco é o STF? Então vamos. Depois de quase um ano e meio de definição do ISDB, de entender que estava definido, entrou a ação do PSOL. Enquanto isso o mercado está comprando câmera, Band e o SBT descobrem que dá para jogar sinal para o Brasil todo por satélite, vão consolidando a TV digital. A ADIn foi feita, foi entregue, o tempo todo foi o PSOL, de forma cifrada, a maioria das organizações só soube quando aconteceu. Não houve essa construção conjunta, nem na primeira ação nem na ADIn. Mesmo com essa embolação tem uma ADIn que está em curso, não saiu de cena e ainda pode ser apropriada pela sociedade civil.[10]

Esse cansaço e essa fraqueza da sociedade civil citados por Adílson Cabral aparecem na reflexão de Boaventura Santos:

> O problema dos movimentos sociais é que em determinado momento eles têm uma atividade enorme, estão todos os dias na imprensa, e no mês seguinte já não estão, estão em refluxo, as pessoas já não vão às reuniões ou assembleias. Essa ideia de sustentabilidade da mobilização é um problema muito sério em muitos países, porque, para que se consiga uma continuidade, uma participação, é preciso haver articulação política. Se não há, temos estas duas inércias de que falávamos antes: por um lado, a inércia e o refluxo dos movimentos sociais que não conseguem se multiplicar e densificar a luta e, por outro, os partidos que se mantêm como antes e não mudam em nada suas políticas. (Santos, 2007:96)

O cientista social português também comenta a distância que há, muitas vezes, entre movimentos da sociedade civil e partidos políticos, como a citada em relação à ação do PSOL. Boaventura Santos afirma que existe um fundamentalismo dos partidos contra os movimentos sociais, achan-

10 Adílson Cabral, entrevista concedida em Natal em 5 de setembro de 2008.

do que só eles são representativos, mas que o oposto também acontece e prejudica as lutas.

E enquanto o Brasil adotava o padrão japonês, o governo da China anunciou que o país usaria um padrão de transmissão de TV digital próprio a partir de 1º de agosto de 2007, resultado da fusão das tecnologias desenvolvidas pelas universidades de Tsinghua, em Pequim, e Jiaotong, em Xangai, de acordo com reportagem do jornal *O Globo* de 1º de setembro de 2006. No mesmo mês, Gustavo Gindre, das ONGs Intervozes e Indecs, defendeu, em palestra a estudantes de Comunicação, que a luta por uma TV digital democrática não poderia parar, apesar de já ter saído o decreto com a decisão do padrão brasileiro. Gindre afirmava que a TV aberta estava, naquele momento, presente em 93% dos lares do Brasil, e que isso a tornava influente demais para que não acontecesse um grande debate sobre sua digitalização. Ele afirmava que os outros meios de comunicação tinham penetração muito pequena: "Nós temos 9% de TV paga, nós vendemos menos de dez milhões de jornais por dia no Brasil, a venda de livros no Brasil caiu 25% do ano passado para este ano, sendo que 38% dos livros no Brasil são vendidos para o governo para distribuir em escolas, as pessoas compram pouco livro no Brasil".

Gindre, como outros ativistas e pesquisadores a favor de uma TV digital democrática, estava preocupado em resolver a questão do canal de retorno para que a televisão aberta pudesse ter interatividade plena. Ele defendia que o retorno fosse por meio de banda larga sem fio, mas, naquele ano de 2006, não estava mais otimista de que isso se concretizaria a ponto de levar à inclusão digital. Segundo ele, as pesquisas sobre TV digital mostraram que com R$ 400 milhões seria possível colocar WiMax (banda larga sem fio) em todo o território nacional, valor que equivaleria a menos de 10% do que existia no Fust (Fundo Nacional de Universalização dos Serviços de Telecomunicações, formado por 1% de cada conta telefônica). Isso tornaria possível utilizar vários aplicativos de interatividade:

> Por exemplo, a UNB desenvolveu um aplicativo que torna todo o *set top box* da TV digital um cliente de *e-mail*. [...] A Federal do Paraná desenvolveu um aplicativo, eles começaram trabalhando em modelagem de imagem 3D e criaram um programa chamado museu virtual, então é um espaço onde você entra e interage com imagens 3D naquele

> ambiente. Então você pode, por exemplo, levar as pessoas a conhecer um museu sem que a pessoa saia de casa: pode ver um vaso de um lado e de outro, você clica no vaso, abre um *link*, explica que vaso é aquele, de onde veio. Você poderia ter serviços de educação a distância, medicina a distância, enormes serviços de governo eletrônico que hoje só estão disponíveis pela internet, plebiscitos *on line*, um universo inteiro aberto de potencialidades da interatividade. Inclusive porque este *middleware* criado na PUC do Rio e Universidade Federal da Paraíba permite que esse serviço de banda larga busque vídeos na internet. Só que nós não vamos fazer isso. Primeiro porque a banda larga será entregue a quem puder pagar. A proposta do governo é deixar que as telefônicas provejam banda larga. E o *set top box* interativo vai ser mais caro, avalia-se em torno de R$ 1 mil. Então nós vamos criar um paradoxo: só vai ter dinheiro para ter *set top box* que custa R$ 1 mil e a banda larga ligada à televisão aquele cara que já tem internet banda larga em casa e portanto não tem nenhum interesse em comprar o *set top box* interativo e a banda larga ligada à televisão. E aquele cara que não tem computador em casa e seria diretamente interessado em ter esses serviços ligados à sua televisão simplesmente não vai ter dinheiro para ter acesso a isso. [...] Uma televisão que acessa o YouTube já não é mais televisão como a gente conhece. E isso estava dado como possibilidade no cenário da televisão e parece que vai para o ralo da história.[11]

A internet, que não deixa de ser uma concorrente da TV digital por audiência, obviamente também se beneficiaria dessa disseminação da banda larga proposta por Gindre. O integrante do Coletivo Intervozes também destacou a proposta do governo de que as telefônicas provejam banda larga. Segundo ele, isso levaria a um custo mensal impossível de ser arcado pelas famílias de baixa renda, e então os mais pobres não seriam incluídos na interatividade plena. Sobre a falta de interesse das emissoras na interatividade, encontramos esta explicação em Cruz: "Elas dependem de outras redes, como as que estão nas mãos das operadoras de telecomunicações, para transportar informação da casa do espectador para a sua central, o que é essencial às formas mais sofisticadas de interatividade" (Cruz, 2008:17).

11 Gustavo Gindre, palestra no Erecom 2006, Encontro Regional dos Estudantes de Comunicação Sudeste, em 26 de setembro de 2006.

Em 10 de outubro de 2006, reportagem do jornal *O Globo* trazia a fala de Hélio Costa, que tratava a fábrica de semicondutores como fato consumado:

> Sobre a construção da fábrica de semicondutores, que faz parte do acerto com o Japão, Costa disse que a decisão sobre o local ainda não está tomada. No entanto, reconheceu que o Rio Grande do Sul é o estado que está mais avançado. Estão no páreo ainda Rio, Minas Gerais e Amazonas.
> – Acho que eles (gaúchos) têm todas as chances, mas não quer dizer que vão ganhar. (Duarte; Tavares, *O Globo*, 2006)

A reportagem informava, ainda, que em 30 dias o BNDES faria uma proposta de linha de financiamento para toda a cadeia produtiva da TV digital, enquanto o banco de fomento japonês, JBIC, financiaria apenas investimentos japoneses no Brasil e capacitação de mão de obra. Uma delegação com 20 japoneses do governo e empresas privadas estava no Brasil naquele momento em reuniões com brasileiros no Itamaraty. Toda a publicidade em torno da fábrica de semicondutores, que de fato nunca saiu do papel, era uma forma de afirmar que a decisão pelo padrão japonês seria boa para a indústria brasileira. Podemos ver na fala de Claudia Abreu, da ONG ComunicAtivistas, uma visão bem diferente do movimento popular:

> Uma das consequências da decisão pelo padrão japonês é que a nossa política industrial fica extremamente limitada. [...] As TVs que nós formos fazer aqui, nós no máximo podemos exportar para lá, sendo que o Japão não importa televisores. Então o Brasil vai produzir televisão para os brasileiros. Se o sistema brasileiro que estava em processo final de construção tivesse sido finalizado a gente poderia ter um sistema brasileiro e exportar para toda a América Latina, por exemplo. A política industrial brasileira no setor seria extremamente desenvolvida se a decisão tivesse sido outra. Até mesmo se tivesse sido o europeu, porque as empresas estavam interessadas em incorporar essas tecnologias que foram criadas aqui no Brasil, e nos países em que ela tem essa tecnologia essas inovações brasileiras também seriam colocadas e nós receberíamos *royalties* disso. Então

> até mesmo uma decisão que não fosse a brasileira, mas fosse pelo padrão europeu, por exemplo, teria sido melhor para a nossa política industrial, pelo menos.
> Na verdade se optou pelo pior padrão: ele dificulta a interatividade mais do que o padrão que estava sendo criado no Brasil e o europeu, entre outras características. Por ser só em um país, faz com que seja mais caro. É aquela coisa que a gente sabe em relação a qualquer produto. Quando você tem muita quantidade você dilui e quando você tem pouca, fica mais concentrado. Para que os *set top boxes*, as caixinhas, fiquem mais acessíveis, o governo vai ter que colocar dinheiro, e isso não favorece a nós.[12]

Em 16 de outubro, reportagem da *Folha de S. Paulo* dava conta de um movimento de reaproximação entre as emissoras de TV para defender interesses comuns em relação à TV digital, como recursos do Estado para a importação de equipamentos, isenção de impostos e o combate a projetos de lei que restringissem a publicidade. Uma divisão ocorrida na Abert a partir de 1999, com a gradual saída dos associados Record (que formou a Abratel), Bandeirantes e SBT, insatisfeitos com o fato de a Abert defender basicamente os interesses da Globo, foi revertida (Bolaño; Brittos, 2007).

Dias depois, o presidente Lula anunciava, no horário eleitoral gratuito, que o primeiro núcleo da TV digital no país seria na Zona Franca de Manaus, mas os polos iniciais de microeletrônica e de semicondutores seriam em Minas Gerais, Bahia, Rio de Janeiro, São Paulo e Rio Grande do Sul, gerando protestos do senador Arthur Virgílio (AM) no Congresso (Tavares, *O Globo*, 2006b). Além dos semicondutores, tratava-se da fabricação de televisores e conversores (*set top boxes*).

A respeito da produção de microeletrônicos no Brasil, Gustavo Gindre, das ONGs Intervozes e Indecs, explicou na palestra a estudantes citada anteriormente que a TV digital trouxe a possibilidade de desenvolver dois setores tecnológicos que são transversais a quase tudo o que existe em tecnologia atualmente: *software* e microeletrônica. Segundo ele, o Brasil estava desperdiçando essa possibilidade ao não adotar o padrão nacional:

---

12 Palestra no Encontro Regional dos Estudantes de Comunicação, Erecom Sudeste, em 26 de setembro de 2006.

> Do sinal de trânsito a um carro popular, passando por um avião supersônico, um *game*, a televisão digital, computador, telefone celular, tudo tem *software* e *chip* embarcado. Televisão digital era a possibilidade do Brasil se inserir de maneira soberana e não como montador. Então a gente diz que o telefone da Nokia é feito no Brasil, o telefone da Motorola é feito no Brasil porque vêm os *kits* prontos de lá [...], aí entra na fábrica brasileira, geralmente em Manaus, porque aí a empresa ganha uma isenção fiscal enorme, a empresa vai lá, monta os *kits*, diz que é brasileiro. O pessoal de engenharia de produção diz que no chão da fábrica hoje você só precisa ter um cachorro e um operário. O operário para dar comida para o cachorro e o cachorro para não deixar o operário apertar botão nenhum. Você não precisa mais de gente no chão da fábrica, que está cada vez mais robotizado, informatizado. Onde é que está o valor no mundo da produção hoje? É cada vez menos no chão da fábrica. Aí dá para entender a crise no ABC paulista, onde as montadoras vão cada vez precisando de menos gente, e cada vez mais o valor dessa produção está nos laboratórios, está nos lugares que produzem conhecimento, que produzem patentes, *royalties*, propriedade intelectual, que vão dominar o contexto da produção.

Gindre afirma, também, que no século XXI os países serão radicalmente divididos entre os que produzem conhecimento (o que passa por educação e investimento em pesquisa básica, que gera tecnologia e produtos) e os meros consumidores de tecnologia:

> O desenvolvimento da TV digital permitiria a gente passar a ter propriedade intelectual, passar a produzir conhecimento no Brasil em *software* e microeletrônica. [...] O desenvolvimento da TV digital permitiria o desenvolvimento de uma série de outras áreas. Por exemplo, a Embraer tentou vender avião para o Chaves na Venezuela. Aí o que o governo americano disse: "Não vai vender avião nenhum, porque a tecnologia que está embarcada nos aviões da Embraer é americana, se quiserem vender as carcaças, podem vender". A Rússia acabou vendendo, porque a Rússia produz essa tecnologia. [...] Qual é a tecnologia que está ali naqueles aviões que nós não dominamos? *Softwares* e *chip*. [...] Nós abrimos mão disso.[13]

---

13 Gustavo Gindre, palestra no Erecom 2006, Encontro Regional dos Estudantes de Comunicação Sudeste, em 26 de setembro de 2006.

Em novembro, *O Globo* informava que a Argentina vinha discutindo seu padrão de TV digital com representantes de empresas europeias e americanas, e que o governo estaria mais inclinado ao padrão europeu, apesar das fortes pressões dos Estados Unidos. No mesmo mês foi criado no Brasil o Fórum Brasileiro de TV Digital, com o objetivo de acompanhar a implantação e o desenvolvimento do Sistema Brasileiro de TV Digital (SBTVD). O Fórum é um órgão de assessoramento do Comitê de Desenvolvimento da TV Digital, integrado por nove ministros, e entre suas atribuições está a discussão de políticas e assuntos técnicos referentes às inovações tecnológicas do sistema digital brasileiro.

O presidente do conselho do Fórum era o diretor de tecnologia do SBT, Roberto Franco, que também comandava a Sociedade Brasileira de Engenharia de Televisão e Telecomunicações (SET). O vice-presidente era Moris Arditti, diretor da Gradiente. Participavam também do conselho um representante do setor de *software* (Potis); quatro do setor de receptores (Philips, Gradiente, Semp e Samsung); duas universidades (UFRJ e PUC-Rio); dois representantes da indústria de transmissores (Linear e Telavo); e quatro radiodifusores (Globo, SBT, Record e Rede TV!).

De acordo com reportagem do *Meio & Mensagem* de 27 de novembro de 2006, a concepção do Fórum também permite que outras empresas integrantes dos segmentos que compõem o órgão (fabricantes de aparelhos, de *set top box* e de *softwares*, emissoras e universidades) possam compor a entidade na condição de membros plenos, mediante pagamento e com direito a voto. Quem não pertence a esses setores também pode entrar, mas não vota. Em compensação, tem acesso em primeira mão às definições tecnológicas decididas pelo Fórum.

2.3. Telefônicas buscam espaço no mercado de TV

Enquanto ocorria esse movimento na área de TV digital, a internet continuava crescendo como ameaça cada vez mais próxima às emissoras de TV aberta, e as companhias telefônicas começavam a buscar espaço no mercado de televisão. No caso das telefônicas, o motivo principal para isso era que seu mercado original, transmissão de voz, vinha sendo acossado por iniciativas como o Net Fone, telefone fixo fruto de uma parceria da Net com a Embratel (o chamado "*triple play*", oferta conjunta de serviços de vídeo, voz e dados transmitidos por um único cabo), e o Skype, uma espécie de videofone via internet.

No início de 2007, reportagem do jornal *O Globo* informava que operadoras de telefonia fixa esperavam "fazer parcerias com fabricantes de aparelhos e *set top boxes* [...] como a Philips, ou integradores de sistemas como a Siemens" para oferecer, "ainda em 2007, o serviço de IPTV, que pode significar tanto o acesso à internet através da televisão como a TV rodando na *web*. O coração do serviço é o mundo IP (*internet protocol*), o mesmo que já hospeda serviços de compartilhamento de vídeos como o YouTube, só que na tela do micro". A ideia era usar os serviços de banda larga das operadoras para uma TV interativa, com o usuário montando sua grade de programação (acessando programas armazenados pelas operadoras) e rede de amigos para compartilhar vídeos, músicas e fotos.

> – Na IPTV você tem o que a TV digital tem, mais o *triple play* (voz, dados e vídeo) – diz João Eduardo Carramaschi, engenheiro de produtos da Siemens. – O foco do serviço é em DSL, para gerar concorrência com operadoras de TV a cabo. Como TVs são mais difundidas no Brasil que PCs, é um mercado e tanto.
> A IPTV já está em operação comercial na Europa e nos EUA, onde há mais de 80 projetos em andamento. No Brasil, a Siemens faz testes com a tecnologia, em parceria com uma operadora. Telemar e Brasil Telecom já anunciaram seu interesse na exploração do serviço. A primeira está tão empolgada que, no ano passado, adquiriu a empresa mineira de TV a cabo Way TV. Agora espera um sinal da Anatel para começar a operação. A Brasil Telecom também quer entrar no páreo e inclusive já tem um projeto-piloto de IPTV. (Monteiro, E., *O Globo*, 2007a)

A Telefônica, por sua vez, anunciou logo em seguida sua intenção de entrar no mercado de TV por assinatura no Brasil e popularizar o serviço. A empresa esbarrava em vários empecilhos para conseguir a aprovação da Anatel, de acordo com reportagem do jornal *O Globo*, por "ser uma concessionária de telefonia fixa, além da discussão sobre a concentração de infraestrutura de telecomunicações na mão de um só grupo. Também há restrições à participação do capital estrangeiro, principalmente na TV a cabo" (Tavares, *O Globo*, 2007a). Não deixa de ser interessante as Organizações Globo falando sobre concentração na mão de um só grupo.

Enquanto essas novas iniciativas tomavam corpo, a Oi[14] foi a primeira operadora a lançar programas que podemos chamar de televisão para celulares: o primeiro foi "Parafina", série de 24 capítulos com um minuto cada do diretor Jorge Nassarala, seguido de "Tem boi na linha", da produtora Cara de Cão, seriado com estrutura de *videogame* (Monteiro, K., *O Globo*, 2007). Ainda em 2007, a Oi anunciava que faria testes em alguns bairros da Zona Sul do Rio de Janeiro com serviços de televisão via internet (IPTV) e esperava lançar o serviço comercialmente no primeiro trimestre de 2008 (em setembro de 2009, ainda era um projeto experimental restrito a Ipanema e Leblon, de acordo com reportagem do jornal *O Globo* de 10 de setembro de 2009). Seria uma espécie de TV por assinatura ou com programas sob demanda (a Oi já tinha cerca de 200 documentários e filmes para adultos e crianças) que chegaria aos clientes tanto por cabos de fibra ótica quanto por linhas telefônicas comuns. Enquanto isso, a TV a cabo mineira Way TV, que já era oficialmente da Oi por falta de outros interessados, fazia concorrência com a Net em Poços de Caldas, Uberlândia e Barbacena.

No momento em que outras mídias digitais concorrentes se movimentavam em diversos novos cenários de televisão, reportagem de 30 de julho de 2007 no caderno Info Etc. do jornal *O Globo* afirmava que, faltando cinco meses para o início das transmissões digitais de TV aberta, o cenário ainda era nebuloso.

> Em primeiro lugar, ainda não foram estabelecidos os preços dos conversores [...]. O governo esperava que eles não custassem mais de R$ 100, a indústria, no entanto, chegou a falar em R$ 800. Empresas fabricantes esperam um sinal do governo para que, com isenção de impostos, o produto chegue mais barato ao consumidor. (Monteiro, E., *O Globo*, 2007b)

De acordo com a repórter, os outros obstáculos eram o bloqueio de gravação em TV digital solicitado pelas emissoras e defendido pelo Ministério das Comunicações, que estaria causando polêmica (a gravação poderia ser vista apenas naquele televisor, não podendo ser reproduzida), e a possibilidade de condomínios terem problemas na recepção de sinais por causa

14 Braço da Telemar para telefonia celular. Posteriormente o nome Oi passou a designar toda a empresa. É a única telefônica com controle nacional do capital no Brasil.

da antena coletiva. A reportagem explicava que antenas com capacidade de receber sinais UHF não precisariam ser trocadas, porque a TV digital é transmitida em UHF. No caso da gravação, a reportagem ouve opinião contrária à da TV Globo (o presidente do iCommons, Ronaldo Lemos), fato raro, mas explicável por estar dentro de um caderno mais específico, com público leitor menor e que, normalmente, já acompanha esses temas. Em outros casos, como o da Ancinav, *O Globo* já mostrou opiniões contrárias à sua, mas em geral no meio das matérias e logo contestadas por outras opiniões de pessoas que pensavam como a empresa. O mesmo foi feito nesta, na qual a opinião final, para a qual foi dado muito mais espaço, é da Abert, que lutava pelo bloqueio e falava do medo de pirataria. Ainda segundo a reportagem, no Comitê de Desenvolvimento da TV Digital, formado por 10 ministros, nove estavam contra o bloqueio e só Hélio Costa a favor, mas a questão ainda não estava decidida. Pouco menos de um mês depois, o presidente da Comissão de Direito Autoral, Direitos Imateriais e Entretenimento da OAB/RJ, Sidney Sanches (2007), escreveu artigo publicado na página de Opinião do *Globo* defendendo que o telespectador possa fazer cópias ilimitadas da programação com qualidade de DVD em vez de alta definição, dizendo que essa opção foi oferecida ao governo pelo "Comitê Gestor de Direitos de Conteúdos no Sistema Brasileiro de TV Digital, responsável pela avaliação do modelo brasileiro". Para ele, se forem permitidas cópias em alta definição, haverá o caos, o aniquilamento da capacidade criativa nacional, fomento à violação dos direitos de propriedade intelectual etc. Porém, a posição da Abert, de que nenhuma cópia pudesse ser feita, acabou sendo a vencedora.

Enquanto isso, menos ainda se falava sobre o rádio digital. Reportagem do jornal *O Globo* de 30 julho de 2007 dava como certo que as transmissões digitais começariam ainda naquele ano em diversas capitais, o que não ocorreu, diga-se, até hoje. A reportagem tinha como fonte o ministro Hélio Costa, que informava que ainda naquela semana o governo decidiria o modelo digital para o rádio, e o decreto presidencial seria assinado em setembro daquele ano – o que também não ocorreu. A reportagem dizia que ainda em 2007 o consumidor poderia ouvir uma estação FM com qualidade de CD e uma estação AM com qualidade de FM, além de se beneficiar da multiprogramação, uma vez que cada emissora teria à sua disposição quatro canais – ou seja, já dando como certo que os novos canais iriam para as emissoras já existentes, em vez de ir para novos concessionários.

A matéria informava, ainda, que o Governo Federal e o setor privado estimavam que o sistema digital movimentasse mais de R$ 100 bilhões em 10 anos, "valor equivalente à metade esperada para a TV digital. A conta abrange tanto a transmissão em si quanto o comércio de aparelhos" (Oliveira; Batista, *O Globo*, 2007). Ou seja, a estimativa para a movimentação de dinheiro em torno da TV digital era de mais de R$ 200 bilhões no período de transição do analógico para o novo sistema. Já o ministro Hélio Costa disse em entrevista poucos meses depois, em 25 de novembro daquele ano, que "só a produção dos conversores pode movimentar R$ 9 bilhões em três anos. Os televisores que começam a ser preparados para a TV digital e para a alta definição vão movimentar bilhões de reais nos próximos dez anos. Temos um cálculo não muito científico de que podemos movimentar cerca de R$ 100 bilhões" (Tavares; França, *O Globo*, 2007). Os leitores do jornal *O Globo* não ficaram sabendo o que ocorreu em relação ao rádio naquela semana, nem nas próximas. O tema só voltou às páginas no mesmo 25 de novembro da reportagem citada, com Costa marcando a definição para um mês depois, mas até o momento não houve definição alguma.

A exemplo do que aconteceu com a imaginada fábrica de semicondutores, *O Globo* também exibiu em suas páginas outra espécie de novela: as matérias do jornal sobre o preço do conversor começaram em 2 de fevereiro de 2006, sob o título "Conversor digital pode custar R$ 50", e se intensificaram em 2007. Foram tantas as declarações animadoras em relação ao preço e à possibilidade de subsídio, sem que qualquer ação concreta fosse tomada, que as reportagens que as divulgam parecem mais querer tomar o espaço para o tema apenas com essa questão (que, obviamente, tem sua importância) e deixar de tratar de outras, como o marco regulatório para a TV digital, que poderia ainda trazer alguma democratização para o setor. Nessa novela, Hélio Costa ora afirmava estar em queda de braço com os fabricantes, ora criticava a falta de uma política industrial no setor, como se não fosse parte do governo.

Em 2008, continuava a sequência de matérias no jornal *O Globo* sobre o preço do conversor. Uma delas, de 30 de janeiro de 2008, informava que o ministro Hélio Costa disse que o preço do conversor no Rio de Janeiro, dali a um mês, seria 45% mais baixo que o daquele momento em São Paulo, de R$ 420 em média. Isso porque, afirmou, ele estava vencendo a queda de braço com os fabricantes. Além disso, o ministro afirmou que a Samsung lançaria nos próximos 30 dias um celular GSM para captar TV digital.

Em 25 de novembro de 2007, às vésperas do início das transmissões digitais em São Paulo, o caderno de Economia do jornal *O Globo* publicou cinco páginas de reportagens sobre o tema. A matéria principal mostrava a expectativa de que a interatividade começasse em julho de 2008 – o que não ocorreu; informava que o Banco do Brasil abriria uma linha de financiamento para a compra de conversores; e que o Sistema Brasileiro de Televisão (SBT) tinha sido a primeira emissora a ter financiamento aprovado (em abril daquele ano) no Programa de Apoio à Implementação do Sistema Brasileiro de TV Digital Terrestre (PROTVD), criado em fevereiro daquele ano pelo BNDES. O financiamento do SBT foi de R$ 9,2 milhões.

Enquanto isso, consumidores, já de algum tempo, vinham comprando aparelhos de TV de alta definição (ou mesmo HD ready, com 720 linhas, que levavam para casa achando que era full HD) acreditando que estavam prontos para receber o sinal de TV digital. Uma das reportagens citadas mostrou um dos casos: "No início do mês, Roberto Saldanha comprou uma televisão de LCD de 32" por R$ 2.630. E achou que estava levando para casa um aparelho já pronto para a era digital: – Não pensei que fosse necessário um conversor. Há muita desinformação nas lojas" (D'ercole et al., *O Globo*, 2007).

Desinformação nas lojas já é ruim o suficiente, mas se o consumidor tivesse sido, ao longo do processo da TV digital, devidamente informado sobre o tema pelas próprias emissoras de TV e demais meios de comunicação, ele já saberia o que comprar. Foi apenas em 12 de novembro de 2008 que *O Globo* trouxe reportagem com técnicos e defensores do consumidor explicando os melhores equipamentos que o telespectador poderia comprar para usufruir da TV digital.

Ainda no grupo de matérias preparatórias para o início da TV digital do caderno de Economia de 25 novembro de 2007, um guia de compras informava que o conversor Aiko iria custar R$ 999, os modelos Positivo, já à venda na Super Casas Bahia (única loja vendendo conversores), em São Paulo, custavam R$ 499 e R$ 699, e o da Gradiente custaria R$ 799. Outras redes de lojas anunciavam para breve a chegada dos conversores, mas no Rio de Janeiro eles só estariam disponíveis em 2008.

Outra reportagem mostrava que o conteúdo em alta definição no momento do início da TV digital seria pouco: apenas as novelas "Duas caras", da TV Globo, e "Dance, dance, dance", da Bandeirantes.

> Na Rede Globo, os próximos passos serão as exibições de alguns jogos de futebol e filmes em HD.
> – A transição para a alta definição será gradual, mas a Globo já vem se equipando para isso desde 1998. O estúdio 3 da sede de São Paulo, onde são gravados os programas de Jô Soares, Serginho Groisman e Fausto Silva, já está preparado para HD – diz Carlos Fini, gerente de Tecnologia e Manutenção da emissora.
> No dia 2, o SBT planeja exibir o filme épico "Alexandre" no horário nobre. Diretor de Engenharia do SBT, Roberto Franco diz não revelar outros planos por questões estratégicas.
> – O SBT vai investir em alta definição e mobilidade desde o início [...] – promete.
> A Record exibirá filmes em HD na sessão "Tela máxima" aos domingos, às 22h, a partir do dia 2. [...] A segunda temporada de "Troca de família", prevista para janeiro, também será em alta definição.
> Já a Bandeirantes promete que em janeiro todas as suas atrações do horário nobre, das 18h à 1h, estarão em HD. (Fernandes, *O Globo*, 2007)

O caderno fechava as páginas dedicadas à TV digital com uma entrevista pingue-pongue com o ministro das Comunicações. Nela, Hélio Costa voltava a reclamar dos preços dos conversores e respondia à reclamação das indústrias de que o governo não reduziu impostos dos conversores:

> Não é verdade. As empresas do Polo de Manaus têm todo o benefício da Lei de Informática, com 85% de reduções fiscais e, evidentemente, desoneração do ISS e ICMS no Amazonas. Não é por essa razão que elas estão fazendo isso. As empresas que estão lá, quem são? Samsung, Sony, Phillips, as empresas europeias. Elas não têm interesse em fazer caixinhas, mas em fazer LCD, TV de 46 polegadas, de 32 polegadas. (Tavares, *O Globo*, 2007b)

Enquanto isso, o movimento popular fazia, desde 5 de outubro, uma campanha tentando informar ao público que concessões de emissoras com grande audiência estavam vencendo naquele dia – ou seja, as emissoras não teriam mais autorização para funcionar e, em tese, deveriam sair do ar até que uma nova concessão fosse dada, desde que constatado que essas emissoras estavam atendendo ao interesse público definido em lei. A Campanha por Democracia e Transparência nas Concessões de Rádio e TV reunia CUT, MST, UNE, Marcha Mundial das Mulheres, entre outros, e movimentos da área de comunicação, como o Intervozes e a Campanha pela Ética na TV. Este movimento não aparecia nas páginas do jornal *O Globo* ou nas emissoras de TV. Na revista *Informativo Intervozes* de novembro de 2007, a primeira reportagem destacava que nem todo mundo sabia que as emissoras de rádio e TV abertas eram concessões públicas, e que, em tese, elas estavam na mesma categoria que os serviços de energia elétrica, de navegação aérea, de transporte ferroviário e rodoviário etc., mas sem sofrer a mesma fiscalização.

A reportagem continua afirmando que é comum emissoras promoverem a criminalização dos movimentos sociais e discriminar mulheres, negros, indígenas, homossexuais, deficientes, idosos, algumas religiões e s sociais, sem que a sociedade possa se proteger. O movimento pedia, então, um processo de concessão e renovação de outorgas transparente (o público não tinha acesso aos contratos), fiscalizado pelo poder público e com a participação da sociedade no debate. Segundo a matéria, há "emissoras em funcionamento com outorgas que já venceram há quase 20 anos", além de deputados e senadores controlando emissoras, embora a Constituição proíba, entre outras irregularidades. A causa de tudo isso, diz o *Informativo*, é que brechas legais e a ausência de regulamentação das obrigações das emissoras impedem a aplicação do que diz a Constituição. "Para piorar, impera no Brasil a histórica promiscuidade entre governos, parlamento e empresários de radiodifusão. Não é à toa que nunca uma outorga de rádio ou TV deixou de ser renovada no Brasil" (p. 4).

No mesmo boletim, a reportagem "Uma história de apropriação do público pelo privado" (2007:7), tratando das outorgas, comenta:

> Além disso, o cargo mais alto do Ministério das Comunicações é ocupado por um senador e ex-funcionário da Globo, notadamente defensor de interesses dos empresários de radiodifusores [*sic*]. Ele mesmo, dono de uma rádio em Barbacena (MG) e, portanto, violador do princípio constitucional que proíbe que parlamentares possuam canais de rádio e TV. Foi também Hélio Costa o maestro da implementação da TV digital no Brasil, que escandalosamente beneficiou os interesses

> das emissoras de TV, escolhendo o padrão japonês e dando gratuitamente [*sic*] às atuais emissoras de televisão um outro canal para a exibição digital. Essa última decisão está sendo questionada na Justiça por meio de uma Ação Direta de Inconstitucionalidade no Superior Tribunal Federal. Mais recentemente, o Ministério das Comunicações convocou os concessionários para recadastrarem as informações de suas empresas. A portaria, publicada no dia 13 de agosto, deu 60 dias para que emissoras de rádio e TV passem para o Ministério dados como a composição societária das organizações. O que parece ser um ato de controle do Executivo só reforça, mais uma vez, a total falta de conhecimento do governo em relação à utilização das concessões. Por lei, qualquer mudança no quadro societário e contrato social das empresas deveria ser solicitada previamente ao Ministério. Pelo visto, não foram.

Em 2 de dezembro de 2007, o caderno de Economia do jornal *O Globo* trazia quatro páginas de reportagens para anunciar o início das transmissões digitais naquele dia em São Paulo. A reportagem principal informava que seis emissoras (Globo, Band, Rede TV!, SBT, Record e TV Cultura de São Paulo) entrariam em rede nacional às 20h30 com pronunciamentos do presidente Lula, do ministro das Comunicações, Hélio Costa, e da ministra-chefe da Casa Civil, Dilma Rousseff, e um clipe de lançamento da TV digital. A matéria citava três problemas: consumidores não estavam comprando os conversores por causa do preço alto; o Ginga ainda não estava disponível nos conversores; e celulares que possibilitariam assistir à TV digital gratuitamente ainda não estavam disponíveis. E dizia, ainda, que a TV digital chegaria ao Rio de Janeiro em abril ou maio do ano seguinte com esses problemas praticamente superados.

A reportagem informava que haveria uma festa de lançamento para 1.200 convidados, começando às 20h, com âncoras das seis redes apresentando um "telejornal" sobre TV digital; discursos dos presidentes da Associação Brasileira das Emissoras de Rádio e TV (Abert), Daniel Slaviero, da Associação Brasileira de Radiodifusores (Abra), Johnny Saad, e do Fórum do Sistema Brasileiro de TV Digital (Fórum SBTVD), Roberto Franco. Ao lado da matéria havia um quadro com perguntas e respostas sobre as mudanças na TV.

Outra das reportagens informava os programas que as emissoras iriam transmitir naquele dia em HD: na Globo, quadros do Fantástico e um filme; na Band, um jogo, o programa Raul Gil e um especial do tenor Andréa Bocelli; na Rede TV!, o Pânico na TV; no SBT e na Record, um filme cada. Ainda outra matéria informava que havia poucos conversores à venda nas lojas (que diziam ter encomendado mais), e que algumas localidades da Grande São Paulo, como áreas de São Bernardo e Santo André, não estavam recebendo o sinal digital. A última página dedicada à TV digital mostrava um quadro com a evolução da TV no tempo e uma entrevista com o ator Lima Duarte, presente na inauguração da televisão no Brasil, e que dizia achar que a TV digital "só vai pegar mesmo daqui a uns dois ou três anos".

A expectativa citada pelo jornal de que o presidente Lula anunciaria algum incentivo à indústria para baratear os conversores aconteceu, mas não com isenção tributária, como fora previsto. O noticiário do dia 3 de dezembro informava que o presidente Lula anunciara uma linha de crédito de R$ 1 bilhão do BNDES para o comércio e a indústria, com condições bastante favoráveis. A linha vinha se somar a outra de igual valor do BNDES, o Programa de Apoio à Implementação do Sistema Brasileiro de TV Digital Terrestre (PROTVD), lançado em fevereiro. Já reportagem do jornal *O Globo* do dia seguinte esclarecia, tendo como fonte o BNDES, que não eram duas linhas de R$ 1 bilhão, e, sim, a mesma linha anunciada em fevereiro, à qual os varejistas poderiam ter acesso. Os juros do empréstimo seriam tão menores quanto menores fossem os juros cobrados pelas lojas ao consumidor.

Todo o esquema previsto para a inauguração funcionou. O ministro Hélio Costa voltou a dizer que o preço dos conversores iria cair e elogiou o Ginga. A reportagem trazia, ainda, o presidente da ToTVs, Laércio Consentino, dizendo que era uma das empresas que iriam fabricar o Ginga. Ele disse que o *software* seria habilitado no primeiro semestre de 2008, e o custo do Ginga por conversor seria de R$ 5.

A reportagem dizia, também, que, embora tivesse assento no Fórum do SBTVD, a TV Gazeta não fora convidada para a festa de lançamento, e se declarou indignada. Na página seguinte, outra matéria tratava de mudanças no comportamento dos telespectadores quando a interatividade começasse, com base em pesquisas da PUC-Rio com telespectadores. Há ainda um boxe com texto-legenda mostrando uma família assistindo à TV decepcionada com o fato de os discursos de inauguração terem vindo com sinal analógico.

Em janeiro de 2008, São Paulo assistia, em alta definição, à novela "Duas caras", ao Campeonato Paulista e também a alguns quadros do "Fantástico" e a determinados filmes na TV Globo. A Rede Record transmitia em HD a faixa de filmes "Tela máxima", aos domingos. A Rede TV! era a única emissora com programação própria 100% digital, porém os programas de produtoras independentes continuavam analógicos. A Band transmitia em alta definição os telejornais e a novela "Dance dance dance", além do programa Bandsports.

Reportagem do jornal *O Globo* de 17 de fevereiro de 2008 dava conta de que, dois meses depois do lançamento do sistema de TV digital na cidade de São Paulo, a adesão dos telespectadores à nova tecnologia ainda era muito pequena, citava especialistas que apontavam como causa os altos preços dos conversores e a indústria, a qual colocava como culpado o ministro Hélio Costa, que havia recomendado aos consumidores esperar os preços caírem para comprar. O presidente do Fórum do SBTVD, Roberto Franco (também diretor do SBT), informava que 10 emissoras no Brasil já transmitiam digitalmente.

2.4. A concorrência de outras mídias digitais

Uma das grandes expectativas dos defensores da democratização das comunicações para a TV digital era a inclusão digital do povo brasileiro via televisão, que estava nas casas de praticamente todos. Marcar consulta no SUS ou fazer testes de saúde via televisão, por exemplo, para quem não tinha internet, seria um grande avanço. Com o atraso da interatividade na TV, e a internet, mídia interativa por excelência, começando a se espalhar (embora ainda muito distante da universalização da TV), muitos interessados no tema começaram a se fazer a seguinte pergunta: não vai acabar sendo irrelevante a interatividade na TV digital?

Do ponto de vista da inclusão digital, a opção de a internet se disseminar pela população seria muito positiva. Com praticamente toda a população tendo acesso à internet, não haveria necessidade de TV digital interativa. Mas ainda havia outra opção: a internet chegar a boa parte da população, mas não à maioria, deixando os mais pobres de fora. A TV digital seria a saída para estes; porém, se a televisão perdesse verba publicitária, dificilmente decidiria investir na inclusão digital, uma vez que não há regulação que obrigue as emissoras a isso. Alguns dados apontam para os caminhos que o país estava tomando naquele ano 2008. A Pesquisa Nacional por Amostra de Domicílios (Pnad) do IBGE de 2008 (divulgada em setembro de 2009) mostrou um crescimento de 21,4% no número de casas com computador e de 22,5% no de casas com celular. A tabela a seguir mostra o acesso dos domicílios brasileiros a bens duráveis:

ACESSO A BENS	
Telefone	82,1%
Somente celular	37,6%
Fogão	98,2%
Geladeira	92,1%
Máquina de lavar roupa	41,5%
Rádio	88,9%
Televisão	95,1%
Computador	31,2%
Computador com internet	23,8%

Fonte: IBGE – Pnad, 2008.

A luz elétrica chegava, em 2008, a 98,6% das casas. No estado do Rio de Janeiro, a televisão estava em 98,4% das residências e o computador, em 40,9%, de acordo com reportagem do jornal *O Globo* sobre o Pnad, de 20 de setembro de 2009. O IBGE divulgou em seguida novo cruzamento de dados da Pnad, publicado pelo *Globo* em 12 de dezembro de 2009, tratando da população, em vez dos domicílios. O instituto informou que 53,8% dos brasileiros com mais de 10 anos de idade tinham celular (86 milhões de pessoas, um salto de 54,9% em relação a 2005). Em relação à internet, 56 milhões de pessoas tinham acesso, representando 34,8% da população. Destas, 57,1% acessavam de casa, 35,2%, de *lan houses*, e 31%, do trabalho. Oitenta e dois por cento das conexões já eram por banda larga.

Apesar de uma minoria da população possuir internet em casa, informavam os dados, parte dos que não tinham podia acessá-la do trabalho ou de *lan houses*. O rápido crescimento dessas casas que alugam tempo em computadores conectados à rede por preços acessíveis foi permitindo um aumento do acesso a ela por brasileiros de baixa renda. Os dados do IBGE mostravam um crescimento de mídias que poderiam ser complementares, mas também concorrentes da TV digital: a internet e o celular, que já de algum tempo era considerado mídia digital, e não apenas o meio de comunicação ponto a ponto com a função de telefone móvel.

Em 13 de fevereiro de 2008, reportagem do jornal *O Globo* informava que, na semana anterior, a Abrafix, entidade que reunia Telefônica, Oi, Brasil Telecom, Sercomtel e CTBC, tinha entregado à Anatel um documento que, entre outras coisas, pedia a liberação da produção de conteúdo pelas telefônicas (as quais, por lei, não podiam oferecer serviços de TV a cabo em sua área de atuação, e estrangeiros não podiam ter mais que 49,9% de empresas de TV a cabo), com o objetivo de aproveitar a rede de fibra ótica (ADSL) instalada no país para serviço de TV por assinatura, o IPTV. E citava declaração do presidente da associação, José Pauletti: "A gente quer oferecer o serviço de TV por assinatura por qualquer tecnologia, cabo, TV por satélite, o que for mais conveniente, econômico" (Rosa; Tavares, *O Globo*, 2008). A reportagem dizia que havia projetos-piloto, como a oferta de vídeo *on demand* pela Brasil Telecom e um contrato de infraestrutura de IPTV entre Oi e Nokia Siemens. Em outra reportagem da mesma edição, esta de pé de página, o presidente da consultoria Teleco, Eduardo Tude, explicava que a telefonia sem barreiras já era realidade na Europa e, na prática, nos Estados Unidos, onde as restrições foram revistas à medida que avançava a convergência tecnológica. Segundo ele, já havia países, como Inglaterra, Índia e Argentina, onde as licenças eram únicas para prestar qualquer serviço.

A chegada da TV digital ao celular em abril foi anunciada em 10 de março de 2008 por reportagem do caderno Info Etc. do *Globo*. Os produtos citados eram dois modelos da Vivo – um da Samsung e outro da Semp Toshiba, com antena e receptor interno que permitiam assistir à TV aberta em tempo real, gratuitamente, mas ainda sem interatividade. Na mesma edição, outra reportagem informava, ainda, que o ministro Hélio Costa e uma comitiva de brasileiros e japoneses estavam indo para o Chile apresentar o SBTVD. O país anunciaria naquele mês sua escolha de modelo. Na matéria principal do caderno de Economia desse dia, a Abert comentava que as emissoras estavam acelerando a entrada em operação da TV digital para aproveitar os incentivos fiscais da importação de transmissores, que acabavam em dezembro de 2008.

A integração entre TV e computador dava mais um passo em 13 de março de 2008, "quando a TiVo, empresa pioneira em gravação digital em vídeo dos EUA, anunciou um acordo com o YouTube que fornecerá milhões de vídeos da *web* direto para as telas de TV".[15] A reportagem lembrava que a Apple já tinha a Apple TV, com funções similares. Os clipes do YouTube seriam transmitidos por banda larga, chegando à TV via caixinha da TiVo.

Em 4 de abril, a coluna Negócios & Cia. do jornal *O Globo* informava que a Proderj, estatal fluminense da tecnologia, estava montando com a PUC-Rio e a Secretaria de Saúde um programa com informações sobre a dengue e a rede de hospitais e postos do estado com o objetivo de veiculá-lo na TV digital. Haveria um ícone para interatividade por controle remoto. O presidente do Proderj, Paulo Coelho, esperava "sensibilizar autoridades e fabricantes a produzirem caixas de conversão da TV digital com recursos de interatividade" (Oliveira, *O Globo*, 2008). Os criadores do Ginga se movimentavam para transformá-lo em algo útil na prática para os telespectadores/cidadãos, como no exemplo citado. Enquanto isso, o Governo Federal firmou, em abril de 2008, um compromisso com as operadoras de telefonia fixa para garantir às escolas de ensinos médio e fundamental urbanas do país conexão gratuita à internet em alta velocidade até 2025. O governo também finalizava um programa com as operadoras de celular para conectar as 90 mil escolas rurais do país. O ministro Hélio Costa defendeu a mudança na Lei Geral de Telecomunicações para liberar recursos do Fundo de Universalização dos Serviços de Telecomunicações (Fust) para o programa, de acordo com reportagem de 9 de abril de 2008.

No mesmo dia, uma espremida reportagem de apenas uma coluna e quatro parágrafos no jornal *O Globo* informava que a Rede TV! havia iniciado na véspera a transmissão digital no Rio de Janeiro. Era sabido por quem acompanhava o tema que a Rede TV! sempre estivera bastante adiantada no processo de digitalização, por ser uma emissora mais nova que, ao se equipar, já fora comprando equipamentos digitais. O evento foi minimizado pelo jornal ao dar tão pouco espaço a ele. Dos quatro parágrafos, apenas dois tratavam da Rede TV!, informando que a emissora investira US$ 20 milhões em equipamentos e transmissores, 100% da grade já estaria na nova tecnologia (um feito, comparando-se com as demais emissoras) e que dois dias antes já haviam começado as transmissões digitais em Belo Horizonte.

15 Vídeos do YouTube estarão em breve nas TVs. *O Globo*, p. 25, 14 mar. 2008.

Os demais parágrafos diziam que a Globo já estava transmitindo em caráter experimental, e "a estreia está prevista para o fim de maio" (Rosa; Antunes, *O Globo*, 2008) – adiando, sem mais explicações, a data prevista e alardeada de 20 de abril; que o SBT começaria as transmissões entre setembro e outubro (tendo investido US$ 5 milhões inicialmente), e a Record começaria a transmitir em fim de junho, tendo investido R$ 300 milhões. A Record, principal rival da Globo na disputa por audiência, apesar de começar antes e ter investido mais que o SBT, foi deixada para o pé da matéria.

Foi apenas em 15 de junho de 2008, um domingo, que o jornal *O Globo* anunciou, em uma página e meia, que a TV Globo transmitiria digitalmente para o Rio de Janeiro a partir do dia seguinte, começando com a novela "A favorita" e seguindo com o restante da grade de programação (em Belo Horizonte, a Rede TV! tinha começado a transmissão digital em 7 de abril, e a Globo, em 25 de abril). Ao tratar dos preços dos conversores (conforme já relatado), a matéria informou que nenhum dos conversores disponíveis naquele momento tinha Ginga, e não havia data prevista para o início da interatividade.

Naquele momento, a Positivo Informática, fabricante de conversor, estimava que a cidade de São Paulo teria no máximo 20 mil conversores, enquanto o vice-presidente do Fórum do Sistema Brasileiro de TV Digital, Moris Arditti, acreditava que havia o dobro, reconhecendo que o processo era lento. Mota (2009:231), citando reportagem da *Folha On Line*, informou que isso correspondia a menos de 1% da audiência local do Ibope.

Nem todos os programas transmitidos digitalmente pela TV Globo seriam em alta definição; a maioria ainda era em definição padrão (*standard*), assim como na Band, que anunciou as transmissões digitais para o Rio das Olimpíadas de Pequim. Na festa da estreia da Globo do Rio na era digital, o ministro Hélio Costa disse que iria acontecer no Brasil o mesmo que no Japão, onde "as audiências das emissoras aumentaram sensivelmente em horários diurnos" (Rosa; Ordoñez, *O Globo*, 2008). O diretor-geral da TV Globo, Otávio Florisbal, afirmou que, se houvesse preços adequados, a audiência subiria com a possibilidade de ver TV em dispositivos móveis, no trânsito, por exemplo.

A digitalização trouxe, também, dificuldades e adaptações para figurinistas, cenógrafos e outros profissionais, gerando um encarecimento das produções. Com a alta definição, os cuidados com a maquiagem, cenários e figurino tiveram de aumentar. O *pancake*, por exemplo, uma espécie de massa corrida muito usada como base para criar uma pele de pêssego no rosto de atrizes na TV analógica, ficaria muito artificial com o nível de definição da TV digital. Guilherme Pereira, maquiador de novela da TV Bandeirantes, explicava em reportagem do jornal *O Globo* que algumas marcas de cosméticos já fabricavam produtos especialmente para HD, mas os atores teriam de cuidar mais da pele. Na Band, segundo ele, já havia esteticistas fazendo até cauterização de espinha nos atores. Na TV Globo, até os profissionais da lavanderia tiveram palestras sobre o assunto, para não haver roupas amarrotadas. "Antigamente, se um botão caía, podíamos pôr outro de uma cor diferente que ninguém ia reparar – diz (Celso) Araújo (gerente de operações e engenheiro responsável pelo desenvolvimento e aplicação de HD na Rede Globo). – Agora não será mais possível" (Machado, *O Globo*, 2007).

Reportagem de capa da Revista da TV, do *Globo*, em 13 de julho de 2008, trazia mais informações sobre o "Universo de detalhes" que complicava e encarecia a produção na era HD – a mesma revista que jamais abriu suas páginas para discussões em torno do modelo de TV digital, diga-se. A repórter acompanhou por um dia a produção do seriado "A grande família", e constatou que, com o HD, o fundo de cena, que antes aparecia desfocado, agora também fica nítido, e detalhes como quadros, vasos e outros enfeites se destacam mais. "Uma cabeça de prego mais para fora salta aos olhos. Qualquer tipo de brilho, por menor que seja, estoura a luz" (Mousse, *O Globo*, 2008), informava a repórter Simone Mousse. A cenógrafa do programa, Luciane Nicolino, explicava a necessidade de uma junção precisa do papel de parede estampado, para não dar diferença; que o branco passou a ser proibido, porque absorve mais luz e abre o contraste, então foi preciso passar a usar cinza-claro e bege para parecer branco; e na hora de desmontar o cenário a embalagem dos móveis é feita com cuidado extra, porque qualquer arranhão agora aparece.

No figurino, os tecidos não podem ter linhas aparentes, e muitas roupas são feitas com tecidos de estofar, que são mais encorpados, sempre evitando brilhos. Bigodes falsos e perucas podem brilhar demais se os fios forem sintéticos. O diretor de "A grande família", Maurício Farias, explicou que quando começou, nos anos 1980, tudo era *close*, e isso muda muito com o HD:

> A imagem de fundo não era nítida, então os diretores não abriam o plano, porque perdia a força. Agora tudo aparece, há mais possibi-

> lidades de câmera. Para o programa foi ótimo, porque posso botar todos os atores no mesmo quadro. Mas ainda há obstáculos. O HD é excepcional para o realismo. Mas nós fazemos ficção, não realidade. Então é preciso adaptar o HD para a TV. (Mousse, *O Globo*, 2008)

No âmbito da TV por assinatura, outro concorrente da TV aberta (digital ou analógica) por audiência, a Net havia começado, em 6 de maio de 2008, a transmitir em alta definição, lançando o conversor Net digital HD Max. Ele incluía serviços como gravação de conteúdo (sem possibilidade de reprodução) e seleção de programas em pastas personalizadas.

A Globosat criou para o Rio de Janeiro um canal especial 100% HD, com seis horas de programação diária, de 20h às 2h, reprisada em outros horários, com filmes, apresentações musicais, jogos de futebol e programas de variedade, vindos dos canais Multishow, GNT, Telecine e Sportv. O conversor custava R$ 799 em 10 prestações. Com ele, o assinante não precisaria comprar conversor para a TV digital aberta, pois os canais abertos já eram distribuídos pela Net (Rosa, *O Globo*, 2008). Em junho, a Net anunciou que tinha feito parceria com Bandeirantes, Rede TV!, MTV e TV Globo para exibir os conteúdos em alta definição. Naquele momento, a previsão era de que a TVA lançaria seu decodificador HD no segundo semestre, e a Sky/DirecTV, no início de 2009 (Tavares, Rosa, *O Globo*, 2008).

Na Net, com interatividade local, tornou-se possível pressionar o botão "info" do controle remoto para saber nome e outros dados do programa que estava sendo exibido no momento, e também acessar um *menu* com a programação de todo o dia de cada canal. No "Big Brother Brasil", em janeiro de 2010, era possível, para quem assinasse o *pay-per-view*, acompanhar notícias atualizadas, conhecer o histórico de cada integrante do programa, participar de enquetes e ter acesso a todos os resultados. Ou seja, entretenimento para os fãs do programa, mas nada que melhorasse de forma substancial a vida do cidadão. As outras opções para interatividade na Net em janeiro de 2010 eram as seguintes: Climatempo (com a previsão do tempo para a cidade no dia), Esotérico (com uma mensagem de autoajuda), Destaques (com o que a Net quisesse destacar, por exemplo, a venda do *pay-per-view* do "Big Brother Brasil" 10), Vendas Net (para comprar pelo *pay-per-view* jogos de futebol, Cartoon Games e canais adultos – eufemismo para pornôs), TV Games (com as opções de jogos Come-come, Muro, Serpentix e Bloquis),

Futebol (tabelas de jogos, classificação e horários de transmissão) e Música (30 canais de música com áudio digital).

Na Sky, quem tinha recursos de interatividade poderia escolher o programa que queria assistir por gênero. E no Mosaico iTV havia as seguintes opções de interatividade a partir do controle remoto: Sky Games (com Batalha Naval, Paciência, Damas, Campo Minado, Black Jack, Vídeo Pocker, Sudoku, Forca, Sokoban e Dominó), Esotérico (com horóscopo, tarô – "mentalize uma pergunta e escolha uma carta do baralho"; numerologia – inserir a data de nascimento e a data da consulta; e sinastria – inserir seu signo e o signo do parceiro para ver se são compatíveis), Fórmula 1 (notícias em texto, tabelas com *ranking* e calendário), Futebol na Sky (classificação e tabelas), Sky Compra Rápida (para *pay-per-view* e mudança de pacote), Minha Conta (extrato, débito automático, boleto bancário e pacotes de programação), Loterias (resultados das loterias), pacotes de programação (definição dos pacotes). O canal de retorno para interações como na Minha Conta, em que é preciso entrar com o CPF do assinante para receber informações sobre o pagamento à Sky, é pela linha telefônica. O assinante recebe da Sky um cabo para ligar na linha de telefone fixo, caso deseje.

Naquele momento, os preços dos pacotes em alta definição, com direito à gravação, eram os seguintes: na Net, três pacotes entre R$ 159,90 e R$ 244,90 por mês; na Sky, dois pacotes por R$ 229,90 e R$ 253,90. Já no primeiro semestre de 2011, a Net lançava o Now, serviço de vídeos (filmes e programas) e música sob demanda para os assinantes, via controle remoto.

Em 7 dezembro de 2008, reportagem do jornal *O Globo* informava que a TV digital aberta chegaria em poucos dias a Salvador e Campinas; que o ministro Hélio Costa pretendia negociar com o BNDES uma linha de financiamento e com o governo redução de impostos para a indústria; e que tinha sido assinado no Palácio do Planalto o protocolo para a implantação da rede de TV digital para as televisões públicas, em parceria público-privada e coordenada pela Empresa Brasil de Comunicação (EBC).

2.5. Palestras desvendam intenções do mercado

Em seminários e congressos, representantes das emissoras – a princípio, sempre da área técnica e, mais tarde, também em cargos de direção geral – mostravam que seu interesse na TV digital era mais comercial do que qualquer outra coisa, e alguns chegavam a dizer explicitamente que, se pudessem, não haveria digitalização, para não tumultuar seu mercado. Fernando Bittencourt, diretor da Central Globo de Engenharia, afirmou em congresso em agosto de 2008 que não via sentido na multiprogramação (dividir o canal em quatro programas diferentes ou enviar diferentes tipos de programas para TV e celular), porque o dinheiro para a produção de programas era o mesmo, e "não faz muito sentido gastar para produzir mais. Quem fizer isso vai estar competindo com o mesmo mercado que existe hoje. O modelo de publicidade não vai mudar por ser multiprogramação". Tentando enterrar de vez a ideia da multiprogramação, o diretor da Central Globo de Engenharia afirmou que "abrir mão da alta definição é fatal".

Reportagem do jornal *O Globo* de novembro de 2007 já registrara essa opinião de Bittencourt:

> A multiprogramação [...] é vista com desconfiança. Segundo as emissoras, seu modelo de negócio, calcado em venda de publicidade, não suportaria o aumento dos custos de produção.
> – Para transmitir mais de um programa de cada vez, tem que aumentar o número de produções. E onde está o dinheiro para isso? – indaga Fernando Bittencourt, diretor de Engenharia da Globo. (Fernandes, *O Globo*, 2007)

A divisão do espectro de frequências poderia servir, além da multiprogramação feita por uma emissora, para que novos canais fossem criados, com novos donos. A Rede Globo e demais emissoras não queriam nem mesmo que novos canais fossem criados com os mesmos donos, cada emissora analógica sendo dona dos quatro canais digitais ou mais possíveis na sua banda de frequência, quanto mais novos concorrentes. Preferiam defender a alta definição e usá-la como desculpa para manter o antigo limite técnico do VHF de sete canais em cada localidade. Como diz Gorz:

> Sempre se trata de contornar temporariamente, quando possível, a lei do mercado. Sempre se trata de transformar a abundância "ameaçadora" em uma nova forma de escassez, e com esse objetivo conferir às mercadorias o valor incomparável, imensurável, particular e único de obras de arte, que não possuem equivalente e podem ser postas à venda a preços exorbitantes. Prefere-se a criação artificial de escassez

> à criação da maior prosperidade geral possível. A primeira permite o melhor aproveitamento do capital. (Gorz, 2005:11)

A partir de Renato Ortiz, em livro escrito em 1988, podemos ver que a lógica das Organizações Globo permanece a mesma de tempos atrás:

> Baseada na ideia de venda e de eficiência, a ideologia dos dirigentes da indústria cultural tende a afastar qualquer problemática que interfira na racionalidade da empresa. Como afirma um intelectual da Rede Globo de Televisão, ao fazer o balanço das conquistas de comercialização da empresa: "É um fato que a mídia se tornou menos política e centrada agora na eficiência. Isto a Rede Globo proporcionou ao mercado: procura a Globo quem precisa de resultados e respostas comerciais". (Ortiz, 2001:152)

É o que ela continua fazendo hoje. Baseada nessa dita racionalidade, basicamente financeira, foge a qualquer preço de qualquer mudança que aumente seus custos sem trazer mais lucro. Gilberto Dupas mostra que a questão de eficiência na pós-modernidade está acima dos valores e da moral. "No mundo pós-moderno, as técnicas obedecem ao princípio de otimização das *performances*. [...] O objetivo não é o verdadeiro, ou o justo, ou o belo, mas simplesmente o mais eficiente" (2001:116). Eficiência, no caso, para obter o maior lucro possível.

Ainda no congresso sobre TV digital citado, do Instituto de Estudos de Televisão de agosto de 2008, o assessor para Assuntos Internacionais do Ministério das Comunicações, Jeferson Fued Nacif, disse, após sua palestra, que não sabia se o ministério estava estudando propostas de leis ou regulações para a TV digital e acrescentou que a orientação era esperar para ver: "Enquanto aguardamos o desenvolvimento das tecnologias, vamos deixar como está", explicou. Ou seja, nenhuma política pública para o setor, o Ministério das Comunicações preferia deixar o mercado à mercê da lei do mais forte.

Todas as redes de televisão brasileiras se diziam comprometidas com o projeto de TV digital, mas pouco se falava de conteúdo. Nos congressos, seminários e palestras sobre o assunto, eram enviados representantes da engenharia e, em alguns casos, altos executivos, mas ninguém ligado diretamente à produção de conteúdo. Vejamos os representantes das emissoras no congresso do Instituto de Estudos da Televisão (IETV) de agosto de 2008, quadro que pouco ou nada diferia de outros eventos sobre o tema: pela TV Globo, o diretor da Central Globo de Engenharia, Fernando Bittencourt; pela Rede Bandeirantes, o vice-presidente Frederico Nogueira; pela Record, o diretor de Tecnologia, José Marcelo do Amaral; pelo SBT, Alexandre Sano, executivo de Tecnologia.

Naquele 5º Fórum Internacional de TV Digital do IETV, Fernando Bittencourt apresentou pesquisa mostrando que as pessoas estão dedicando mais tempo a assistir vídeos: de 2007 para 2008, caiu o percentual de tempo destinado à TV em relação a outros meios, mas em número de horas, segundo ele, o tempo se manteve (o que ele não destacou é que o tempo para internet tinha aumentado). "É o mesmo tempo hoje que há dez anos", garantiu.

Bittencourt disse que existe uma diferença conceitual muito grande entre TV digital terrestre e o que ele chamou de Telco TV (a TV por celular, por exemplo): "A mídia de telecomunicações tem um custo para a audiência. Quanto maior a audiência, maior o custo para quem está gerando. Quanto mais pessoas conectadas na internet, IPTV, maior o custo. E tem limite. Na TV aberta o custo não tem diferença", afirmou. Para o diretor da Globo, o modelo que vai ter de surgir na TV digital é o usuário demandar conteúdo, como um *replay* ou um compacto, via rede de telecomumicações, e pagar por ele.

Respondendo à pergunta da plateia sobre quando haveria interatividade plena e o que as emissoras acham disso, Bittencourt explicou que no celular o *middleware* estava definido, e agora começaram as conversas com as companhias de telefonia. "Vai acontecer rápido. Em casa ainda está uma discussão por causa da indefinição no *middleware*, mas teremos a melhor do mundo", garantiu, para logo em seguida ser menos otimista: "É difícil porque [a interatividade] compete com o programa, mas é bom para o telespectador. Assim que tivermos definição do *middleware* vai ter isso, mas é difícil, porque se a interatividade for menos interessante que o programa..." E comentários de dentro da Globo mostram que a interatividade, para ela, ainda era muito incipiente, muito distante. Uma funcionária da emissora, que não quis ser identificada, explicou que "tem que discutir roteiro, como vão atrelar conteúdo com interatividade", lembrando que a engenharia já tinha resolvido há muito tempo a parte tecnológica, e havia naquele momento parcerias com empresas para produzir *softwares* para interatividade. Outra pessoa, de fora da emissora, que trabalhava diretamente com a questão da interatividade, afirmou que "a Globo posa querendo que aconteça a interatividade e, ao mesmo tempo, bloqueia".

Em sua palestra no congresso do IETV, Frederico Nogueira, um dos vice-presidentes da Bandeirantes, começou falando da alta definição, que já estava em todo o jornalismo e novelas das emissoras. Ao tratar da interatividade, mostrou (durante quase todo o tempo dedicado ao assunto) exemplos de vendas pela TV digital. Disse que se medirem quantas pizzas a Band vendeu e quantas o concorrente vendeu a emissora pode levar algo por isso. "O custo de produção deste tipo de anúncio simples é baixo", afirmou. Nogueira, que no fim de 2008 foi eleito presidente do Fórum Brasileiro de TV Digital para o biênio 2009/2010, disse também que o jornalismo não está pensando tanto quanto deveria em fornecer informações de texto, clima etc. Sobre interatividade plena fora dos comerciais, falou apenas na possibilidade de votar em música no programa do Raul Gil. A apresentação nada trouxe de concreto em relação à interatividade. Apenas após uma pergunta mais direta da plateia sobre o assunto Nogueira disse que pensa também que a TV digital interativa pode ser usada para marcação de consultas e declaração do Imposto de Renda. "Todos nós já investimos alguns milhões nesses testes, só temos que esperar as especificações. Isso até pode alterar o ranking de audiência das TVs", afirmou. No entanto, passaram-se anos e esses anúncios não vieram.

Freire Filho lembra que a televisão já consegue receita alternativa, além do *merchandising*, em programas como o "Big Brother Brasil",

> por intermédio da venda da versão 24 horas em *pay-per-view* (condicionada, por sua vez, à compra de algum pacote da Net), da comercialização de espaço publicitário no *site* oficial e no canal Multishow (realizada de forma independente dos contratos fechados pela TV Globo), da participação no montante arrecadado com ligações e mensagens de texto da audiência (por meio de parcerias firmadas com operadoras de telefonia celular e fixa), do licenciamento de produtos, como o jogo para computador Big Brother Brasil, e da venda de roupas, acessórios e utensílios domésticos (camisetas, bonés, bol-

> sas, *nécessaires*, mochila, avental, faqueiro, copo, caneca) com a marca do programa, encontráveis na Loja BBB do *site* oficial. (Freire Filho, 2007:79-80)

Com tantas fontes de receita, por outros meios interativos a partir de um programa de TV aberta, não é de se estranhar o fato de que as emissoras relutem em usar para esse fim (ou para outro qualquer) a interatividade da própria televisão, que pode levar o telespectador que esteja interagindo com o anúncio ou programa a deixar de ver o anúncio seguinte, causando danos ao modelo de negócios das emissoras.

Alexandre Sano, executivo de Tecnologia do SBT, falou um pouco mais que os outros sobre interatividade. Contou que o SBT tinha um grupo de trabalho multidisciplinar focado em interatividade e que faz parcerias com empresas para o desenvolvimento de aplicações. Ele citou, como possibilidades de interação pensadas na emissora, as enquetes do programa "Topa ou não topa", a votação no programa "Astros" (*reality show* musical) e as promoções durante os intervalos. "O mercado vai ditar o que é melhor para a interatividade no Brasil", sentenciou, fazendo parecer que a falta de um marco regulatório voltado para o interesse público faria com que a interatividade fosse usada apenas para aplicações lucrativas para as emissoras.

Sano lembrou, ainda, que a TV digital pode trazer para a TV aberta benefícios como um guia de programação, bloqueio de canais (baseado na classificação indicativa) e a possibilidade de fazer *downloads*. E, como os representantes das outras emissoras, tratou da alta definição, dizendo que o SBT aumentou sua produção em alta definição e que as compras de programas no exterior já levavam isso em conta.

Respondendo à pergunta da plateia sobre interatividade, Sano afirmou que a local vai acontecer em velocidade maior que a plena. "A plena, todos têm interesse, até porque você consegue medir o telespectador, saber seu retorno da programação, o que ele acha", completou. Apesar do interesse declarado, nada de concreto existia ainda. Já o diretor de Tecnologia da Rede Record, José Marcelo do Amaral, foi mais claro, afirmando que era preciso manter certo conservadorismo, e que as iniciativas, naquele momento, estavam indo para a interatividade local. "Tivemos reunião com um banco grande que já imagina fazer transações pela TV digital. Mas temos que ser conservadores, porque temos que ver como vai impactar no vídeo, na tela inteira. O negócio de comprar pizza parece interessante, mas tem que ter um pé no freio para pensar nisso", ponderou o executivo da Record.

O governo já tinha uma linha de crédito para conteúdo de TV digital. No mesmo congresso do IETV, representantes de produtoras de vídeo e de canais por assinatura ficaram intrigados com a apresentação do Banco Nacional de Desenvolvimento Econômico e Social (BNDES), que opera essa linha, porque não ficou nada claro como ela poderia ser útil a um produtor de conteúdo se o objetivo for democratizar, e não concentrar, a produção. O chamado Programa de Apoio à Implementação do Sistema Brasileiro de TV Digital Terrestre (PROTVD) tem um total de R$ 1 bilhão para emprestar até 2013 e se divide em três tipos de financiamento: PROTVD Fornecedor, para desenvolvimento de tecnologia, compra de equipamentos etc., para fabricantes de transmissores e receptores; PROTVD Radiodifusão, destinado às emissoras de TV para construção de infraestrutura digital e de estúdio; e PROTVD Conteúdo, voltado para a produção de conteúdo nacional.

Embora há vários anos os técnicos que dão palestras sobre o assunto já venham dizendo que "agora é a vez do conteúdo", para esse congresso o BNDES enviou um representante do PROTVD responsável pelos financiamentos à indústria eletrônica. Marcelo Goldstein explicou que o financiamento para conteúdo é para emissoras, mas elas têm condições melhores se comprarem conteúdo de produtores independentes. Em conversa informal após a palestra, perguntado sobre para que serve financiamento para produção de conteúdo se a TV não é como o cinema, que vai ter bilheteria depois para pagar pelo empréstimo (programas da TV comercial são normalmente financiados por patrocínio, anunciantes), ele não soube responder, explicando que outra área tratava do conteúdo.

Essa outra área era o Departamento de Cultura do BNDES. A gerente, Patrícia Vieira,[16] contou que nenhuma operação tinha sido aprovada ainda nessa linha. "Quando a empresa entra com o pedido são feitas uma análise e uma classificação da empresa de acordo com os limites de exposição ao risco. São usados, para isso, indicadores financeiros da empresa, como rentabilidade, patrimônio líquido e lucro. E as empresas radiodifusoras que se interessaram não se enquadraram nos critérios", explicou ela.

O PROTVD Conteúdo, de acordo com o BNDES, financia a produção de conteúdo audiovisual brasileiro produzido pelas emissoras para TV no valor

16 Entrevista concedida a mim em dezembro de 2008.

mínimo de R$ 3 milhões e apoia até 60% dos itens financiáveis do projeto, com taxa de TJLP mais 3% ao ano. Além disso, financia, com condições mais favoráveis, a aquisição, por parte das concessionárias, de conteúdo de produtoras independentes. Nesse caso, o financiamento será de até 90% dos itens financiáveis do projeto, com TJLP mais 2% ao ano.

Mas existe outra linha de crédito que as produtoras independentes podem usar para financiar programas interativos. É o ProCult, destinado ao audiovisual como um todo e que pode ser usado também para TV digital. O limite mínimo para empréstimo é de R$ 1 milhão, o que já é pouco para os padrões do BNDES, que, em geral, tem um limite mínimo de R$ 10 milhões nas linhas de financiamento. Isso, na prática, inviabiliza a participação de pequenas produtoras. Patrícia Vieira, porém, explica que a maior parte dos bancos comerciais é credenciada pelo BNDES para emprestar valores mais baixos dessa linha de crédito, cobrando uma taxa além dos juros, a ser negociada com o cliente. E, segundo ela, o ProCult tem regras mais flexíveis de exposição ao risco que o PROTVD. Apesar das aparentes vantagens, nenhuma produtora havia se interessado em usar o empréstimo para produzir conteúdo para TV digital.

O único financiamento que estava tendo saída para conteúdo (duas operações já fechadas) é uma modalidade de ProCult que tem o objetivo de incentivar a entrada de produtoras brasileiras no mercado internacional. Para cada R$ 1 milhão emprestado (o mínimo por operação), o BNDES oferece R$ 750 mil a fundo perdido (por meio da Lei do Audiovisual). Ou seja, o produtor ganha dinheiro para fazer os programas. Mas, para isso, a produtora brasileira precisa ter um projeto em coprodução com uma produtora estrangeira, com, no mínimo, 40% de participação dos brasileiros. E o projeto não precisa ser para TV digital. Não há nessa linha, que parece ser a única interessante para um produtor de conteúdo, nada que incentive o desenvolvimento da produção de conteúdo nacional, muito menos do conteúdo interativo.

Em relação à democratização desse conteúdo, com várias vozes podendo se expressar, coisa que o governo afirmou ser seu interesse na criação da TV Brasil, a palestra de Marcelo Goldstein e a conversa informal posterior, que incluiu duas representantes de canal por assinatura, mostraram que, ao menos no que diz respeito a recursos financeiros que incentivem, o governo não parecia tão preocupado com o tema. Na palestra, Goldstein falou da possibilidade de empréstimos às produtoras com valor mínimo de R$ 1 milhão e já ouviu o protesto de um produtor independente no momento das perguntas da plateia. Na conversa após as palestras, ouvindo o mesmo protesto e que apenas um par de produtoras seria capaz de pegar empréstimos desse valor, ele disse que é melhor ter poucas grandes do que muitas pequenas. Esse tipo de análise parece puramente financeiro, pensando na operacionalização do empréstimo, e não na democratização e diversificação do conteúdo que essa pulverização pode trazer.

Gustavo Gindre, do Coletivo Intervozes, afirmou que esse financiamento do BNDES havia tornado o acordo Brasil-Japão para TV digital ilegal:

> Porque a Constituição define que qualquer acordo feito pelo governo brasileiro com outro país que envolva recursos públicos tem que ser aprovado pelo Congresso Nacional. E esse acordo não passou pelo Congresso Nacional, então na hora em que o BNDES põe um real que seja, esse acordo passa a ser inconstitucional. Essa é a primeira questão, e cabe aí um questionamento, e com certeza os questionamentos virão do ponto de vista de uma ação de inconstitucionalidade no Supremo Tribunal Federal. Segundo o fato de que trata-se [*sic*] do BNDES pegar dinheiro público, sem nenhum critério público, sem nenhuma precondição, então eu te empresto o dinheiro mas eu não vou exigir de você que você tenha conteúdo regional, produção independente, que você leve em consideração os preceitos constitucionais de informação, de prestar serviços à comunidade, de produzir cultura nacional, sem nada disso. Eu te empresto dinheiro, você não faz nada em troca, faz uma programação de péssima qualidade, porque a programação da TV aberta no Brasil é muito ruim, você faz uma programação de péssima qualidade com dinheiro público, quer dizer, é o melhor dos mundos. E você não precisa nem prestar contas porque o seu contrato é secreto, ninguém sabe o que diz o seu contrato. Realmente a TV no Brasil, como disse a deputada Luiza Erundina recentemente, é provavelmente o setor mais privatizado, com menos acesso da legislação, da instituição pública, do debate democrático do Brasil. É uma caixa-preta inviolável.[17]

17 Entrevista em vídeo a Jocelino Pessoa, aluno do professor Ernani Ferraz na disciplina Comunicação Audiovisual da PUC-Rio, em 2 de junho de 2009.

Outra palestra do congresso do IETV de 2008 foi de Ara Apkar Minassian, superintendente de Serviços de Comunicação de Massa da Anatel. Ele destacou o fato de que as emissoras sempre quiseram ter mais potência, e que a digitalização faria com que todas tivessem a mesma potência. Segundo Ara, o sinal chegando bem aos televisores foi uma vantagem da Globo por muito tempo, e agora a diferença estaria no conteúdo. O superintendente disse ainda que, em meados de 2009, haveria *set top box* com Ginga.

Nas entrevistas feitas até aquele momento, representantes dos movimentos populares mostravam grande dificuldade de lutar por uma TV digital democrática na contramão dos interesses das grandes emissoras de TV, e tanto eles quanto alguns altos executivos de fabricantes de celular com sede em países europeus apontavam o ministro das Comunicações, Hélio Costa, como representante direto das emissoras no governo, defendendo seus interesses e determinando as decisões governamentais. Adílson Cabral, professor da Universidade Federal Fluminense e ex-editor do informativo eletrônico *7 Pontos*, deu o seguinte depoimento sobre sua militância na questão da TV digital e um exemplo de divisão que ocorreu no movimento social por uma TV digital democrática:

> Minha militância é através do *7 Pontos*, criado em 2003 para atuar no Cris Brasil, para fazer a ponte entre alunos, pesquisadores, professores do Brasil, América Latina, trazer para a universidade os debates de comunicação, que são incipientes até entre os colegas. Mostrar que os meios funcionam com base na política. Os alunos já entram com a mentalidade moldada pelo mercado, não gostam de política, então esse debate é complicado de fazer. A gente deu uma parada, eu e minha esposa, por causa da nossa filha e outras atividades. Eu já estava querendo parar com o modelo de muito texto, queria periodicidade menor e textos menores. Apareceram projetos de pesquisa. Os textos do *7 Pontos* funcionam como ensaio de artigos. Fizemos muitos artigos com base nas matérias do *7 Pontos* e vice-versa. Paramos em maio de 2007. Era periodicidade mensal. A ideia era ter sempre sete artigos, mas às vezes tinha mais, às vezes, menos.
>
> Eu fazia parte do grupo ComunicAtivistas do Rio, que foi uma dissidência do FNDC. Ainda faço parte, mas não de forma tão ativa. Fui cofundador do FNDC do Rio, em 1989, mas quando me dei conta

> de que era institucionalizado, centralista e burocrático, no sentido de não incorporar a diversidade de atores em sua gestão, saí, em 2003 ou 2004, com Gustavo Gindre, Cláudia Abreu, ex-aluna da UFF, militante do rádio livre, Rafael Freitas, que foi para a Globo, Taís Ladeira, diretora da Rádio Nacional da Amazônia, com sede em Brasília. O ComunicAtivistas era para trabalhar a militância, um canal comunitário e ativista para a democratização da Comunicação.[18]

Boaventura Santos alerta para a divisão entre os movimentos sociais, opinando que enfraquece sua luta e que isso acontece muito por causa de uma tradição nefasta na política de esquerda: a crença de que politizar uma questão é polarizar uma diferença. Ou seja, os movimentos, como são diferentes entre si, acabam polarizando, defendendo cada qual seu ponto de vista e se dividindo. Por isso Santos propõe uma cultura política baseada em "pluralidades despolarizadas". "O capitalismo vive da possibilidade de que as s populares confundam os inimigos e pensem que o que está mais próximo é o mais importante como inimigo; de fato, quase nunca é." Ele afirma, ainda, que os movimentos sociais devem aproveitar as brechas que existem quando as elites se desentendem, mas observa que nem sempre eles percebem essas oportunidades (Santos, 2007:98-99 e 120).

A militância acadêmica, por sua vez, se mantinha em diversas frentes. Em uma delas estão os professores e pesquisadores Valério Brittos, da Universidade do Vale dos Sinos, e César Bolaño, da Universidade Federal de Sergipe. Eles explicaram como se dá a militância deles no campo acadêmico por uma TV digital democrática:

> *Bolaño*: Dentro do campo acadêmico a gente estuda um objeto de poder e o analisa de uma perspectiva crítica, que nos coloca ao lado dos movimentos pela democratização das comunicações no Brasil, e muitos dos militantes são nossos alunos e leitores. E nosso objetivo é que nosso diálogo com eles seja mais aprofundado.
> *Brittos*: Nosso trabalho, de um lado, é alimentado pelos militantes, que acabam sendo nossos leitores e alunos, porque estamos todos no mesmo campo de perspectiva de mudança social. Nesse sentido nós somos alimentados por eles, porque demandas deles contribuem para

18 Entrevista concedida a mim, em Natal, em 5 de setembro de 2008.

> a nossa reflexão, mas ao mesmo tempo nosso trabalho acaba servindo de pesquisa colada na realidade social e instrumento de mudança social. Essa é a principal questão, o diálogo com a militância. A ciência é pela manutenção do sistema, mas gostaríamos que fosse pela ruptura do sistema. Pensar num novo modelo de sociedade baseada na justiça social, na fraternidade e na solidariedade. Não temos filiação partidária.
> Publicamos livros, artigos em espaços de divulgação científica não científicos (como *Observatório da Imprensa*), participamos de debates em sindicatos e há dez anos temos a revista *Eptic, on line*, que se tornou polo arregimentador deste debate. A revista foi fundada em 1999, já *on line*, junto com o portal, e herdou o nome de um boletim em papel, que desapareceu. Existe hoje um boletim por *e-mail* que é o *EPnotícias*.[19]

Naquele momento, eles tinham a esperança de uma regulação para a TV digital, para que ela servisse como avanço para a democratização da comunicação.

> Em parte isso foi perdido porque o modelo – padrão japonês – não divide o canal, não teve uma reforma agrária ainda. Sem nova licitação, vai para o mesmo empresário. Isso foi perdido, mas ainda há mais. Queremos que haja licitação para novos canais; que haja uma lei de comunicação social. O pensamento do Ministério das Comunicações é que a legislação seja totalmente permissiva. Mas tem que ter regras. O que fazer com isso? Compromissos, caderno de encargos – obrigações de quem recebe a concessão. A TV digital é o momento para isso.

Em dezembro de 2008, o coordenador do Laboratório TeleMídia da PUC-Rio, Luiz Fernando Gomes Soares (criador do Ginga junto com seu ex-orientando de doutorado na PUC, Guido Lemos, da UFPB), mostrou-se preocupado com a demora na implantação do Ginga, mas evitou criticar quem quer que fosse por ela. Luiz Fernando explicou que, tecnicamente, o Ginga estava totalmente pronto mais de um ano antes. No Ginga, o processamento pode ser de natureza declarativa (o que deve ser feito, em liguagem

19 Entrevista concedida a mim, em Natal, em 6 de setembro de 2008.

NCL) ou procedural (como deve ser feito, em linguagem Java). Para dispositivos portáteis, o *middleware* já poderia ser usado, pois eles usam apenas o Ginga NCL (pesquisa da PUC-Rio). Mas, para os fixos, ou seja, televisores de casa, o Ginga J (pesquisa da UFPB) também é usado, e ele inclui componentes que têm propriedade intelectual que não pertencem ao Brasil. Segundo Luiz Fernando, tanto a questão jurídica, que envolve a descoberta de quem tem a propriedade intelectual e a negociação sobre seu custo, quanto a substituição desses componentes por outros sem propriedade intelectual passam pelo Fórum do Sistema Brasileiro de TV Digital Terrestre (SBTVD), que reúne emissoras, indústrias de equipamentos de transmissão, recepção, empresas de *software* e o setor acadêmico. À época da entrevista, o professor da PUC não tinha previsão de quando essa questão seria resolvida no Fórum.

Apenas em fevereiro de 2010, o Fórum do SBTVD enviou à Associação Brasileira de Normas Técnicas (ABNT) os perfis do *middleware* que poderiam ser usados na TV brasileira, o que parece mostrar que não havia interesse do governo (leia-se Ministério das Comunicações) e das emissoras em colocar o componente brasileiro naquilo que chamam de modelo nipo-brasileiro de TV digital. A impressão que esse comportamento passa é de que a interatividade também não interessa tanto ao governo, dada a demora em todo esse processo. Até o final de 2010, a TV digital aberta brasileira oferecia apenas interatividade local, basicamente informações do *menu*.

Ainda em dezembro de 2008, diversos produtores de conteúdo entrevistados para este livro, tanto de produtoras independentes quanto funcionários graduados de emissoras, contavam que ainda nem estavam pensando em produzir para a TV digital aberta interativa, o que não mudou até 2010 – e mostra que não havia uma demanda desse tipo pelas emissoras de TV, compradoras de programas independentes. Naquele momento, não existia uma política clara por parte do governo em relação à TV digital interativa, além de incentivos públicos atraentes à produção de conteúdo para ela, por isso a decisão sobre se haveria ou não uma TV digital interativa estava nas mãos do mercado: os projetos de emissoras de TV e produtoras independentes de vídeo deveriam dar o tom do conteúdo da TV digital. O governo estava, de fato, se abstendo de criar uma política pública para o setor, deixando a questão ao sabor do mercado.

O Canal Futura, educativo presente na TV por assinatura, também é parte da TV aberta digital, por ter canais em UHF cobrindo, a partir de

2009, os municípios fluminenses do Rio de Janeiro, Niterói e São Gonçalo. Mas as preocupações no Futura também ainda estavam longe da interatividade via televisão. Ana Lúcia Gomes, gerente de Programação do Canal Futura, em entrevista em dezembro de 2008, explicou que o canal tinha, naquele momento, conteúdo na *web*, e os programas estimulavam a participação por *e-mail* e telefone. "Mas ida e volta pelo controle remoto não estamos pensando agora. Nem o Ginga foi homologado ainda!", afirmou. Segundo a gerente, os pilotos de programas interativos certamente sairiam da TV comercial; o Canal Futura não estaria na linha de frente.

Perguntada, ela disse que via futuro na interatividade pela TV digital, mas sua resposta tratava mais da possibilidade de multiprogramação:

> Temos uma série de conteúdos que pautam os programas, dão base e não aparecem na televisão. Hoje temos 66 programas de meia hora sobre saúde que têm um material imenso que a gente podia disponibilizar até em outro canal, servir para educação a distância. Para nós pode ser muito interessante algo como a TV Cultura está fazendo, com dois novos canais, para aprofundar o conteúdo e ter retorno dos professores.[20]

Nuno Godolphim, então produtor executivo da Pindorama Filmes (que faz, entre outros, os programas apresentados por Regina Casé), afirmou, no mesmo momento, que ainda não havia nada de concreto sendo pensado na produtora em relação à TV digital interativa. "Agora não está dando para fazer nada, agora é 'me manda aí o seu videozinho e a gente bota no programa'", afirmou. Nuno disse acreditar que a interatividade iria vingar, mas se seria pela própria televisão ou via internet, ele achava que era futurologia, e que naquele momento as pessoas ainda estavam tateando nessas tecnologias. E, quase dois anos depois, o dono da produtora, Estevão Ciavatta, em palestra na PUC-Rio em agosto de 2010, informou que a produtora não pensava em programas de TV digital interativa.

Outra produtora de vídeo, a FBL Criação e Produção, fundada pelo falecido jornalista Fernando Barbosa Lima, em novembro de 2008 também não tinha planos para a TV digital. A FBL é especializada em documentários para

20 Ana Lúcia Gomes, gerente de Programação do Canal Futura, em entrevista concedida a mim em dezembro de 2008.

TV e DVDs e estava criando, na época, um programa novo do Ziraldo para a TV Brasil. O diretor de projetos da FBL, Dermeval Netto, afirmou que muito pouca gente que cria para a TV tinha o domínio desse novo sistema, que, segundo ele, era divulgado por especialistas em engenharia de telecom, com versões muitas vezes truncadas, confusas e incompreensíveis. Ele também não conhecia as linhas de crédito do BNDES para produção de conteúdo.

> Há um domínio muito precário das informações sobre interatividade na TV digital, principalmente pelo pessoal das produtoras independentes. Acredito que é no jornalismo que a interatividade vai acontecer mais rapidamente, porque é ao vivo e é feito pelos profissionais que estão dentro das emissoras, e que têm o acesso às tecnologias já disponíveis na emissora e no sistema em geral. Quem está fora hoje das emissoras não tem noção ainda de até que ponto as emissoras estão avançando nisso. A maioria dos canais de TV está caminhando para produzir grande parte de seus programas fora, menos o jornalismo, que é papel editorial de cada emissora. E os programas das produtoras independentes são gravados.[21]

Para Dermeval, não sendo ao vivo o programa, não há interatividade, porque, em sua opinião, interatividade era o público poder participar da decisão do que está sendo transmitido. Ele lembrou que essa interatividade já existia muitos anos antes no programa "Você decide", da TV Globo, no qual os espectadores votavam por telefone em um de dois finais pré-gravados para decidir como a história terminaria e, nos intervalos, um apresentador ia mostrando ao vivo o resultado da votação; e também no "Intercine", da mesma emissora, em que se votava no filme que passaria no fim de semana entre as opções apresentadas, também por telefone.

O diretor de televisão conta que fez interatividade no final dos anos 1980 e início dos anos 1990, levando para a TV os curtas dos festivais de cinema. As pessoas votavam por telefone nos filmes e o vencedor ganhava o prêmio do júri popular.

> Mas esta interatividade por telefone é manipulável. Uma vez um filme gaúcho estava ganhando dos favoritos, e ficamos surpresos acom-

21 Dermeval Netto, diretor de projetos da FBL, em entrevista em 17 de novembro de 2008.

> panhando a votação por região e vendo que o Rio Grande do Sul estava votando em massa naquele filme. O técnico da empresa que contratamos para disponibilizar as linhas telefônicas achou que não estávamos gostando do resultado, me chamou e perguntou se queria que fechasse as linhas do Rio Grande do Sul. Desse jeito o telespectador gaúcho passaria a encontrar as linhas ocupadas, e os votos do estado parariam de entrar, mudando o resultado. Não fizemos isso, mas vi que o processo e o resultado são manipuláveis.[22]

Em outra experiência, lembra Dermeval, Fernando Barbosa Lima inovou em 1995 ao criar para a Band o programa da apresentadora Sílvia Popovic, no qual um monitor e uma câmera eram colocados em praças públicas do Rio de Janeiro e de São Paulo, e as pessoas entravam ao vivo fazendo perguntas para o programa e participando dos debates no estúdio. Naquele momento, ele dizia esperar outras formas de participação na TV digital interativa, criando a possibilidade de entrada do público de casa. Ele acreditava, no entanto, que a interatividade continuaria sendo feita também pela *web*, com o telespectador mandando vídeo, por exemplo, além dos *chats* pós-programas.

Outro produtor independente, que não quis se identificar, comentou sobre a linha de financiamento do BNDES para conteúdo, opinando que ela só faz sentido se for para financiar um programa-piloto que depois será oferecido ao mercado, e, com o dinheiro da venda do programa, paga-se o financiamento.

> O custo de um piloto varia muito, depende do tipo de produção. O GNT, TV Brasil e Multishow compram séries por R$ 30 mil por programa. Mais do que isso, nem pensar. Com isso se faz programas mais despojados. Programas com elenco, cenário, custariam uns R$ 60 mil por programa; aí você tem que ter patrocinadores ou a emissora ter dinheiro dentro dos projetos dela para comprar.

Ou seja, o limite mínimo de empréstimo teria de ser bem mais baixo.

Quanto à previsão de Dermeval Netto de que o jornalismo seria o primeiro a usar interatividade, essa ideia não era endossada pelo âncora do Jor-

22 Dermeval Netto, diretor de projetos da FBL, em entrevista em 17 de novembro de 2008.

nal da Band, da Rede Bandeirantes de Televisão, Ricardo Boechat. Ressalvando que não tinha familiaridade com o tema, ele disse acreditar que a interatividade funcionaria mais "no mundo do consumo, da programação, do arquivo". Segundo o jornalista, se o telespectador quiser interagir enviando uma informação, por exemplo, essa informação primeiro precisa ser checada pela redação, como qualquer outra (e como já é feito há muito tempo no caso de algum telespectador entrar em contato com a emissora por telefone ou outro meio); então, não será possível o telespectador simplesmente enviar uma mensagem que entre no noticiário diretamente.

Boechat tem uma série de perguntas que, para ele, resumem a dificuldade de haver um jornalismo realmente interativo na TV.

> Qual o modelo, a paginação do telejornal que você vai botar no ar para ter a interatividade? Hoje a paginação vale como unilateral. No rádio a gente faz isso via *e-mail*, mas na TV, para o modelo que fazemos de telejornalismo, não consigo enxergar um futuro promissor para isso. Você está no ar, o telespectador entra, como você se acautela de o telespectador colocar ali uma barbaridade?[23]

Perguntado sobre a possibilidade de o telespectador acessar mais informações na tela sobre uma reportagem que acabou de ir ao ar (interatividade local), deixando para assistir ao restante do noticiário depois (que ficaria gravado), o jornalista não pareceu muito animado. Ele citou como interessante a possibilidade de telespectadores colocarem à disposição da emissora imagens capturadas por celular. Vale lembrar, porém, que isso já pode ser feito via internet – uma vez que a imagem sempre precisa passar pelo crivo da redação antes de ir ao ar. Boechat acha que a interatividade pode funcionar melhor para programas não jornalísticos.

Enquanto o mercado brasileiro, deixado pelo governo no leme da TV digital, decidia por fazer nada ou quase nada no âmbito dos programas interativos, ver televisão pela internet era cada vez mais uma realidade. Também por conta disso surgiu o questionamento de se valia a pena desenvolver conteúdo e tecnologia para interatividade na televisão quando a internet já fazia isso. E como estava, na prática, naquele momento, essa possibilidade

---

23 Ricardo Boechat, âncora do Jornal da Band, da Rede Bandeirantes de Televisão, em entrevista a mim por telefone em 24 de novembro de 2008.

de a internet tornar a TV digital irrelevante? Podemos citar o exemplo da Grã-Bretanha, por ser o país que avançou mais rápido na interatividade da TV digital e, ao mesmo tempo, tinha excelente cobertura de internet.

A britânica BBC não pretendia aumentar seus investimentos em interatividade na TV digital. Seus esforços e investimentos crescentes estavam concentrados na interatividade via internet. Em palestra em 21 de outubro de 2008, no Rio de Janeiro, a diretora-geral de Televisão da BBC, Jana Bennett, nem mesmo tratou do assunto interatividade pela TV, falou apenas da interatividade pelo *site* da emissora. Respondendo à pergunta depois da palestra, informou que, pela televisão, a emissora vem oferecendo opções de interatividade local, como colocar várias câmeras em *shows* de *rock*, para que o telespectador possa escolher o que ver. "Mas os investimentos vão crescer na *web* e ficar estáveis na TV", afirmou ela, citando como exemplo de interatividade na *web* a cobertura dos Jogos Olímpicos de Pequim. "Nós queremos que as pessoas vejam os programas, não importa onde", acrescentou.

A BBC já disponibilizava naquele momento seus programas (interativos ou não) na *web* por sete dias após terem ido ao ar na TV, mas apenas para os britânicos. Jana informou, também, que a emissora enviava algum conteúdo para celular, em meio que ela acreditava ter bastante potencial, mas a diretora considerava que o preço de distribuição ainda era um problema. E ela concluiu que "histórias bem contadas vão continuar, na TV ou na *web*, que deve ser usada como aliada, não como inimiga". No caso da BBC, a questão de como se financiar caso o conteúdo seja acessado pela internet não se aplica, já que a emissora é financiada pelo público, por meio de uma taxa anual, como se fosse uma conta de luz ou de qualquer outro serviço público.

A palestra do Keith Clarkson, produtor executivo da Xenophile Media, do Canadá, no congresso da IETV em agosto de 2008, reforça a aposta da BBC na internet. Clarkson mostrou que seus programas, com sucesso estrondoso junto ao público infantil canadense, usam da interatividade não via TV, mas a criança indo depois ao computador – os chamados programas transmídia. Ao responder a uma pergunta da plateia sobre como desenvolver bons programas aqui com interatividade, ele disse que "é importante o governo ajudar. No Canadá, o governo há dez anos começou a incentivar isso. Houve ênfase na criação de produtos. É difícil fazer isso sem incentivos do governo. Sua indústria tem que fazer *lobby* junto ao governo".

Outro problema no caminho da TV digital interativa, do ponto de vista da disputa por mercado com a internet, é que, para garantir a interatividade plena, é preciso um canal de retorno. Crucial para a interatividade existir, esse canal de retorno do telespectador para a emissora pode ser via telefone fixo (presente em 55,2% dos domicílios), telefone celular, internet ou até mesmo rede elétrica – que não era considerada ideal por muitos técnicos no início da apuração deste livro, mas agora já é uma tecnologia um pouco mais confiável. Movimentos que lutam pela democratização das comunicações defendiam o uso do Fust (Fundo de Universalização dos Serviços de Telecomunicações, proveniente da cobrança de 1% da conta telefônica) para levar banda larga a todos os municípios do Brasil, permitindo que esse canal de retorno fosse via internet. Isso não aconteceu, mas, se ocorresse, também serviria para ser usado para acessar a internet por todos os que pudessem comprar um computador, ou seja, poderia ajudar a internet na disputa com a TV por usuários – o que não é problema algum do ponto de vista da inclusão digital.

Em junho de 2009, em entrevista a alunos da PUC-Rio para a disciplina Comunicação Audiovisual, Gustavo Gindre, da ONG Intervozes, opinou que a internet poderia desbancar a TV digital interativa no Brasil, porque os radiodifusores relutavam em tornar a televisão aberta interativa.

> Eu costumo dizer, e disse no comitê consultivo de TV digital, quando havia, antes de o governo dissolvê-lo, quando o Hélio Costa tomou posse, eu dizia que a Globo e os radiodifusores olham para a TV digital e dizem assim: interatividade, um dia ela virá, que bom que não seja agora. Eles vão empurrar isso com a barriga o máximo possível, mas é inevitável. O processo de convergência tecnológica e o modelo – não necessariamente a internet – mas o modelo de organização de mídia da internet tende a se sobrepor ao modelo da radiodifusão. Se isso vai acontecer em cinco anos, em dez anos, em 15 anos eu não sei. E isso vai gerar uma crise muito grande para os radiodifusores brasileiros, eu não tenho a menor dúvida. Não necessariamente isso será mais democrático, aí eu acho que é um outro debate, mas a ilusão que se tem é de que a internet resolve todos os problemas. A internet coloca novos problemas. Com certeza serão bem diferentes dos problemas atuais. E aí os radiodifusores vão viver uma crise. Então nesse sentido eu acho que a TV digital no Brasil, até pelo modelo, a

> dificuldade de ele se introduzir, você vê que hoje nem 1% da população brasileira tem, ele corre o risco de nascer morto. De quando tudo estiver consagrado está todo mundo com banda larga em casa e ele não fazer mais sentido, e o debate em torno da comunicação ser outro completamente do da radiodifusão. [*sic*] Contra isso lutam os radiodifusores, com certeza.[24]

No 6º Fórum Internacional de TV Digital do Instituto de Estudos de Televisão (IETV), em 28 de agosto de 2009, o diretor acadêmico do IETV, Antônio Brasil, constatava que na Inglaterra era onde a interatividade na TV digital estava mais adiantada, "tem tudo ali na tela para interagir, mas o telespectador não se interessa. A gente fica fascinado pela tecnologia e não pensa em como o ser humano vai reagir".

2.6. A gradual queda de audiência da TV aberta

A TV digital interativa já estava cercada de concorrência por todos os lados na virada de 2008 para 2009. Uma das principais produtoras de vídeo do Brasil, a KN Vídeo, tinha programas para celular e internet, além dos tradicionais programas de TV e até quadros no jornalismo esportivo da TV Globo. Sempre na vanguarda da convergência de mídias e do uso de novas tecnologias, a KN poderia ser uma das primeiras produtoras, se não a primeira, a produzir para a TV digital interativa. Mas Jorge Nassaralla, dono da empresa, estava bastante cético quanto ao novo meio em entrevista concedida a mim em dezembro de 2008.

Para Nassaralla, a TV digital "está muito devagar, e ainda vai demorar bastante para termos interatividade nela", porque, segundo ele, a interatividade é a última coisa nesse processo – por opção das emissoras, devemos acrescentar. "O primeiro passo é transformar tudo em HD (alta definição). Isso estava começando a acontecer, até vir a crise econômica mundial", contou, lembrando que o custo do HD era, no momento da entrevista, 50% maior que o do sistema analógico, "e os patrocinadores não estão querendo bancar estes custos". Segundo ele, a TV Globo e a Globosat são os principais compradores das produções independentes.

Com esse quadro, somado ao fato de que ele vinha observando crianças e adolescentes até 17 anos migrando em massa da televisão para o computa-

24 Entrevista em vídeo ao aluno da PUC-Rio Jocelino Pessoa em 2 de junho de 2009.

dor, Nassaralla não tinha dúvidas: "Minha aposta é na internet, que vai atropelar; vejo problemas para a TV a cabo e para a TV aberta, que vai ser para a C." Ele citou o seu próprio exemplo: tinha em casa a internet conectada à sua TV de 42 polegadas. O diretor assistia nessa tela, com alta qualidade de imagem, a jogos de futebol americano, basquete e beisebol transmitidos ao vivo em *full HD* via internet, pelos quais ele pagava US$ 20 por mês. Do sofá da sala, em 2008, ele podia clicar um botão e ver todos os dados de passes certos e errados, mandar *e-mail* e, mais tarde, rever o que quisesse dos jogos, que ficam armazenados. "É só ter uma velocidade acima de 8 mega de banda larga, eu tenho 12", explica.

Vale lembrar que nem tudo é pago na internet, muito pelo contrário. E os programas na rede já conseguem muito mais patrocínio que no passado recente. A TV da KN na internet, por exemplo, tinha patrocínio de grandes empresas. Nassaralla acredita que a TV aberta no celular, ao contrário da via internet, vai ser apenas um nicho, assistida na sala de espera do médico e no trânsito, ou uma mania que vai passar. Com todas essas mudanças e pouco espaço para certezas absolutas, Nassaralla comentou o que vinha observando como profissional de televisão: "O ibope das novelas da Globo vem caindo direto, e eles viram que não está indo para a Record, está indo para outro lugar. As TVs grandes não sabem o que fazer."

Reportagem na Revista da TV do jornal *O Globo*, também de dezembro de 2008, garantia, porém, que elas sabiam o que fazer, afirmando que, "de ameaça, a rede passou a aliada". A matéria mostra que a TV brasileira, a exemplo do que acontece no exterior, descobriu um novo jeito de capturar o público, oferecendo trechos da programação em seus *sites* (caso da Globo e SBT). O diretor da Central Globo de Comunicação, Luis Erlanger, afirmava que "nossa matéria-prima é o conteúdo, não o veículo". A prova oferecida pela matéria de que a internet não ameaçava era que o portal Globo.com, que oferece conteúdo da Rede Globo e disponibiliza cenas-chave de novelas no dia seguinte – além dos capítulos completos exclusivamente para assinantes –, tinha 20,4 milhões de acessos por mês. A reportagem citava exemplos em que o espectador saía da TV e ia para a internet interagir com o programa e acessar novos conteúdos ligados a ele; e informava que canais já usavam redes sociais e o Twitter para se comunicar com os espectadores. A TV Brasil (que o texto destacava ser pública e sem fins lucrativos) era a única a transmitir ao vivo, em *streaming*, pela rede (Leitão, *O Globo*, 2008a).

Outra matéria na mesma revista conta que, nos Estados Unidos, *sites* de emissoras (ABC, NBC, CBS, Fox e Showtime, entre outras) hospedavam programas de TV na íntegra, com acesso para americanos.

> Pesquisas da NBC mostraram que 70% dos seus espectadores decidiram assistir a algum programa depois de ver trechos na internet. O perigo da migração de público é algo que não preocupa emissoras como a ABC. Segundo dados do canal, apenas 8% de seu público assiste à programação somente pelo monitor do computador. (Leitão, *O Globo*, 2008b)

Como a revista em questão é ligada à principal emissora de TV aberta do país, fica-se sem saber se a reportagem é imparcial e está constatando uma realidade apurada pelo repórter, ou se é uma matéria de encomenda para tentar diminuir o poder da internet em face do das emissoras, mostrando pesquisa feita por rede de televisão que tem os mesmos interesses a defender. Como a revista, que trata apenas de TV, jamais abriu suas páginas para discutir o melhor modelo de TV digital para o Brasil ou apresentar movimentos e ações pela qualidade do conteúdo exibido, isso parece indicar que é uma revista atrelada aos interesses da organização empresarial à qual pertence – e não poderia ser diferente, já que não há regulamentação que evite isso.

Quanto ao percentual pequeno de público que assiste ao conteúdo da TV aberta apenas na internet, citado na revista, não chega a provar alguma coisa quanto às mudanças de audiência. O público daquela emissora pode não estar migrando para a internet para ver na *web* sua programação, mas isso não significa que não esteja migrando para ver outro tipo de produto da internet. Outra questão que se observa no Brasil é a quantidade crescente de jovens que baixam episódios de seriados americanos da TV por assinatura e/ou da TV aberta que ainda não chegaram ao Brasil. Existem, inclusive, redes de aficionados que legendam os episódios por conta própria e gratuitamente, de forma surpreendentemente organizada, assim que chegam à internet, driblando o acesso exclusivo para americanos citado.[25]

A reportagem diz, ainda, que "as emissoras não só deixaram o medo de lado como também já aprenderam a capitalizar com [*sic*] o conteúdo *on line*. A imensa maioria dos seriados disponíveis nos *sites* conta com pro-

25 Depoimento de legendadores voluntários em seminário de Comunicação Audiovisual na PUC-Rio, em 24 de novembro de 2009.

pagandas tradicionais, de grandes empresas, exibidas antes dos programas" (Leitão, *O Globo*, 2008b).

O que demonstra mais uma tentativa das emissoras de migrar para o outro meio, de se colocar também do outro lado para o caso de o primeiro veículo naufragar (lembrando a frase acima de Luiz Erlanger, "nossa matéria-prima é o conteúdo, não o veículo"). Resta saber se as altas cifras pagas por anúncios na TV aberta poderão um dia se repetir na internet.

Na página seguinte da mesma revista, um boxe sobre programas experimentais que a MTV faz na internet (que só depois de fazer sucesso passam a ser veiculados na TV) traz no pé da matéria a contradição na mensagem que as duas grandes reportagens sobre TV *versus* internet anteriores tentavam passar. A fala é da gerente de programação da MTV, Raquel Affonso: "Nosso público tem entre 15 e 29 anos e está vendo TV cada vez menos e de forma mais fragmentada. Eles ficam mais na internet" (Bravo, *O Globo*, 2008).

A queda de audiência da televisão não ocorre só no Brasil. Jost (2009) informa que

> *la durée d'écoute de la télévision a tendance à baisser (3h24 en moyenne par Français en 2008, soit trois minutes de moins qu'en 2007) et la baisse est plus sensible chez les 15-34 ans (2h38mn par jour, soit six minutes de moins).*[26]

Reportagem de maio de 2007 da Computerworld, reproduzida pelo *site* IDGNow, já informava que 2,5 milhões de pessoas haviam deixado de ser espectadores das grandes redes de TV aberta dos Estados Unidos desde fevereiro do ano anterior. A matéria especulava que as novas tecnologias estariam roubando essa audiência. Ainda nos Estados Unidos, Jenkins informa que, "nos anos 60, um anunciante poderia alcançar 80% das mulheres americanas com uma inserção no horário nobre das três redes de TV. Hoje, estima-se que a mesma inserção teria de passar em cem canais de TV para alcançar o mesmo número de telespectadores" (2009:101).

Podemos ver nos quadros a seguir, do Ibope Mídia, a audiência média das emissoras de TV no Grande Rio e Grande São Paulo na semana de 19 a 25 de abril de 2010, com dados coletados 24 horas por dia. No Grande Rio, o

26 Em tradução livre: A duração da audiência de televisão tende a baixar (3h24 em média por francês em 2008, três minutos a menos que em 2007), e a queda é mais sensível na faixa dos 15 aos 34 anos (2h38 por dia, seis minutos a menos).

primeiro apresentado, a amostra representa o total de 3.683.211 domicílios e 10.430.765 indivíduos. Um ponto de audiência é igual a 1% desses universos. Mais adiante, veremos o exemplo de uma semana do ano 2005.

AUDIÊNCIA MÉDIA DE TV ABERTA NO GRANDE RIO

PROGRAMA	AUDIÊNCIA DOMICILIAR (%)	AUDIÊNCIA DOMICILIAR (000)
BANDEIRANTES		
Jornal da Band	5	184
Futebol VES 1 – Bayer Muniq x Lyon	5	180
CQC	5	175
Sessão especial NOT	4	162
Programa Raul Gil	4	158
CNT		
Balanço esportivo NOT	2	67
CNT Jornal	1	54
Amanhã e para sempre	1	49
Miss Rio de Janeiro	1	47
Samba de primeira NOT	1	39
GLOBO		
Novela III – Viver a vida	35	1.296
Futebol QA – Flamengo × Caracas	35	1.290
Placar da rodada	31	1.146
Zorra total	30	1.104
RJTV 2ª edição	28	1.046
RECORD		
Novela 2 – Bela, a feia	18	672
Repórter Record SG	13	495
O melhor do Brasil	13	479
Domingo espetacular	13	462
Super tela NOT	12	457
REDE TV!		
Pânico na TV	6	204
Pânico REPRISE	5	168
Dr. Hollywood NOT	3	111
TV Fama	2	87
UFC Sem limites	2	77
SBT		
Programa Sílvio Santos	15	549
Pegadinhas picantes MAD	12	457
Tele sena	11	414
1 Minuto com Pelé VES	11	404
Domingo legal PSS	11	403
TV BRASIL		
O planeta azul	1	29
Rádio nacional VES	1	25
Animania NOT	1	25
Curta criança VES 1	1	24
Cine ibermedia	1	24

O quadro a seguir traz a audiência da Grande São Paulo, em uma amostra que representa 5.986.373 domicílios e 17.798.976 indivíduos.

AUDIÊNCIA MÉDIA DE TV ABERTA NA GRANDE SÃO PAULO

PROGRAMA	AUDIÊNCIA DOMICILIAR (%)	AUDIÊNCIA DOMICILIAR (000)
BANDEIRANTES		
Futebol regional VES – Santo André × Santos	7	417
Futebol NOT – Atlético PR × Palmeiras	6	353
Futebol VES 1 – Bayer Muniq × Lyon	6	345
CQC	5	309
Brasil urgente 1	5	291
CULTURA		
O mundo redondo Olie VES	3	173
Os amigos miss spider VES	3	169
Shaun, o carneiro VES 2	3	161
Camundongos avent VES	3	160
Escola pra cachorro VES	3	160
GAZETA		
Esporte interativo VES 1 – Inter Milão × Barcelona	4	214
Gazeta esportiva	3	176
Mesa-redonda	2	113
Mulheres 3	2	109
Gazeta NEWS VES	2	100
GLOBO		
Novela III – Viver a vida	37	2.204
A grande família	31	1.833
Jornal nacional	29	1.734
Globo repórter	26	1.580
Tela quente	26	1.556
RECORD		
Novela 2	15	869
Série especial	12	696
O melhor do Brasil	11	684
Domingo espetacular	11	675
Câmera Record	10	628
REDE TV!		
Pânico na TV	10	600
Pânico REPRISE	7	404
Dr. Hollywood NOT	4	266
Operação de risco	3	194
TV Fama	3	177
SBT		
Programa Sílvio Santos	12	706
Domingo legal PSS	10	589
Cine espetacular	9	550
Tele sena	9	540
A praça é nossa NOT	8	466

O quadro a seguir traz a audiência do Grande Rio na semana de 22 a 28 de agosto de 2005, em uma amostra que representa 3.430.600 domicílios e 9.979.400 indivíduos.

AUDIÊNCIA MÉDIA DE TV ABERTA NO GRANDE RIO

PROGRAMA	AUDIÊNCIA DOMICILIAR (%)	AUDIÊNCIA DOMICILIAR (000)
BANDEIRANTES		
Sabadaço	5	162
Floribella	4	153
Jornal da Band	4	141
Esporte interativo CAMP ESP	4	137
Boa noite Brasil	4	122
CNT		
Mesa-redonda DM	1	42
Samba de primeira VES	1	24
Momento do sport	0	16
Patati Patatá	0	12
Zona da luta	0	12
GLOBO		
Novela III – América	53	1.832
A grande família	46	1.571
Novela I – Alma gêmea	45	1.535
RJTV 2ª edição	43	1.466
Jornal nacional	42	1.425
RECORD		
Tela máxima DM	7	242
Cidade alerta Rio	6	222
Programa Raul Gil	6	216
Novela das sete – Essas mulheres	6	215
Domingo espetacular	5	185
REDE TV!		
Eu vi na TV	7	236
Pânico REPRISE	6	210
Pânico na TV	5	186
Tarde quente	4	146
Futebol v-Liverpool × Cska Mosc	3	119
SBT		
Tele sena	15	514
Domingo legal PSS	15	500
Programa Sílvio Santos DM	14	496
Smallville VES	14	483
Eu, a patroa e as crianças	13	442
TVE BRASIL		
A turma do Pererê VES	1	51
Cocoricó VES	1	48
Timothy vai à escola VES	1	47
De onde vem VES	1	47
Esportvisão	1	45

O quadro a seguir traz a audiência da Grande São Paulo, na semana de 22 a 28 de agosto de 2005, em uma amostra que representa 5.232.600 domicílios e 17.059.700 indivíduos.

AUDIÊNCIA MÉDIA DE TV ABERTA NA GRANDE SÃO PAULO

PROGRAMA	AUDIÊNCIA DOMICILIAR (%)	AUDIÊNCIA DOMICILIAR (000)
BANDEIRANTES		
Jornal da Band	5	267
Brasil urgente 2	4	229
Floribella	4	217
Sabadaço	4	215
Brasil urgente 1	4	202
CULTURA		
Os sete monstrinhos VES 1	5	238
Camundongos avent VES 1	4	230
Viola minha viola MAT	4	226
Caillou e animações VES	4	202
Cyberchase SSX	4	193
GAZETA		
Mesa-redonda	3	143
Gazeta esportiva	3	141
Amigos do forró	1	61
Mulheres 2	1	60
Sala Viichi	1	58
GLOBO		
Novela III – América	53	2.799
A grande família	40	2.104
Tela quente	39	2.062
Casseta e planeta	37	1.961
Novela I – Alma gêmea	37	1.911
RECORD		
Futebol ao vivo QA – Paysandu × Santos	11	571
Programa Raul Gil	9	474
Novela das sete – Essas mulheres	9	456
Tela máxima DM	8	413
Domingo espetacular	8	411
REDE TV!		
Pânico na TV	6	339
Eu vi na TV	5	274
Pânico REPRISE	4	226
Tarde quente	3	178
Superpop	3	166
SBT		
Cine espetacular	16	858
Programa Sílvio Santos DM	15	796
Roda a roda SSX	15	760
A praça é nossa NOT	14	746
Tele sena	14	713

Para se ter uma ideia do problema da queda de audiência para as emissoras, especialmente para a TV Globo, podemos avaliar o caso da novela das oito da emissora (hoje indo ao ar na faixa das 21 horas), que sempre esteve, e continua, em primeiro lugar ou, no máximo, entre os cinco primeiros lugares de audiência. Reportagem da versão eletrônica da revista *Veja* informava, em novembro de 2008, que a cada novela uma nova queda de audiência é anunciada, e que essa queda coincide com a expansão da TV paga e da internet residencial. "Com média de 37,6 pontos em seus primeiros 120 capítulos, 'A Favorita' recebeu até o apelido de 'A Rejeitada'. Nos anos 1990, a novela das oito dava, sem dificuldade, 60 pontos de audiência." A matéria dizia que a Record chegou a ter um aumento de audiência com a novela "Os Mutantes – caminhos do coração", mas que também não durou muito.[27]

A atriz Lucélia Santos comentou o seguinte, em entrevista à Revista da TV do jornal *O Globo* de 19 de junho de 2011: "Estive em tramas que deram 70 pontos. Hoje a audiência é mais fragmentada. 'Cidadão Brasileiro' dava 17 e as pessoas comemoravam na Record." Luiz Gleiser, da TV Globo – onde já foi diretor executivo e diretor de núcleo –, afirmou em palestra na PUC-Rio, em abril de 2011, que a audiência da TV aberta está em queda por causa da TV por assinatura. Mas disse também que tudo está sendo ultrapassado pela internet, e que, no limite, os canais por assinatura também seriam.

Apesar da queda na audiência, a TV aberta é o meio de comunicação que ainda recebe a maioria esmagadora das verbas de publicidade no Brasil, como podemos ver no quadro a seguir, referente ao ano 2010:

MEIO	INVESTIMENTO (R$)	PARTICIPAÇÃO (%)
TV	40.213.791	53
Jornal	16.120.105	21
Revista	6.407.192	8
TV assinatura	6.330.570	8
Internet	3.160.863	4
Rádio	3.056.429	4
Cinema	432.677	1
Mobiliário urbano	407.561	1
Outdoor	127.226	0
TOTAL	76.256.415	100

Fonte: Ibope

27 Audiência das novelas da Globo. *Veja On Line*, nov. 2008. Disponível em: <http://veja.abril.com.br/idade/exclusivo/perguntas_respostas/audiencia-novelas-globo/tv-televisao-ibope-indices-queda-emissora.shtml>. Acesso em: 10 maio 2010.

Porém, isso pode ser apenas uma repetição do que já ocorreu na época da transição do rádio para a TV como veículo de maior importância entre as massas, conforme explica Ortiz (2001): "Em 1958 as verbas aplicadas na televisão atingem aproximadamente 8%, contra 22% no rádio e 44% nos jornais, o que mostra que as agências de publicidade preferiam os meios mais 'tradicionais' para anunciar seus produtos." Esse fato foi sendo revertido ao longo do tempo, e hoje as agências brasileiras preferem a agora tradicional televisão, o que pode também estar em vias de se reverter. Aliás, em 2010, o investimento publicitário em internet pela primeira vez superou o que foi feito no rádio, de acordo com a medição do Ibope.

Vilches (2009) trata do esgotamento do modelo de televisão baseado no financiamento publicitário. Ele informa, também, que as vendas de televisores digitais na Europa têm sido abaixo das expectativas. Segundo o autor, os publicitários já estão buscando espaço com anúncios interativos na internet, que poderiam chegar à televisão, e nas redes sociais, como Facebook e MySpace.

> *Las agencias de publicidad están creando aplicaciones útiles a los usuarios que vienem patrocidadas por las marcas. La interactividad permite que sea el mismo internauta quien decida entrar en un espacio patrocinado porque se le ofrece un servicio. Mientras, cresce la mercadotecnia móvil en Japón y Corea y no tardará en llegar al resto del mundo. La TV digital no querrá quedarse fuera de esta nueva tarta publicitária.* (p. 164)[28]

O Ibope já se preparava, em 2007, para medir audiência de mídias diversas acessadas pela TV digital.

> O Ibope está desenvolvendo um aparelho para descobrir não apenas a emissora sintonizada, como faz hoje, mas também o conteúdo digital que está sendo consumido seja qual for a grade de programação. Isso porque a TV digital chega com a promessa de, assim como nos EUA,

28 Em tradução livre: As agências de publicidade estão criando aplicações úteis aos usuários que vêm patrocinadas pelas marcas. A interatividade permite que seja o próprio internauta que decide entrar em um espaço patrocinado, porque é oferecido a ele um serviço. Enquanto isso, cresce a tecnologia móvel no Japão e na Coreia e não tardará a chegar ao resto do mundo. A TV digital não vai querer ficar fora desse novo bolo publicitário.

> oferecer autoprogramação, na qual o usuário pode escolher a hora em que verá determinado programa. [...] O novo aparelho, DIB 6, vai monitorar o conteúdo – também de internet, celular e rádio. (Muniz, *Folha On Line*, 2007)

E o diretor da Central Globo de Comunicação informava, na edição de 14 de dezembro de 2008 da Revista da TV do jornal *O Globo*, que no Japão institutos de pesquisa já mediam a audiência pelo celular. Ou seja, as novidades tecnológicas são muitas, mas o modelo de negócios baseado na medição quantitativa da audiência continua o mesmo. De qualquer forma, em palestra no 6º Fórum Internacional de TV Digital do IETV, em agosto de 2009, o diretor de Inovação do Ibope Media, Alexandre Crivellaro, falou sobre a chamada medição de conteúdo *out of home* sem tanto otimismo. Ele afirmou que não existia solução ainda: a Nielsen tinha feito uma tentativa, mas parou, porque disse que era muito complicado. As pesquisas do Ibope naquele momento, segundo ele, eram feitas por cadernos preenchidos por telespectadores de TV aberta – 150 pesquisas em uma centena de cidades; e, nas principais regiões metropolitanas, pelo *peoplemeter*, um aparelho ligado ao televisor que pode medir 500 canais (ainda segundo ele, havia 8 mil *peoplemeters* instalados no Brasil) e também mede o tempo que a pessoa passou jogando *videogame* e vendo DVD.

Para a televisão, com o advento dos gravadores (DVR) já embutidos nos conversores ou televisores (como o TiVo americano), que permitem ao telespectador pular anúncios, uma das saídas vislumbradas pode ser aumentar o *merchandising* (caso os telespectadores não rejeitem a estratégia por saturação) e, segundo o diretor do Instituto de Estudos de Televisão (IETV), Nélson Hoineff, colocar o nome do patrocinador em programas como antigamente, caso do Repórter Esso (Muniz, *Folha On Line*, 2007).

Em 7 de dezembro de 2008, *O Globo* anunciava que a Argentina tinha assinado um protocolo técnico para estudar a adoção do padrão nipo-brasileiro de TV digital, e que Peru, Paraguai, Chile e Venezuela também analisavam a alternativa. Naquele momento, sete capitais contavam com a TV digital: São Paulo, Rio de Janeiro, Belo Horizonte, Goiânia, Curitiba, Porto Alegre e Salvador. Pelo lado das telefônicas, o fim de 2008 trouxe uma mudança importante no mercado brasileiro: a Telemar (já rebatizada Oi, que era o nome de seu braço celular) se fundiu com a Brasil Telecom.

A medida foi incentivada pelo Governo Federal para que existisse uma grande empresa brasileira de telecomunicações para fazer frente às concorrentes internacionais, ao menos no mercado brasileiro.

Em 28 de dezembro de 2008, a Revista da TV convidou cinco pessoas, quatro delas com algum tipo de ligação profissional atual ou anterior com as Organizações Globo, para dar sua opinião sobre a TV digital e o futuro da TV. A autora de teledramaturgia Maria Adelaide Amaral opinou que a TV não vai acabar, assim como a TV não acabou com o rádio. Luiz Noronha, produtor executivo do núcleo de TV e multiplataforma da Conspiração e ex-editor do Segundo Caderno e da editoria de Economia do *Globo*, acreditava que a TV comportaria "mil dispositivos de interatividade", estaria em todo lugar e não apresentaria mais o formato do comercial de 30 segundos – ele previa uma evolução do *merchandising*. Para ele, a internet é que será absorvida pela televisão. O antropólogo Hermano Vianna via TV com uma antena USB no *laptop* acompanhando a interatividade do programa via *web*, e previa que a TV do futuro "vai ser aquela que encontrar novas maneiras interessantes de propor grandes conversas comuns, em tempo real, sobre a cacofonia cada vez mais rica de pequenas conversas isoladas da rede".[29]

Lúcia Araújo, gerente-geral do Canal Futura, disse que não ousava prever o que será a TV no futuro, apenas apresentava sua utopia, que é a de uma TV bastante democrática. Já o então gerente artístico e de conteúdo do canal GNT, Jorge Espírito Santo, via um futuro com interatividade e desdobramentos do que é feito para a TV na internet, celular "e o que mais vier", além de afirmar que já naquele momento cada um poderia acessar os programas na hora que quisesse.

No final de 2008, a revista interna da Oi, *Conexão*, trazia matéria tratando da Oi TV Móvel, que permitiria aos usuários assistir pelo celular aos canais Discovery, Cartoon Network, ESPN, Band, MTV e outros. Baixando um aplicativo, seria possível assistir aos nove canais; baixar vídeos curtos para armazenar no aparelho; e compartilhar vídeos, sons e imagens criados pelo usuário e ainda ganhar R$ 0,10 a cada *download* de sua autoria. Havia duas formas de cobrança: R$ 5,90 para duas horas e R$ 9,90 para 24 horas baixadas. A reportagem informava que "a estratégia da Oi está focada na distribuição de conteúdo multiplataforma (telefonia móvel, internet e TV)" (Calazans, *Conexão*, 2008).

---

29 Enxergando longe. *O Globo*, Revista da TV, p. 10-13, 28 dez. 2008.

A novidade da Oi também foi explicada em uma reportagem do jornal *O Globo* meses depois, em 26 de julho de 2009. A empresa M1nd Corporation, do doutor em física Alberto Magno, criou uma plataforma para que pessoas pudessem ver TV pelo celular. Ela era líder no segmento no Brasil, com mais de 300 mil usuários da Oi e da TIM. Naquele momento, havia negociações da empresa com a Claro e testes com a Vivo (maior operadora do país) para lançar TV no celular em nova frequência em outubro. Magno anunciou que trabalharia também com operadoras da África e outros países da América Latina. A plataforma capta o sinal das emissoras via satélite, cada um com criptografia específica, e decodifica o sinal para a rede das operadoras por fibra ótica, antena de rádio e par metálico. A TV no celular não era regulamentada pela Anatel, pois é um serviço de valor adicionado (VAS). Os preços dos pacotes das operadoras variavam de R$ 2,40 a R$ 15, com a transmissão de até 24 horas ininterruptas.

A mesma reportagem trazia pesquisa da TNS InterScience mostrando que 18% dos usuários no país afirmavam que acesso a TV móvel era o maior determinante na compra de um celular. Nos Estados Unidos e Reino Unido, o índice era entre 2% e 5%. Segundo informação de Fiamma Zarife, diretora de VAS da Claro, os clientes buscavam assistir a conteúdos específicos e não só à programação ao vivo dos canais. Gustavo Alvim, gerente de Conteúdo e Aplicações da Oi, lembrava que já começavam a ser feitas algumas ações de *marketing*. Segundo ele, havia a transmissão gratuita de documentários do canal Discovery com patrocínio da GM. Para ele, o serviço deve ser gratuito e patrocinado.

No 6º Fórum Internacional de TV Digital do IETV, em agosto de 2009, Alberto Magno voltou a tratar da TV no celular. Ele informou que em 2000 houve uma mudança de paradigma com o Mpeg e por isso “todos vão trocar arquivos e vídeos com todos”, “agora estão inventando fazer todo mundo assistir a tudo de graça no celular”, mas esse “de graça” depois foi questionado pela plateia.

> Em vez da operadora cobrar dado, cobra assinatura. Temos conteúdos cada vez mais customizados. Passamos para as agências de publicidade saber o que o cara viu, quanto tempo viu... É possível ver quem está acessando um a um por bairro.
>
> Tivemos mais de quatro milhões de acessos no carnaval; mais de um milhão no Tim Festival, contra 100 mil espectadores no Mul-

> tishow, segundo o Ibope. Estamos fazendo um trabalho de formiguinha com as agências de publicidade. Os mídias têm mais de 60 anos, eles se assustam com as novidades e preferem continuar como estão. Mas a geração que nasceu de 1980 para cá não fica na frente da televisão como antes. No carnaval compramos espaço na CNT e no *break* foram anúncios diferenciados do que foi para o mundo móvel. Nós identificamos o usuário pelo que ele assiste, segmentamos em tempo real e entregamos. Por isso a gente acha que quem tem que pagar por isso é o anunciante. No celular, quando passa de um canal para o outro tem uma vinhetinha de propaganda. Hoje a velocidade é 276 Kbps e você pode plugar o celular em qualquer tipo de tela. Ninguém troca de canal, você troca de conteúdo. Não importa em que canal um programa está, você quer assistir é àquele programa.[30]

O dono da M1nd Corporation continuou sua defesa da programação empacotada especificamente para celular dizendo que os canais da TV aberta com sinal enviado para celular já vêm com publicidade, enquanto no celular pode haver vídeo *on demand* e *pay-per-view*. Ele já disponibilizava, naquele momento, 128 canais para o mundo móvel. A declaração do dono da M1nd Corporation sobre números da audiência, porém, foi contestada após sua saída por outro palestrante do Fórum, o diretor de Inovação do Ibope Media, Alexandre Crivellaro, que disse que Magno não tinha como comprovar o número de acessos.

Em 11 de janeiro de 2009, reportagem do jornal *O Globo* informava que o governo queria estabelecer 2013 como prazo para que a indústria de televisores passasse a fabricar apenas modelos digitais, voltando a falar em incentivos fiscais. Dessa vez, o Ministério das Comunicações tinha pedido aos Ministérios do Desenvolvimento e da Ciência e Tecnologia para elaborar uma lista de incentivos para televisores digitais cujo objetivo era baratear os preços, inclusive de conversores. A matéria informava que a produção de conversores a R$ 199 pela Proview estava sendo em pequena escala, por isso ainda era difícil encontrar conversor barato. Para celular, ficou estabelecido por portaria do ano anterior que, a partir de 2010, as empresas que contassem com incentivos teriam de produzir pelo menos 5% dos celulares aptos

30 Palestra no 6º Fórum Internacional de TV Digital do IETV em agosto de 2009.

a receber TV digital com Ginga. A reportagem informava, ainda, que a TV digital já havia chegado a Cuiabá e Campinas.

Outra matéria, de 23 de abril de 2009, contou que "começou a funcionar ontem em Brasília o sistema de TV digital comercial, com as transmissões da Rede Globo. Na véspera, a Empresa Brasileira de Comunicação (EBC) – a TV pública federal – havia transmitido a festa de aniversário da capital com a nova tecnologia" (Tavares, *O Globo*, 2009a). O jornal informava ainda que, nos 10 dias seguintes, o sistema chegaria a Fortaleza, Maceió, Campo Grande e Piracicaba (SP).

Nos Estados Unidos, em 12 de junho de 2009, todas as transmissões analógicas das TVs aberta e a cabo foram encerradas. De acordo com a reportagem do jornal *O Globo* daquele dia, ficariam sem TV moradores de 3 milhões de domicílios, "os mais pobres, os mais velhos e os que não falam inglês (os canais em espanhol não veicularam as campanhas oficiais sobre a TV digital)" (Scofield, *O Globo*, 2009). Os excluídos foram os que não compraram os conversores (vendidos por US$ 50 a US$ 80) ou donos de TVs de alta definição que não adquiriram cabos para transmissão digital ou antenas especiais. Havia ainda moradores de áreas rurais e 440 mil domicílios que entraram no programa do governo que subsidia a compra dos conversores (com até US$ 40 de desconto, dependendo da TV), mas que ainda não tinham comprado os aparelhos. Esses excluídos representavam 2,5% do mercado de TV americano. Os 85% de domicílios com TV a cabo tiveram a mudança feita pelas próprias empresas. A TV digital demorou 20 anos para sair do papel nos Estados Unidos e consumiu US$ 4 bilhões dos cofres públicos. A data da transição foi adiada duas vezes, a última tendo sido em fevereiro de 2009.

2.7. A convergência e os programas transmídia

A questão naquela altura era saber se, com a convergência entre TV e internet na mesma tela, os telespectadores continuariam telespectadores, se veriam a programação da TV, ou migrariam completamente ou quase para a internet, seja no computador ou na TV da sala. Em 2009, a Samsung trazia ao mercado brasileiro um modelo de TV com acesso parcial à internet (em convênio com o provedor Terra, dando acesso à previsão do tempo e a alguns outros poucos serviços). Quem quisesse ter TV e internet completa na mesma tela já poderia, mas, para isso, era preciso ter o monitor (a tela) ligado no computador ou acessar a internet na TV via Playstation 3, da Sony. O Anuário de Mídias Digitais 2010, publicado no início daquele ano, informava que, nos Estados Unidos, o consumidor já tinha à disposição pelo menos uma dezena de modelos que permitiam conexão à internet, "como se o televisor fosse, na verdade, o monitor de um computador".[31]

A separação entre os veículos vinha diminuindo, não no sentido de que tudo se concentrasse em apenas uma tela (ou o computador ou a TV da sala, por exemplo, de forma excludente), como já se chegou a imaginar, mas no sentido de um programa que se espalha por vários meios. Ainda em 2005, Cosette Castro já tratava da questão dos programas transmídia (embora ainda não utilizando esse termo), informando que o "Big Brother" tinha sido o primeiro formato e o primeiro *reality show* no Brasil a utilizar diversos meios de comunicação, inclusive as novas mídias: "As audiências tiveram acesso ao formato através da TV aberta, da TV por assinatura, puderam participar por meio de telefones fixos, celulares, páginas *web*, assim como criar páginas sobre BB, participar de *chats* e fóruns sobre o programa" (2005:312).

A narrativa transmídia acontece quando uma mesma história se desenrola em diversos meios de comunicação de forma complementar. Por exemplo, um filme pode ter histórias em quadrinhos ou animações que contenham algo sobre um personagem específico e como ele chegou à situação em que se encontra quando aparece no filme; um *game* pode tratar da evolução de uma história do filme, e pode haver também um seriado de televisão com os mesmos personagens. O pesquisador de convergência de mídias Henry Jenkins data de 1998 o início de uma narrativa transmídia de fato inovadora a partir da televisão: o seriado "Dawson's Creek", que, após o episódio semanal, tinha uma sequência na internet em que os fãs podiam acompanhar em seu computador o que o personagem Dawson fazia pelo *site* "Dawson's Desktop". Mas Jenkins mostra que a primeira vez que a narrativa transmídia entrou para o debate público foi em uma interação internet-cinema com o *site* e o filme "A bruxa de Blair". Em 1998, surgiu um *site* que parecia real, relatando o desaparecimento de uma equipe de filmagem, fenômenos sobrenaturais e pessoas que contavam ter encontrado a bruxa em um bosque. Documentos eram apresentados e até mesmo o ponto de vista de céticos

---

31 POSSEBON, Samuel. Conectada e em qualquer lugar. *Anuário de Mídias Digitais Pay-TV 2010.*

apareciam no *site*. Em 1999, foi lançado o filme, independente e de baixo orçamento, que obteve um sucesso inesperado para os críticos.

"A bruxa de Blair" traz à tona uma questão ética que não chegou a ser analisada por Jenkins. O *site* e o filme (que já fez surgir similares, como "Atividade paranormal") podem passar a pessoas desavisadas a impressão de que são verdadeiros, documentários que buscam de fato entender um fenômeno. Isso remete ao já largamente debatido radioteatro "A guerra dos mundos", uma adaptação do livro de H. G. Wells criada pelo autor e diretor Orson Welles para a rádio CBS, dos Estados Unidos, e que levou pânico a americanos que realmente acreditaram que Nova York estava sendo invadida por marcianos. O programa apresentava a história usando metalinguagem: parecia uma programação normal de rádio da época, com música intercalada por boletins jornalísticos, os quais, aos poucos, começaram a narrar os eventos estranhos que logo se revelaram ser a invasão marciana. Quem tivesse ouvido o programa de Welles desde o início saberia que era ficção; o problema foram as pessoas que não ouviram a introdução à história e acharam que estavam ouvindo a programação da rádio. No caso de "A bruxa de Blair", a brincadeira foi justamente tentar enganar as pessoas e, com isso, atiçar sua curiosidade, levando-as ao filme, sem qualquer preocupação ética.

Jenkins vai falar, também, do envolvimento emocional que a narrativa transmídia quer criar entre o espectador e o produto audiovisual, para que o primeiro o siga pelas várias mídias, sempre atrás de mais um elemento da história, uma novidade sobre o personagem querido. "Então sejamos claros: há fortes motivações econômicas por trás da narrativa transmídia. [...] Há um forte interesse em integrar entretenimento e *marketing*, em criar fortes ligações emocionais e usá-las para aumentar as vendas" (2009:148).

Ao tratar de convergência, tratando-se de um setor oligopolizado como o da comunicação no Brasil, podemos falar, também, de uma convergência de empregos. Na nota "TV Globo anuncia nova estrutura de jornalismo", o jornal *O Globo* informa, em 9 de julho, que a emissora criou a Área de Jornalismo e Esporte, seguindo o exemplo das Áreas de Entretenimento e Comercial da emissora, com maior integração das equipes na criação e produção de conteúdos para TV aberta, TV fechada, internet e novas mídias digitais. O perigo é que esse tipo de integração resulte em que os mesmos profissionais exerçam funções para várias mídias da mesma organização empresarial, fechando vagas ou evitando a criação de novas.

E, no 6º Fórum Internacional de TV Digital do IETV (em 28 de agosto de 2009), específico para tratar da questão da TV digital aberta, a convergência e os programas transmídia também acabaram invadindo o debate. O secretário do Audiovisual do Ministério da Cultura, Sílvio Da-Rin, já falou a partir de um cenário transmídia, sem tratar especificamente de TV digital. "Hoje há histórias em quadrinhos já pensadas para virar *games*, que viram filmes, animação de longa-metragem vira série para TV, que vira jogo eletrônico, história em quadrinhos, peças de vestuário, brinquedos etc.", comentou o secretário, que também tratou de incentivo ao cinema, dos 17 centros de produção digital que o ministério criara no país, conteúdos de audiovisual que o ministério estava disponibilizando na internet e um processo de seleção de laboratórios para pesquisas de tecnologia audiovisual. A palestra de Da-Rin poderia ser mais um sintoma de que a TV digital estava perdendo terreno para outras mídias digitais tanto dentro como fora do governo.

Newton Cannito, roteirista de TV e doutor pela USP com a tese *TV 1.5* (e que em junho de 2010 passaria a ser secretário do Audiovisual do Ministério da Cultura), relatou em sua palestra que entrou em crise com a televisão por causa das novas possibilidades de interatividade, as quais, segundo ele, ninguém explicava:

> Não ia ter mais narrativas, ia ser tudo criação coletiva. [...] Agora as coisas estão clareando. "Todos vão ser realizadores" é um pressuposto maluco. Outro é "todos conseguem". Existe uma confusão entre escrever um *e-mail* e fazer um romance. O que está acontecendo é que pessoas estão usando a mídia audiovisual para se comunicar. Como antes as pessoas passaram a usar a escrita para se comunicar por cartas. Mas não significa que todos eram grandes escritores. Diziam que narrativa era do século XIX, que agora iam ser histórias curtas... Mas o que aconteceu é que as séries de TV americanas ficaram muito mais narrativas que antes. Em "9 mm" (programa de TV do qual Cannito é roteirista) a gente trabalha com a ideia de que todo mundo assiste a todos os episódios. A própria Fox deixa na internet, porque viu que não dava para segurar. Então todo mundo que gosta assiste a todos. E não tem diferença nenhuma se é em HD ou não. Se fizer uma série boa, com bom roteiro etc., o público vai ver, em HD ou não. [...] internet é típica mídia de arquivo, TV é típica mídia de fluxo. Rádio é

> fluxo, você quer aquilo ao vivo. A TV é muito boa no ao vivo, tem uma estética, uma construção do ao vivo. Nélson Hoineff ensinou como a TV nos anos 50 era rica por ser ao vivo. Então é muito louco que a gente vai recuperar o modelo anos 50, ao vivo, a grade, a cara do canal, uma identidade. Ao vivo permite interatividade.

Cannito afirma que é perda de foco dizer que um meio de comunicação vai ganhar do outro. Segundo ele, tudo sendo digital, o conteúdo passa de uma mídia para a outra:

> É tudo *bit*, zero e um. Qual mídia você faz? Não importa. O importante é fazer conteúdo. O específico da internet é isso, o do livro é isso, do boneco é isso. No Guerra das Estrelas o que dá dinheiro são os bonecos. George Lucas disse que abria mão dos direitos do filme etc., quis os direitos dos bonecos. Foi ali que ele ganhou dinheiro. [...] Você tem que pensar em como criar universos, como incentivar comunidades e rituais – por exemplo, jogos de adivinhação do Lost. Lost já foi concebido como um produto multiplataforma. O *site* do Lost foi registrado dois anos antes. Cria pistas, às vezes tem intervenções físicas. Uma vez apareceu um ator num evento e disse: "vocês estão escondendo a verdade, a verdade é...", e as pessoas piram nisso. Nas narrativas transmidiáticas você já cria uma história para todas as mídias. A gente rompeu os limites de mídia. E tem que ter atuação em relação ao direito autoral. Como é que você vai medir a economia afetiva, que é o carinho da pessoa por aquela marca? As séries começam a se preocupar com o nível de fidelidade na primeira temporada, não mais com a audiência. Porque aí a audiência pode crescer nas próximas temporadas. Porque aqueles fãs vão se encarregar de divulgar, de fazer crescer. O que falta agora é juntar as mídias, ter uma que junte.

Freire Filho (2007) critica aqueles que temem ou desprezam o acesso do povo a um lugar de fala nos meios de comunicação, mas considera ilusória a autonomia prometida pelas novas tecnologias, uma vez que a interatividade é submetida aos formatos e limites pelo modo corrente de produção das novas mídias.

Não pretendo entrar aqui em julgamentos de valor em relação a produtos como *fans fictions*, trabalhos que podem ou não ter qualidade sob vários pontos de vista, ou vídeos de telespectadores que eventualmente possam ser enviados e divulgados por emissoras de TV. A democratização da TV digital é vista aqui de um ponto de vista mais pragmático, basicamente pela multiplicidade de canais levando a múltiplas opções para o telespectador e a inclusão digital, possibilitando uma interatividade com serviços de governo e empresas, levando mais qualidade de vida aos cidadãos. Outros tipos de interatividade também podem trazer informações mais aprofundadas para o telespectador, o que pode ser útil e interessante para ele, e entretenimento, que também pode ajudar em sua qualidade de vida, mas não há dúvida de que toda essa interatividade é mediada, e que não há garantia de que o telespectador encontrará algo que considere útil ou interessante no que possa vir a ser oferecido nessa área.

Ainda no congresso do IETV, outra entre as várias menções ao transmídia foi feita por Sandra Jimenez, diretora de Mídias Digitais e Novos Negócios da MTV. Ela informou que 97% do público da MTV usaram internet nos três meses anteriores, e 91% tinham celular. Segundo ela, o canal "tem que ter coisa para essas mídias. Mas não dá para fazer um produto que eles tenham que gastar R$ 50 por mês para acessar".

Nélson Hoineff, presidente do IETV, também mostrou dados de penetração dos vários meios digitais no Brasil, mas lembrou que a TV aberta ainda atinge um público muito maior que a fechada no país. Já nos Estados Unidos, Hoineff informou que a média de audiência das grandes redes havia caído de 14% para 8% em seis anos. A perspectiva futura não parecia muito diferente: ele citou uma pesquisa feita com pessoas de 6 a 18 anos em São Paulo para indicar a preferência entre TV e internet, e o resultado foi que 21% preferiam a primeira e 56%, a segunda. O pesquisador falou, também, sobre o crescimento dos celulares, que, no Brasil, já eram 152 milhões. Na China, segundo ele (citando uma pesquisa da Teleagent Systems), para 85% dos compradores, a principal influência na decisão de compra do celular em 2008 foi possuir TV com sinal aberto integrada; e 74% assistiam à TV em celulares por 30 minutos ou mais sem interrupções.

O cocriador do Ginga, Luiz Fernando Soares, da PUC-Rio, quis chamar atenção em sua palestra para a junção de dispositivos móveis e fixos na interatividade da TV. Com o Ginga (e desde que as emissoras disponibilizem o serviço), o telespectador pode interagir com um programa pelo celular, enquanto outras pessoas no mesmo ambiente continuam a ver o programa pela TV, sem interrupções – opção que só existe no *middleware* brasileiro. Luiz Fernando comemorou o fato de que pela primeira vez na história o Brasil possui um padrão mundial ITU, uma conquista do *middleware* que permite que ele seja usado em qualquer parte do mundo. E, segundo o professor, era "o único *middleware* padronizado, e é muito mais reconhecido lá fora que aqui".

Na palestra, ele demonstrou certa irritação com o fato de ainda não termos o Ginga com interatividade plena na casa dos brasileiros, e afirmou que "código aberto chateia muita gente". A linguagem NCL tem código aberto, podendo ser utilizada por qualquer pessoa sem pagar por isso. O Ginga NCL, inclusive, já estava disponível para uso em IPTV, ou seja, é possível interagir sem a necessidade de receptor no padrão ISDB. Luiz Fernando informou que o Ginga NCL, já disponível para Linux e Windows em *laptops*, "arrepiou todo mundo que pretendia ganhar dinheiro com isso. A linguagem NCL foi feita para democratizar não só o acesso, mas também a produção". O pesquisador contou, ainda, que um *site* que faz comparações de linguagens de informática mostrou que a NCL Lua, criada na PUC, é sete vezes mais rápida e 40 vezes mais leve que a linguagem HTML, usada nos outros *middlewares*, e por isso o Ginga é o mais recomendado para vídeo.

Perguntado pela plateia sobre por que o Ginga ainda não estava sendo adotado, Luiz Fernando explicou que o Java não é nacional, e ainda estava sendo discutida a questão dos *royalties*. A indústria de equipamentos teria de pagar *royalties* e queria subsídios do governo para isso. "Essa indústria é a mais gananciosa em termos de subsídio, não traz nada para o país, e não estão fabricando o Ginga porque não tem quem faça, só tem apertador de parafuso", desabafou. O pesquisador lembrou, ainda, que naquele momento era possível ter oito programas na banda de frequência, podendo haver multiprogramação, "mas o governo diz que só as públicas podem ter. Se você for nos juízes, [*sic*] metade dos juízes vai dizer que pode, metade que não pode. A regulamentação está caduca", afirmou Luiz Fernando. No capítulo sobre a TV pública, veremos a luta da TV Cultura contra o Ministério das Comunicações para conseguir fazer a multiprogramação.

Ezequiel Abramzon, vice-presidente de Mídia Digital da Disney Latin America, afirmou, em palestra no mesmo Fórum, que "a internet está mudando, você vai caminhar dentro dela, e os celulares vão dominar. Hoje é '*The prosumer age*', *producer + consumer*". Citando pesquisa da Deloitte, ele disse que já estavam nos seguintes percentuais as pessoas que diziam que os computadores já as entretinham mais que a televisão: 80%, de 13 a 24 anos; 74%, de 25 a 41 anos; 64%, de 42 a 60 anos; 51%, de 61 a 75 anos.

Dupas faz um alerta sobre a internet, dizendo que "sua manutenção como um veículo público de socialização das informações, ao lado do seu inevitável e revolucionário uso comercial, irá depender de como sua regulação será efetivada pela sociedade" (2001:24). Existe uma crença bastante difundida de que a internet deve ser totalmente livre, enquanto outros defendem sua regulação. Eagleton, não especificamente falando sobre a internet, faz alerta parecido com o de Dupas, defendendo a regulação ao criticar "intelectuais pós-modernistas" que acreditam que a normatividade é sempre negativa:

> É um equívoco, contudo, acreditar que as normas são sempre restritivas. De fato, esse é um crasso delírio romântico. Em nosso tipo de sociedade, a norma é que as pessoas não se joguem sobre totais estranhos, emitindo um grito rouco, e amputem suas pernas. Está convencionado que assassinos de crianças sejam punidos, que homens e mulheres que trabalham possam deixar seus empregos, e que ambulâncias em alta velocidade a caminho de um acidente de tráfego não sejam bloqueadas só porque quero que se lixem. Qualquer um que se sinta oprimido por tudo isso tem de estar padecendo de grave supersensibilidade. Apenas um intelectual com uma *overdose* de abstração poderia ser obtuso o bastante para imaginar que qualquer coisa que viole uma norma será sempre politicamente radical. [...] O preconceito pós-moderno contra normas, unidades e consensos é um preconceito politicamente catastrófico. (2005:30-31)

Debates sobre seu futuro à parte, a internet cresce no Brasil. Em 21 de agosto de 2009, *O Globo* informava que, de acordo com pesquisa do Ibope Nielsen On Line divulgada na véspera, 36,4 milhões de pessoas usaram a internet em julho no trabalho ou em casa, um aumento de 10% em relação ao mês anterior. Também cresceu o tempo médio de uso da rede, mantendo o Brasil como líder no quesito. O número de internautas residenciais ativos chegou a 27,4 milhões, com crescimento de 7,4% em relação a junho e de 8% em relação a julho de 2008.[32]

O acesso à internet ganhou mais um impulso em 25 de agosto de 2009, quando a Agência Nacional de Energia Elétrica (Aneel) terminou de regulamentar o uso da banda larga pela rede elétrica, a Power Line Communications (PLC). Embora as empresas de energia tenham reclamado de regras que impediam uma lucratividade alta, especialistas estimavam que entre 12 e 18 meses o serviço chegaria às grandes cidades, propiciando a inclusão digital (Tavares, *O Globo*, 2009b). E já em 3 de setembro o governador de Minas Gerais, Aécio Neves, enviou à Assembleia Legislativa do estado projeto de lei autorizando a estatal mineira de energia, Cemig, a vender serviços de telecomunicação, com o objetivo de oferecer internet banda larga via PLC. As estimativas eram de que o consumidor pagaria a metade do preço por uma banda larga 10 vezes mais veloz que a convencional (Fabrini, *O Globo*, 2009).

Novas formas de se comunicar também estavam ganhando impulso. Em 9 de agosto de 2009, matéria do jornal *O Globo* com o título "Com 5 milhões no Brasil, Twitter atrai empresas" informa que empresas como Gol, Brastemp, Pão de Açúcar, Submarino e outras passaram a ver o microblogue como uma forma de atrair novos consumidores com promoções exclusivas para os "seguidores". Em 2 de setembro, em uma reportagem que tratava da venda de 65% da Skype pela eBay para um grupo de investidores por US$ 1,9 bilhão, *O Globo* informava que o faturamento da Skype tinha crescido 25% no segundo trimestre, para US$ 170 milhões, e o número de usuários tinha subido em 37,3 milhões, para 480,5 milhões.[33] Esse crescimento põe a nu a ameaça que as telefônicas estão sofrendo em seu mercado e o motivo pelo qual tão desesperadamente elas querem entrar na área de TV a cabo e investem no fornecimento de conteúdo audiovisual pelo celular. Em 10 de setembro de 2009, *O Globo* informava que a Oi estava se preparando em sigilo para lançar a Oi TV, com tecnologia de internet (IPTV) e serviços convergentes de telefonia, internet e TV, envolvendo um investimento de R$ 20 milhões.

E, em um pequeno boxe de pé de página do jornal *O Globo* de 2009, fica-se sabendo que, no primeiro semestre de 2009, os gastos com anúncios *on line*

32 Número de internautas no país cresceu 10%. *O Globo*, p. 28, 21 ago. 2009.

33 eBay vende 65% da Skype por US$ 1,9 bilhão. *O Globo*, p. 29, 2 set. 2009.

haviam superado os gastos com publicidade na televisão na Grã-Bretanha. De acordo com o Internet Advertising Bureau, em parceria com a Price Waterhouse e World Advertising Research Center, a publicidade na internet respondeu por 23,5% do total. A matéria, porém, não informa o percentual gasto com anúncios de TV.[34] Outra matéria já havia informado, em 16 de fevereiro, que os grupos de mídia Gannet (84 jornais, entre outros), Hearst (12 jornais, 31 semanários, 200 revistas no mundo e 29 emissoras de TV, como ESPN), New York Times.co (*NYT*, *Herald Tribune*, *The Boston Globe*, mais 15 jornais e mais de 50 *sites*) e Tribune (*Los Angeles Times*, *Chicago Tribune* e 23 cadeias de TV) se uniram para elevar suas receitas com publicidade digital. A rede, aberta à entrada de outros sócios, permitiria que um anunciante comprasse espaço publicitário de uma só vez nas *webs* de jornais e cadeias de TV. O grupo iria competir com a rede criada pelo Yahoo mais de um ano antes. Mais um passo de emissoras de TV, junto com outros afetados pelas novas mídias digitais, para adaptar seu modelo de negócios a esse mercado em transformação.

Uma nota da coluna Controle Remoto do *Globo*, de 9 de dezembro de 2009, trazia uma pesquisa da Nielsen nos Estados Unidos revelando que 99% dos telespectadores ainda assistiam à TV via televisores, mas que o consumo de vídeos via computador tinha crescido 35% em relação a 2008. E, ainda, que o gravador de vídeo, que permite montar sua própria programação, tinha 21% mais adeptos que no ano anterior. Pela pesquisa, o público de 45 a 54 anos era o que gastava mais tempo *on line*, sete horas por semana, o que a coluna considerou surpreendente.

A cineasta e produtora de vídeo Rosane Svartman, dona da produtora Raccord, faz os chamados programas transmídia, além de já ter feito programas específicos para celular e internet. Em palestra na PUC-Rio em 1º de outubro de 2009, ela se mostrou cética em relação à TV digital interativa e disse que ainda há controvérsias se vai se firmar a produção própria de vídeos para celulares ou se eles apenas reproduzirão o conteúdo da TV.

Enquanto isso, em 2009, as novidades não paravam de chegar ao mundo televisivo, com o lançamento da TV *full HD* 3D pela Panasonic, Sony, Toshiba e Sharp e a promessa da Philips de, em breve, apresentar um modelo que dispensa o uso de óculos especiais; e a apresentação pela Toshiba e Panasonic de protótipos de televisores 4k2k, com quatro vezes mais *pi-*

34 Anúncio na web: popular. *O Globo*, p. 28, 1º out. 2009.

xels que a *full* HD (3.840p × 2.160p de definição). A diferença de imagem para melhor, porém, só será sentida por quem tiver uma tela de, no mínimo, 100 polegadas. Os equipamentos foram apresentados na Ceatec 2009, no Japão, a maior feira de eletrônicos da Ásia, conforme reportagem do caderno Digital do *Globo* de 26 de outubro de 2009.

Essas novidades que chegam cada vez mais rápido, transformando em lixo o que existia antes, foram descritas por Bauman (2007) como parte constitutiva do que ele chamou de vida líquida da pós-modernidade. Segundo o sociólogo, na pós-modernidade, o que importa é a velocidade, quem fica parado fica obsoleto, e não podemos nos apegar a lugares, a pessoas nem a coisas. Os objetos velhos ou ultrapassados devem ser logo descartados para ceder lugar aos novos, e isso serve, obviamente, aos interesses do capital de vender cada vez mais para lucrar cada vez mais. Eagleton também denuncia que "um tipo de capitalismo mais esperto, consumista, nos persuade a sermos indulgentes com nossos sentidos e a nos gratificar tão despudoradamente quanto possível" (2005:19). Para Dupas (2001:84), "a aliança com as técnicas se negocia continuamente, requer cidadãos esclarecidos, vigilantes e críticos, não consumidores fascinados".

Em 18 de dezembro, reportagem do jornal *O Globo* informa que a Oi lançaria em janeiro o IG filmes, com o objetivo de alugar filmes via celular (inicialmente no Rio de Janeiro, São Paulo, Minas Gerais e Paraná) ou por redes de fibra ótica, começando por bairros do Rio de Janeiro como o Leblon. O IG Filmes seria parte do portal IG (que era controlado pela Brasil Telecom, empresa comprada pela Oi no ano anterior) e teria parceria com a NetMovies, controlada pela IdeiasNet. Também no fim de 2009, o YouTube passou a exibir vídeos em *full* HD.

A concorrência digital também se acirrava do lado da TV por assinatura. Em março de 2010, de acordo com *O Globo*, a Net e a Sky "bateram a marca das 300 mil residências assinando a TV digital. As vendas começaram tímidas, mas cresceram no começo do ano" (Kogut, *O Globo*, 2010). A nota cita como motivo do aumento a queda nos preços dos aparelhos de TV digital ("há dois anos, um televisor de 42 polegadas *full* HD custava cerca de R$ 5 mil. Hoje, o preço caiu para R$ 2,5 mil"), o fato de que os assinantes não precisam mais comprar o *decoder* e a aproximação da Copa, lembrando, ainda, que o serviço inclui DVR, permitindo que o assinante grave o que quiser e, portanto, monte sua programação. No quadro a seguir, podemos acompanhar a crise e o posterior crescimento no número de assinantes da TV paga no Brasil nas suas três modalidades: cabo, MMDS (micro-ondas) e DTH (satélite). Complementando seus dados: em março de 2011, de acordo com a Anatel, a TV por assinatura estava em 10.418.829 domicílios brasileiros.

EVOLUÇÃO DA BASE DE ASSINANTES

ANO	CABO	MMDS	DTH	TOTAL	CRESCIMENTO
1993	100.000	–	–	100.000	-
1994	350.000	–	–	350.000	250%
1995	644.300	240.200	115.500	1.000.000	186%
1996	1.206.000	396.000	198.000	1.800.000	80%
1997	1.758.124	420.351	392.838	2.571.313	43%
1998	1.801.245	315.824	576.270	2.693.339	5%
1999	1.772.642	295.578	905.348	2.973.568	10%
2000	1.997.054	333.975	1.138.000	3.469.029	17%
2001	2.088.408	298.258	1.172.000	3.558.666	3%
2002	2.069.193	249.395	1.139.373	3.457.961	– 3%
2003	2.113.679	227.649	1.192.124	3.553.452	2%
2004	2.242.890	230.950	1.315.823	3.789.663	7%
2005	2.462.873	230.511	1.388.540	4.081.924	8%
2006	2.807.727	261.514	1.470.400	4.539.641	11%
2007	3.235.834	342.779	1.755.470	5.334.083	18%
2008	3.841.975	392.271	2.016.141	6.250.387	17%
2009*	4.299.362	381.741	2.350.491	7.031.594	12,49%

* Terceiro trimestre.

Fonte: Revista *Tela Viva*, mar. 2010 (encarte)/PTS.

Também em março de 2010, a Apple já recebia encomendas para o iPad, computador do tipo *tablet*, ultraportátil, que permite ler livros eletrônicos, ver vídeos e entrar na internet – um avanço em relação ao Kindle, livro eletrônico da Amazon que já estava no mercado e não oferecia acesso à rede.

Em 3 de abril, o *tablet*, com tela de toque de 9,7 polegadas, chegou às lojas dos Estados Unidos. A versão *wi-fi* pesa 680 kg, e o modelo com 3G e conectividade ao celular pesa 730 g. A duração da bateria é de cerca de 10 horas acessando a internet via *wi-fi*, ou vendo vídeo ou ouvindo música. O iPad, além de ler livros em voz alta, também permite que o usuário dite um livro e tem entrada para teclado externo. Os preços variavam de US$ 499 a US$ 829, dependendo da quantidade de memória.[35]

Em março, a Google anunciou que tinha se unido à Intel e à Sony para criar a Google TV, baseada no seu sistema operacional Android. A Google TV chegaria ao mercado americano no fim do ano embutida em televisores Sony ou em *set top boxes*, as caixinhas conversoras. Para fabricar o novo produto, a Google fez parcerias com Sony, Intel, Logitech, Dish Networks e Adobe. Pela nova TV, o usuário tem acesso a todo o conteúdo da *web*.

Nos Estados Unidos, a Federal Communications Commision (FCC, órgão regulador dos meios de comunicação) apresentou ao Congresso seu plano nacional de banda larga, prevendo conexão de alta velocidade para 90% da população até o fim da década, "com pelo menos 100 milhões de lares acessando banda larga de 100 megabits por segundo" (Almeida, *O Globo*, 2010). A FCC explica que 100 Mbps vão tornar os Estados Unidos o maior mercado do mundo para internet rápida, atraindo investidores de outros países a desenvolver e lançar suas inovações lá. A mesma reportagem informa que a taxa de penetração da banda larga nos Estados Unidos naquele momento era de 65%, com velocidade média entre 3 e 4 megabits. "No Brasil, ainda temos uma porcentagem baixa da população com banda larga (14%) e na sua maioria ela é lenta (66% < 1 Mbps) e cara (R$ 162 em média), segundo estudo do Ipea." O governo americano pretendia subsidiar a banda larga (já tendo começado a investir US$ 7,2 bilhões) e pensava em criar um *set top box* universal conectando internet e TV a cabo. Ao mesmo tempo, a Google anunciou que pretende instalar acesso ultrarrápido em algumas cidades americanas com até 500 mil clientes de graça. A velocidade seria de um gigabit por segundo (Vasconcelos, *O Globo*, 2010a). Nem vale a pena compararmos com o Plano Nacional de Banda Larga que o governo brasileiro lançaria um pouco depois, como veremos mais adiante, com sua velocidade de acesso entre 512 e 784 Kbps.

35 Apple inaugura temporada do iPad. *O Globo*, p. 34, 13 mar. 2010; Prepare-se para a largada. *O Globo*, Digital, p. 3, 29 mar. 2010; e Apple vê forte demanda por seu novo computador, que chega às lojas sábado. *O Globo*, p. 26, 30 mar. 2010.

São Paulo já tinha, a essa altura, banda larga e telefonia fixa fornecidas pela rede de distribuição elétrica em 350 edifícios (18 mil residências). O serviço era oferecido pela Intelig, utilizando a tecnologia BLP (*Broadband over PowerLine*). A conexão de 10 Mbps custa R$ 74,90 mensais. A Eletropaulo Telecom forneceu a infraestrutura do sistema, e era preciso apenas espetar um *modem* especial à tomada elétrica após uma visita dos técnicos da companhia.[36]

Em meio a tantos maravilhados com a internet e a tentativas, para todo lado, de expandi-la para aumentar o acesso a um meio tão democrático, há aqueles que não comemoram. É o caso de Scolari (2009), que demonstra perplexidade com o futuro do mundo sem uma mídia que leve às pessoas uma voz dominante como aquela que as últimas gerações se acostumaram, e Wolton (2006), que defende a comunidade reunida em volta do mesmo canal de TV e não gosta do aumento do número de canais, com o público dividido. Mas podemos pensar que a sociedade sem essa voz dominante pode seguir tão bem quanto antes do surgimento do rádio e da TV, quando os meios de comunicação eram jornais e livros variados diluídos em meio à população. E, agora, ainda há a possibilidade de essa população ter voz própria por meio das redes sociais e da internet como um todo. Qual a necessidade de um meio de comunicação dominante que defina a agenda da opinião pública? De se construir hegemonia na mídia? Na maioria dos casos, parece mais um perigo que um benefício.

2.8. A Conferência Nacional de Comunicação

O movimento social que defendia uma TV digital democrática esteve também reunido (e também, eventualmente, divergindo) em torno da Conferência Nacional de Comunicação, uma demanda antiga para discutir uma regulação para o setor que o Governo Federal finalmente agendou. As notícias sobre os preparativos para a conferência, que aconteceria de 14 a 17 de dezembro de 2009, em Brasília, foram escassas no *Globo*. Os radiodifusores pretendiam manter a separação entre comunicação e telecomunicações (alegando que a primeira é gratuita e a segunda, paga) e a obrigatoriedade de nacionalidade brasileira para donos de rádio e TV. Eram também contrários à proposta do FNDC e da CUT de criação de conselhos municipais para avaliar as concessões de canais e interferir na programação de rádio e

36 Banda larga via rede elétrica. *O Globo*, Digital, p. 4, 29 mar. 2010.

TV. Representantes do governo e de empresas de comunicação se reuniram em agosto para tratar da organização da conferência; as empresas de telecomunicações iriam participar do evento, e nova reunião decidiria se as de radiodifusão, mídia impressa e provedores de internet também iriam. Uma conferência nacional para debater a comunicação, e as empresas de comunicação ainda estavam pensando se deveriam ir: o fato em si é autoexplicativo.

A conferência, por um bom tempo, tinha sido cercada de muita expectativa por parte dos movimentos sociais pela democratização das comunicações. No entanto, esses movimentos já vinham percebendo que dificilmente seria possível conseguir avanços concretos da forma como estavam sendo conduzidos os preparativos para a conferência.

Bia Barbosa, membro da coordenação executiva do Coletivo Intervozes, em palestra em junho de 2009, afirmou que a verba que o governo divulgara que investiria na conferência foi caindo de R$ 8,2 milhões para R$ 1,6 milhão.

> Se sairmos do movimento social para a conferência com o movimento social mais organizado vamos dar um salto, não nas questões concretas, mas na luta. Não temos a ilusão de que vamos sair dali com a democratização das comunicações, mas vamos levar a pauta de discussões para a população brasileira e aumentar o número de defensores da questão. A conferência foi convocada após dois anos de pressão da sociedade, e ela é só o começo do processo. [...] A primeira coisa que o Hélio Costa disse, depois de falar anos que o Brasil não precisava de uma conferência de comunicação, foi que a conferência tinha que debater infraestrutura etc., tudo, menos conteúdo.[37]

A coordenadora do Intervozes também relatou que o ministro Hélio Costa, em um congresso da Abert, disse que a juventude tinha de "despendurar" da internet e voltar a assistir à televisão. Bia Barbosa disse ainda, na palestra, que Hélio Costa é o garantidor da ligação do governo Lula com a Globo. "A Globo patrocinou a eleição do Alckmin contra o Lula. A gente achou: agora o Hélio Costa cai. Mas não caiu. E o programa de governo do Lula (e não apenas o programa do partido) falava da democratização das comunicações", comentou.

37 Bia Barbosa, palestra no JPPS da ECO/UFRJ em 1º de junho de 2009.

A conferência começou em 14 de dezembro com 6.101 propostas em debate, vindas de conferências estaduais preparatórias, e 1.684 delegados: 40% representando a sociedade civil, 40% os empresários e 20% ligados ao poder público.

As entidades representantes das empresas de comunicação não participariam da conferência, alegando temer que parte das propostas do encontro relacionadas a controle social dos meios de comunicação resultasse na criação de mecanismos de censura ou de inibição da liberdade de imprensa.

Foi só no dia 18, dia seguinte ao encerramento da conferência, que o jornal lhe atribuiu importância, trazendo chamada na primeira página e uma matéria de meia página inteira, no alto, e com título que já demonstrava crítica ao resultado: "Confecom aprova medidas restritivas ao jornalismo". A expressão "medidas restritivas" no lugar de "controle social", usada pelos movimentos sociais, parece querer passar ao leitor a ideia de cerceamento da liberdade de expressão. O lide é ainda mais explícito:

> Cinco anos depois de ser retirada da pauta do Congresso Nacional, a 1ª Conferência Nacional de Comunicação, encerrada ontem, aprovou proposta de criação do Conselho Federal de Jornalismo (CFJ) e mais uma série de medidas consideradas restritivas à liberdade de imprensa, de expressão e da livre-iniciativa. As sugestões, sem caráter impositivo, serão agora encaminhadas ao governo e ao Congresso Nacional. O ministro da Comunicação Social, Franklin Martins, disse que as propostas podem ou não ser acolhidas pelo governo. (Carvalho, *O Globo*, 2009a)

Guillermo Mastrini, professor da Universidad de Quilmes, de Buenos Aires, em palestra com conteúdo ainda a ser publicado,[38] destacou que, na agenda de políticas de comunicação, predomina, do lado dos progressistas, a defesa do direito à comunicação e, do lado dos não progressistas, em especial as corporações de mídia, a defesa da liberdade de expressão. Mastrini afirmou que o conceito de liberdade de expressão foi, há muito tempo, apropriado pelos donos dos meios de comunicação contra a interferência

38 Palestra "Políticas de comunicação e governos progressistas da América Latina", proferida no I Seminário Internacional Convergência das Mídias: Regulação para a Cidadania, da Escola de Comunicação da UFRJ e Instituto Nupef, em 4 de novembro de 2010.

do Estado. No caso específico da América Latina, isso inclui o pressuposto de que o Estado não interfira na utilização do espaço midiático por seus donos em defesa de interesses próprios. Por isso, segundo ele, a sociedade civil precisa usar outro conceito, que é o direito à comunicação.

É interessante, ainda, analisarmos o lide transcrito levando-se em conta o positivismo do texto jornalístico. O texto diz que as medidas são "consideradas" restritivas, mas não diz por quem, transformando o trecho em uma opinião disfarçada, o que vai contra o contrato de leitura feito pelo jornal com os leitores de que as matérias não são opinativas – as opiniões são expressas nos editoriais, página de Opinião e Cartas do Leitor.

No pé da matéria está a informação de que a TV Bandeirantes e a Rede TV! participaram do evento, e que a ANJ e a Abert, entre outras entidades "que representam a maioria das emissoras de rádio, TV, os jornais e as revistas do país, decidiram, há quatro meses, não participar do encontro por considerar que a conferência teria caráter de cerceamento da liberdade de imprensa e da livre-iniciativa no setor", ou seja, encerrando a matéria com praticamente as mesmas palavras que estavam no lide. Uma pequena matéria coordenada trata especificamente das críticas da ANJ e da Abert às propostas, consideradas, inclusive, antidemocráticas. Um quadro lista algumas das propostas (17) das 672 aprovadas, nenhuma delas especificamente relativa à TV digital. Os movimentos sociais pareciam cansados de tentar e não conseguiram avanço algum sobre o tema.

Até o fim de 2011, nem o governo nem o Congresso brasileiros haviam se movimentado para regulamentar a TV digital, de modo bem diferente do que ocorreu na Europa:

> Quando as transmissões de TVD "terrestre" (TVD-T) começaram na Europa, nos primeiros anos do século XXI, o arcabouço político-normativo estava, no essencial, estabelecido e legalmente formalizado. Foi esse arcabouço, elaborado conforme também avançavam os trabalhos do Grupo DVB, que definiu as especificações e as características técnicas do que viria a ser conhecido como "padrão DVB". A tecnologia estava a serviço do projeto político-ideológico e, por trás dele, encontravam-se pactuados os interesses dos principais atores político-econômicos: a indústria fabricante, os antigos e novos fornecedores de infraestrutura e serviços de telecomunicações, os opera-

> dores de TV paga, os radiodifusores estatais e privados, os produtores de conteúdo, dentre estes, principalmente, os próprios produtores europeus (beneficiados por políticas de cotas estabelecidas conforme a diretriz *Televisão sem Fronteiras*). (Dantas, 2009:295)

A ausência de regulação para a TV digital no Brasil não deveria causar espanto. Qualquer tentativa de regulação é classificada e desqualificada pelas Organizações Globo como censura e/ou tentativa de cercear a liberdade de expressão. Há inúmeros exemplos disso, como os ataques à tentativa de criar a Ancinav e o Conselho Federal de Jornalismo. Quando foi aprovado na Comissão de Defesa do Consumidor da Câmara dos Deputados um projeto que proibia publicidade para crianças nos meios de comunicação em julho de 2008, reportagem do *Globo* mostrou o presidente da Abert, Daniel Slaviero, dizendo que isso inviabilizaria a programação infantil na televisão (como se a verba de publicidade fosse marcada e apenas a publicidade para crianças pudesse sustentar a programação infantil na TV aberta) e afirmando que o Conselho de Autorregulamentação Publicitária (Conar, formado por agências de publicidade) era o fórum adequado para tratar do assunto, e o poder público não deveria interferir. A reportagem, porém, ouve o outro lado e termina com o autor do projeto, deputado Luiz Carlos Hauly (PSDB/PR), dizendo que a publicidade infantil cria expectativas de consumo a que 90% dos pais não podem atender.[39]

Dias depois, outra reportagem foi mais incisiva. Com o título "Liberdade de expressão é o pilar da democracia", mostrava o discurso do vice-presidente das Organizações Globo, João Roberto Marinho, no IV Congresso Brasileiro de Publicidade, no qual ele dizia que o cidadão é tratado com tutela, e que não há democracia com tutela. Como se um projeto de lei aprovado no Congresso não fosse democrático. Segundo a reportagem, "ele falou sobre as tentativas de restrições à liberdade de expressão comercial", como se tal figura existisse com a palavra comercial incluída. Da mesma forma que o direito constitucional de ir e vir é regulado por leis como as de trânsito, a liberdade de expressão também é e pode ser regulada por leis, mas as Organizações Globo insistem em torcer os fatos para fazer parecer a seus telespectadores, ouvintes e leitores que a liberdade de expressão das empresas de comunicação deve estar acima do bem e do mal e não pode

39 Abert critica restrições a propaganda. *O Globo*, p. 10, 12 jul. 2008.

sofrer qualquer regulação. No dia seguinte, mais uma reportagem, também de meia página, voltando a bater na mesma tecla, com o título "Contra a censura, mesmo a 'bem-intencionada'" e o subtítulo o "IV Congresso de Publicidade defende liberdade de expressão comercial, inclusive para garantir uma imprensa livre" (Barbosa, *O Globo*, 2008).

Mas, quando é para seu benefício, o grupo pede regulação, como demonstra reportagem do *Globo* menos de um mês depois. Em evento da Associação Brasileira de TV por Assinatura (ABTA), houve um racha entre "as duas principais empresas associadas da entidade" e as demais, com as primeiras acusando as teles de "desrespeitarem a Lei do Cabo ao passar a oferecer serviços de televisão por assinatura aos seus clientes", e a Anatel "por permitir que isso ocorra".

> – Queremos regras claras e funcionando. Eles [as operadoras de telefonia] querem acabar conosco – reclamou o executivo da Net, para quem essa instabilidade regulatória estaria afetando os preços das ações da empresa desde julho de 2007.
> [...] O presidente da ABTA, Alexandre Annenberg, não poupou crítica às teles e à postura do governo. Segundo ele, as operadoras de telefonia são uma das "pedras no caminho" do mercado de TV paga. (Rodrigues, *O Globo*, 2008)

Em outro momento, no fim de 2009, a Abert e a Associação Nacional de Jornais (ANJ) divulgaram nota defendendo que "*sites* da internet que fazem o papel de empresas de comunicação sejam submetidos às mesmas regras válidas para jornais, revistas, rádios e emissoras de TV", ou seja, ter no máximo 30% de capital estrangeiro e ser chefiados por brasileiros natos ou naturalizados há pelo menos 10 anos:

> Não há controle da sociedade ou dos poderes públicos sobre quem são os verdadeiros donos dessas empresas e em que condições produzem o material divulgado.
> "Está mais do que na hora de a sociedade brasileira restabelecer a lei e desfazer o equívoco: a liberdade irrestrita no uso da infraestrutura de redes da internet e nos serviços de intercomunicação (redes sociais e outros) não pode ser confundida com desrespeito à lei no que se re-

> fere à produção e programação de conteúdo nacional", dizem as duas entidades na nota. (Carvalho, *O Globo*, 2009b)

Ainda em 2009, na edição de 25 de novembro, *O Globo* traz um pequeno boxe de opinião (um pequeno editorial) ao lado de uma matéria sobre o Plano Nacional de Banda Larga (PNBL) com o título "Previsível". No minieditorial, o jornal critica a intenção do governo de ter uma estatal (que poderia ser a Telebras ressuscitada, o Serpro ou outra empresa) para implantar e gerenciar o PNBL. O texto diz que "os estatistas não perdem a oportunidade para embarcar na máquina do tempo rumo ao passado", que essa empresa seria ineficiente e inchada de funcionários e que seria melhor "para contribuinte e usuário estimular a concorrência entre as empresas privadas do setor".[40] Também podemos dizer que é previsível o uso do espaço do jornal na defesa de interesses próprios da empresa, no caso, o serviço de banda larga Net-Vírtua.

Reportagem do *Globo* de 13 de março de 2010 afirmava, no segundo parágrafo, que, "apesar da promessa do ministro das Comunicações, Hélio Costa, de que todas as capitais do país teriam a TV digital até o fim de 2009, isso não aconteceu". A reportagem trazia uma crítica ao ministro, mas estava localizada na parte de baixo de uma página esquerda, espaço menos nobre do jornal. O motivo da matéria era que cinco capitais do país, Maceió, Rio Branco, Macapá, Boa Vista e Porto Velho, ainda veriam os jogos, em junho, pela TV analógica. Ao mesmo tempo, informava que 32 cidades já tinham as transmissões digitais, tendo o Rio de Janeiro oito emissoras, São Paulo 14 e Brasília nove.

A reportagem informava, ainda, que diversas emissoras estavam com dificuldades para cumprir o cronograma. Se uma emissora não começar a fazer os testes (e, para isso, precisa ter os equipamentos) até o primeiro semestre de 2011, terá de devolver o canal. O custo de um transmissor estava estimado, naquele momento, em US$ 1,5 milhão, e o de um retransmissor, em US$ 100 mil.

Na edição de março de 2010, a revista *Tela Viva* anunciava, finalmente, a chegada ao mercado de televisores com Ginga. Mas, no editorial, o editor André Mermelstein não demonstrava otimismo:

---

40 Previsível. *O Globo*, p. 24, 25 nov. 2009.

> Os modelos de exploração da interatividade estão sendo definidos e ainda serão bastante experimentados. Impossível agora saber o que vai "pegar". Podem ser as votações do "Big Brother", consulta à tabela do Brasileirão ou à previsão do tempo, jogos, compras ou nenhuma das anteriores. E há questões importantes a se resolver, como a sobreposição da interatividade na programação e nos *breaks* comerciais e as fontes de receita que ela pode gerar (ao contrário de modelos como o SMS, que hoje remunera, e bem, as emissoras).
> No setor público, vislumbra-se a possibilidade de serviços de cidadania pela TV, como consultas à Previdência, à Receita Federal, agendamento do SUS, campanhas e outros.
> Mas tudo isso já nasce com uma cara de coisa antiga. Os recursos chegarão ao consumidor em uma época em que quase 60% da população acessa a internet, e 90% tem um telefone celular. Com a implantação do Plano Nacional de Banda Larga, qualquer que seja a sua configuração final, a expectativa é que o acesso à internet seja universalizado em alguns anos. E o uso da internet móvel se consolida rapidamente.
> A interatividade na TVD, que em muitos casos sequer terá um canal de retorno, terá que concorrer com estas outras plataformas, muito mais interativas, ricas em recursos, e altamente disponíveis. (Mermelstein, *Tela Viva*, 2010)

Reportagem na mesma edição da *Tela Viva* informava que, no início de fevereiro de 2010, o Fórum do Sistema Brasileiro de TV Digital enviou à Associação Brasileira de Normas Técnicas (ABNT) os perfis do *middleware* que poderiam ser usados na TV brasileira: uma versão simplificada, com suporte a texto, fotos e animações; e outra que permitiria o tráfego de vídeos. Ficou aberta a discussão sobre um terceiro perfil (que poderia também ser parte do segundo), que permitiria rodar os aplicativos em celulares, *videogames*, tocadores de vídeo etc.

> A indústria teme que o perfil mais avançado eleve muito o custo dos receptores, alegando que esta versão do Ginga com suporte a vídeo demanda mais recursos de *hardware*, como memória, por exemplo. [...] Não há ainda um modelo de negócios definido para rentabilizar a interatividade, nem sequer apostas alinhadas em uma tendência. (Lauterjung, *Tela Viva*, 2010)

A reportagem mostra executivos de diversas emissoras falando dos testes que estão sendo feitos com aplicativos para o Ginga, inclusive em parcerias com empresas desenvolvedoras de *software*. No caso da TV Globo, o diretor de engenharia, Raymundo Barros, citou como exemplo acessar os diários dos participantes do "Big Brother Brasil" e interações no futebol, como acesso a estatísticas da partida, a gols de outros jogos da rodada e à tabela de classificação. Em novelas, seria possível participar de enquetes e opinar sobre os rumos da história. A matéria não aborda essa questão, mas, nesse caso, haveria uma economia nos gastos da emissora, que não precisaria pagar por pesquisas qualitativas para descobrir o que os telespectadores desejam para a história, na tentativa de aumentar a audiência. A interatividade prevista pelas cabeças de rede tendia a ser bastante limitada, e seus executivos não conseguiam chegar a um modelo de negócios que tornasse a interatividade atraente para as emissoras. Já a MTV declarou que não faria interatividade via TV digital e investiria nas redes sociais, como Twitter e Facebook.

Enquanto deixava a TV digital à própria sorte no jogo do mercado, o Governo Federal lançava, em 5 de maio de 2010, o Plano Nacional de Banda Larga (PNBL), um programa de inclusão digital com o objetivo de levar o acesso à internet em alta velocidade para os 4.278 municípios onde o atendimento é precário ou não existe. Para isso, o governo pretendia usar os 21 mil quilômetros de cabo de fibra ótica da Petrobras e da Eletrobras. A gestora do PNBL será a Telebras, estatal que até 1998 controlou as telefônicas estaduais brasileiras. Os recursos viriam do Tesouro Nacional e, a partir do terceiro ano, das mensalidades pagas pelos usuários. No dia do lançamento, o jornal *O Globo* informava que apenas 20,8% dos domicílios brasileiros tinham internet em alta velocidade. A tarifa do programa deve variar entre R$ 15 e R$ 35, para atingir as classes C e D.

No dia seguinte, *O Globo* dizia que o número de domicílios conectados passaria de 11,9 milhões para 35,2 milhões em cinco anos com o PNBL. Porém, a velocidade de acesso ficaria entre 512 e 784 Kbps, o que foi alvo de crítica de especialistas, que afirmavam que, com essa velocidade, não seria possível trafegar imagens e conteúdo com qualidade, e que na Europa e nos Estados Unidos só é considerada de banda larga a conexão acima de 1 mega. O jornal dizia ainda que, em 2009, os preços mais baixos do mercado variavam entre R$ 49 e R$ 96 para velocidades, na maioria, abaixo de 256 Kbps.

A disseminação da internet, caso ocorresse de acordo com as intenções declaradas pelo Governo Federal, poderia trazer a inclusão digital que diversos setores da sociedade e do próprio governo defendiam, e que a TV digital vinha falhando em conseguir.

Esse quadro não havia se alterado em agosto de 2011, quando a revista *Tela Viva* informava que as razões que levaram à baixa adesão ao DTVi (TV digital interativa) eram motivo para discussões no congresso da SET (Sociedade de Engenharia de Televisão): "A indústria fabricante diz que não há conteúdo que justifique o investimento em um televisor mais caro; a radiodifusão diz que falta escala para lançar conteúdo relevante."[41] A mesma reportagem dizia sobre a interatividade que "um dos principais argumentos para vender o padrão nipo-brasileiro de TV digital a outros países da América Latina e da África até hoje não virou realidade no Brasil. E há quem diga que jamais se tornará". O *site* do Fórum SBTVD informava, em outubro de 2011, os países que adotaram o modelo nipo-brasileiro: Peru, Argentina, Chile, Venezuela, Equador, Costa Rica, Paraguai, Bolívia, Nicarágua, Uruguai e Filipinas.

Possíveis medidas de incentivo às indústrias brasileiras que incluíssem o Ginga em seus televisores e a intenção de que estatais fizessem aplicativos para o *middleware* foram anunciadas pelo governo no congresso da SET de 2011, mas esse tipo de medida deveria ter sido tomada junto com o lançamento da TV digital se realmente houvesse a intenção de disseminar o Ginga. Agora já parece ser tarde. O Banco do Brasil, por exemplo, ainda estava planejando lançar *t-banking* via Ginga na TV Brasil, mas antes já havia lançado o serviço para a Smart TV da LG (TV conectada à internet).

2.9. Uma lei única para a TV por assinatura

Durante todo o período de debates e decisões sobre a TV digital brasileira, a TV por assinatura também era foco de debates e de uma tentativa de regulamentação. O Projeto de Lei nº 29/2007 transformou-se em PLC nº 116 no Senado até ser sancionado pela presidente Dilma Rousseff, em 12 de setembro de 2011, e virar a Lei nº 12.485. Em setembro de 2007, o deputado Jorge Bittar (PT/RJ) apresentou uma proposta de substitutivo para os quatro projetos de lei que havia para unificar a legislação de TV por assinatura – havia leis diferentes para TV a cabo, MMDS (micro-ondas) e DTH (satélite). O substitutivo de Bittar, que começou a tramitar na Comissão de Desenvolvimen-

41 Em defesa do modelo. *Tela Viva*, p. 26, ago. 2011.

to Econômico da Câmara, não colocava limites ao capital estrangeiro para prestação do serviço, e as operadoras de telefonia poderiam atuar no setor, mas a programação e o empacotamento deveriam ficar a cargo de brasileiros. Estabelecia, também, cotas de 10% para filmes, séries e documentários brasileiros em cada canal, e pelo menos 10% dos canais de cada pacote teriam de ser nacionais (o que foi amplamente combatido pelas empresas de TV paga). A publicidade seria limitada a 10% do total da programação e 15% de cada hora, sendo a metade disso nos canais infantis. A proposta iria passar pelas Comissões de Ciência e Tecnologia e de Constituição e Justiça da Câmara, para depois ir ao Senado, segundo reportagem do jornal *O Globo* de 28 de setembro de 2007. Nesse caminho, houve muita pressão, e o projeto foi sendo modificado. A chegada do projeto à Comissão de Ciência e Tecnologia da Câmara, sob a relatoria do deputado Paulo Henrique Lustosa (PMDB/CE), por exemplo, fez logo com que o limite para publicidade saltasse para 25% da programação, o mesmo que na TV aberta.

Em artigo na página de Opinião do *Globo*, o presidente da Associação Brasileira de TV por Assinatura (ABTA), Alexandre Annenberg, afirmava, em 15 de maio de 2008:

> O tema do projeto que provoca maior polêmica é o da imposição de cotas de conteúdo nacional nas grades da TV paga. Para começo de conversa, é preciso ficar claro que não há ninguém no setor de TV por assinatura que seja contrário ao incremento de conteúdo nacional nas suas grades. A maioria das operadoras de TV a cabo já investiu e construiu seus próprios canais locais.
> O que se discute, isso sim, é a imposição de um instrumento tão retrógrado e ineficaz como o de cotas.

A solução que o presidente da ABTA dá no artigo é usar dinheiro do Fust para fomentar a produção e a distribuição de produtos audiovisuais brasileiros. O argumento de Annenberg é interessante de analisar. O termo imposição não deveria se aplicar a um projeto de lei (futura lei) debatido pelos representantes legitimamente eleitos pela população. Em segundo lugar, se o setor de TV por assinatura é realmente a favor da produção nacional e já tem seus próprios canais (o que faz supor que já existe boa quantidade de produção nacional na programação), uma política de cotas, no mínimo, não faria diferença, pois não seria capaz de alterar a programação existente.

Um anúncio da ABTA veiculado à exaustão na TV paga a partir do momento em que o PL nº 29 começou a ser discutido mostrava uma vocação autoritária da Associação, e não do projeto. Um ator dizia o seguinte texto, em tom grave e de alerta à população:

> Desculpe interromper a sua programação assim, mas se o Projeto de Lei 29/2007 for aprovado não será mais você que vai escolher a programação da sua TV por assinatura. Com essa lei, 50% dos canais da sua TV terão que ser nacionais e 10% do conteúdo de todos eles, mesmo os estrangeiros, também. Eles decidem o que você vai assistir e no final você é quem pagará mais por isso. Não deixe que prejudiquem a sua liberdade de escolha. Entre nesse *site* e diga para o seu deputado: eu pago, eu escolho o que quero assistir na minha TV por assinatura.[42]

O *site* mencionado, que aparecia escrito na tela, era o <www.liberdadenatv.com.br>. O anúncio, como se vê, tratava de induzir o telespectador a crer que sua liberdade de escolha estava em perigo, quando, na realidade, quem definia a programação disponível para os assinantes eram as empresas da TV por assinatura, não o telespectador.

A versão do projeto aprovada por Dilma engloba todas as tecnologias de distribuição de conteúdos pagos. A lei, entre outras medidas, abre o setor ao capital estrangeiro; define que nenhuma empresa de radiodifusão, produção ou programação brasileira pode controlar mais que 50% do capital total e votante de empresas de telecomunicações e que, no caminho inverso, as teles não podem ter mais de 30% de empresa de radiodifusão; determina que as teles não podem adquirir direitos de imagem de eventos de interesse nacional, sobre obras de autores nacionais ou talentos artísticos nacionais (protegendo, assim, os radiodifusores); e cria cotas de 3h30 semanais no horário nobre para produção nacional nos canais de espaço qualificado (como os de filmes), sendo metade da cota para produção independente. A nova lei permite às teles investir na distribuição de TV a cabo, o que atende aos interesses das Organizações Globo, que pretendem

42 Comercial produzido em 29 de novembro de 2007 para a Associação Brasileira de Televisão por Assinatura.

voltar a se concentrar na produção de conteúdo e passar o controle da Net para a Embratel.

As cotas são um mecanismo bastante interessante para o crescimento do mercado audiovisual brasileiro, com geração de empregos aqui e uma TV por assinatura que permite ao brasileiro se reconhecer na tela. Mas isso acontece em um momento em que o *video on demand* já é uma realidade, com uma disponibilidade de títulos que tem poucas limitações para crescer. A Netflix chegou ao Brasil em setembro de 2011 com a opção de acesso limitado a vídeos por *streaming* e sem o serviço de entrega de DVDs. O custo era de R$ 14,99 por mês. O serviço estava disponível inicialmente para computadores e consoles PS2, PS3 e Nintendo Wii. Até o fim do ano estava previsto chegar também a TVs conectadas da Samsung e LG, Xbox, iPhone, iPad e tocadores de Blu-ray.[43] A Net já havia se prevenido contra a concorrência com o Now, *video on demand* para seus assinantes, mas este, apesar da mensalidade alta já paga pelo assinante, em 2011 tinha boa parte do conteúdo cobrado, a R$ 3,90 por vídeo assistido.

Dentro do conceito de *TV everywhere*, em agosto de 2011 a Net já pensava em levar o conteúdo do Now para ser assistido em outros dispositivos do assinante, inclusive fora de sua casa.

Em 27 de março de 2010, a coluna Controle Remoto do jornal *O Globo* publicava que, segundo a Anatel, a base de assinantes de TV paga já estava em 7,725 milhões e que, de acordo com o Ibope, enquanto em 2002 16% dos domicílios assinantes eram da classe C, em 2009 esse percentual tinha pulado para 27%. Por conta disso, a Globosat lançaria o Viva, canal com reprises de novelas da Globo e programas populares, como o "Mais Você" e "TV Xuxa". Em agosto de 2011, a base de assinantes já tinha dado um salto, chegando a 11 milhões. Dados apresentados no Congresso da ABTA daquele mês davam conta de que, desse total, 43% dos assinantes eram da classe C, 7% da D, 26% da B e 24% da A, com tendência de crescimento ainda maior na classe C.[44]

TV por assinatura, internet e até mesmo celular, como vimos, acossam o mercado e os lucros da TV digital aberta. Diante da possibilidade de que a internet passe por cima da TV digital, carregando seu público, a expectativa de que isso democratize as comunicações é grande. Não cabe aqui debater o

43 A nova TV por assinatura. *Tela Viva*, p. 7, ago. 2011.

44 Questão de classe. *Tela Viva*, p. 20, ago. 2011.

futuro da internet, mas vale mostrar que, embora essa esperança seja válida, já há alguma concentração no setor. De acordo com levantamento da Serasa Experian Hitwise, a Google mantém a liderança, com 29,83% de todos os acessos no Brasil (Vasconcelos, *O Globo*, 2010b). O renomado escritor português José Saramago, que tinha um blogue, disse que nada há que seja verdadeiramente livre nem suficientemente democrático, por isso não tinha ilusões em relação à internet. Sobre o Twitter, *site* de mensagens compartilhadas que virou febre no Brasil a partir de 2009, ele disse que nem teve a tentação de neófito: "Os tais 140 caracteres refletem algo que já conhecíamos: a tendência para o monossílabo como forma de comunicação. De degrau em degrau, vamos descendo até o grunhido" (Miranda, *O Globo*, 2009).

A internet também, enquanto democratiza, por um lado, vem tendo problemas ainda não totalmente resolvidos, por exemplo, com legislações locais, as quais, às vezes, não são respeitadas na atuação de uma empresa de internet de um determinado país em outro.

Por sua vez, Machado, como já visto, está cético quanto ao futuro da TV digital. E ele considera curioso que se tenha optado por um modelo em que a grande novidade é a alta definição, quando a queixa das pessoas em relação à TV sempre foi relativa à qualidade do conteúdo, não ao número de linhas da imagem. Ele pergunta se precisamos de mais linhas para ver as rugas do apresentador Sílvio Santos ou os fios brancos na cabeleira negra da atriz Claudia Raia.

> Essa tão alardeada TV não produziu até agora qualquer mudança significativa e é pouco provável que o faça num futuro próximo. Ao que parece, com exceção de alguns poucos nichos de classe média alta, os telespectadores não estão se entusiasmando muito em investir fortunas numa tecnologia que até agora não disse a que veio. De parte dos produtores, poucos programas estão sendo produzidos e difundidos com tecnologia de TV digital e, mesmo assim, quando estão, na maior parte das vezes utilizam apenas a alta definição. A transmissão direta via satélite, a passagem da TV preto e branco para a colorida e o surgimento do videocassete produziram impactos muito mais profundos nos modos de fazer e ver televisão do que a TV digital pode agora insinuar. E depois, como o padrão de TV digital adotado oficialmente pelo governo Lula é o mais conservador dentre todos os conhecidos,

> sequer há muito que se esperar, pelo menos em termos de Brasil, já que as possibilidades de interatividade integral, ampliação dos canais, inclusão digital e inserção de novos atores na produção de conteúdos já foram de antemão afastadas. (2009:223)

Com a chegada da internet e novas formas de reprodução digital, que transformam em abundância a escassez de que o capitalismo precisa para ter lucro, Gorz (2005) anuncia uma crise no capitalismo. Ainda não chegamos ao momento de saber se esse tipo de acontecimento de fato está colocando o capitalismo em xeque ou se ele continuará no controle por já estar se adaptando e não apenas usando as mudanças em seu benefício, mas incentivando as mudanças para vender cada vez mais novidades. O fato é que o reinado das emissoras de TV aberta brasileira sobre a audiência está cada vez mais ameaçado, e a digitalização da TV, da forma que foi implantada no Brasil, parece fazer pouca diferença nesse destino.

Capítulo 3

TV pública: saída para democratizar a TV digital?

O GOVERNO LULA MOSTROU-SE DIVIDIDO em relação à questão da TV digital desde o ingresso de Hélio Costa, identificado com os interesses dos radiodifusores, no Ministério das Comunicações. Frustrada a tentativa de democratizar as comunicações por meio da TV digital, o Ministério da Cultura, por exemplo, tentava encontrar outras brechas para defender o interesse público na televisão que se digitalizava. Uma das brechas encontradas foi a criação da chamada TV pública.

Essa TV pública, projeto do governo batizado de TV Brasil ao se tornar concreto, começou a funcionar em dezembro de 2007, com a fusão das TVs Educativas do Rio de Janeiro e do Maranhão, TV Nacional (Brasília) e um novo canal, o 4 da Net, em São Paulo, este último funcionando a partir de 14 de maio de 2008. A TV Brasil está subordinada à EBC (Empresa Brasil de Comunicação), ligada ao Ministério do Planejamento. A EBC foi criada por decreto do presidente Lula em 25 de outubro de 2007 como sociedade anônima de capital fechado, capital de R$ 200 milhões e autorização de repasse de R$ 20 milhões do orçamento da União para suas atividades. "A EBC é resultado da fusão da Radiobras com a Associação de Comunicação Educativa Roquette-Pinto (Acerp) e vai administrar, além da TV pública, o sistema de rádio do Governo Federal e a Agência Brasil."[1]

Bia Barbosa, membro da coordenação executiva do Coletivo Intervozes, lembra que quem oficialmente criou a TV Brasil foi a Secretaria de Comunicação da Presidência da República (Secom), presidida pelo ministro Franklin Martins. "Mas foi o Ministério da Cultura que promoveu, junto

1 Decreto cria empresa para gerir TV pública. *O Globo*, p. 10, 26 out. 2007.

com outras entidades, o I Fórum de TVs Públicas, que construiu as bases para a criação da TV Brasil. Depois do término do Fórum, o presidente Lula passou a missão da criação da TV Brasil para a Secom",[2] explicou.

Para os idealizadores da chamada TV pública, ela era uma forma de implantar os ideais de uma televisão democrática que promovesse a inclusão social (digital, inclusive), em um espaço que escapasse da interferência dos radiodifusores privados. A ideia poderia parecer, a princípio, um paradoxo, pois a TVE do Rio e demais formadoras da nova rede já eram públicas, uma vez que pertenciam ao Governo Federal e, portanto, ao povo brasileiro. Se utilizarmos o conceito de Leal Filho (1997), porém, elas eram estatais – seriam públicas apenas se fossem financiadas diretamente pelo público, mediante pagamento de uma taxa, como a BBC britânica. Não seria o caso da nova TV pública brasileira, que permaneceria estatal, mas o uso do termo "público" servia aos seus idealizadores para expressar uma televisão mais voltada ao interesse público do que as emissoras que formavam a nova rede tinham conseguido ser até então. Para buscarmos entender mais a fundo a filosofia que levou à formação da TV Brasil, vale a pena voltarmos no tempo, ao início do rádio no Brasil, quando a mesma filosofia chegou a prevalecer, obviamente dentro do contexto da época.

3.1. A defesa do interesse público no início do rádio no Brasil

A primeira década do rádio no Brasil tem semelhanças com o momento de implantação da TV digital no país. Não apenas era a chegada de uma nova tecnologia de comunicação, mas o uso que se faria desse meio levou a debates e à defesa de interesses conflitantes de forma bastante parecida com a atual. À época da implantação do rádio, trazido por Edgard Roquette-Pinto, durante toda a década de 1920 houve uma disputa para definir se o meio de comunicação deveria continuar a ser financiado pelos próprios usuários – que, naquele tempo, pagavam uma taxa anual, como se fossem sócios de um clube, mesmo sistema ainda hoje utilizado por emissoras públicas em alguns países europeus – ou pela publicidade. Para Roquette-Pinto e outros defensores da taxa, o fato de o veículo ser sustentado pelos próprios usuários trazia independência para o conteúdo, enquanto a publicidade os tornaria dependentes dos interesses do mercado. A fundação do rádio se deu com um punhado de "amadores", como eles mesmos se designavam na época, li-

2 Palestra no JPPS da ECO/UFRJ em 1º de junho de 2009.

derados por Roquette-Pinto, que bancavam os custos de seu próprio bolso, como em um clube.

> Foi no dia 20 de abril de 1923, na sala de física da Escola Politécnica, no Largo do São Francisco, em plena reunião da Academia Brasileira de Ciências, que um grupo de cientistas liderados por Roquette-Pinto criou a PR-1-A – Rádio Sociedade do Rio de Janeiro. Henrique Morize, presidente da Academia, foi aclamado presidente da Rádio Sociedade, tendo Roquette como secretário. Em hábil manobra política, Roquette-Pinto indicou para presidente de honra da Rádio Sociedade o ministro da Viação e Obras Públicas, Francisco Sá, de quem dependeria a revogação da lei que tornava o rádio uma atividade clandestina. O que, de fato, ele faria pouco tempo depois. (Abdalla Jr.; Ramos, Murilo C., 2005:120)

Os defensores do financiamento pela publicidade acabaram vencendo em 1932, quando o então presidente da República, Getúlio Vargas, autorizou a publicidade no rádio. No início do rádio existiam pessoas e empresas que viam o veículo como oportunidade de negócios e de lucro, enquanto outras o enxergavam como oportunidade de levar cultura à população. Podemos dizer que aparecia naquele momento, como na fase de implantação da TV digital, uma luta entre pessoas que defendiam o interesse público *versus* as que defendiam o interesse do mercado, mesmo com as diferenças de cada época. Mas, como diz Santos (2007), "às vezes os povos perdem a memória de suas forças, das coisas inovadoras que fizeram no passado e que poderiam assumir de novo" (p. 70).

Muitos defensores do interesse público no caso da TV digital (e na comunicações em geral) têm na memória os ideais e a luta de Roquette-Pinto em prol desses mesmos interesses, mas para os brasileiros em geral essa memória se perdeu. E a possibilidade de ela voltar à tona foi restringida justamente pela falta de democracia em boa parte dos meios de comunicação, pois interesses próprios de seus donos os impediam de divulgar as ideias das pessoas que defendem o interesse público no caso da comunicação, e também de divulgar as opções que havia em relação à TV digital. Por isso podemos novamente concordar com Santos, quando diz que

> vivemos em sociedades politicamente democráticas mas socialmente fascistas. Ou seja: está emergindo uma nova forma de fascismo que não é um regime político, mas um regime social. É a situação de gente muito poderosa que tem poder de veto sobre os setores mais fracos da população. [...] O fascismo social [...] não é produzido pelo Estado, mas tem a cumplicidade do Estado. [...] Vivemos em democracias de baixa intensidade. (Santos, 2007:88 e 90)

Em 1924, a revista *Radio* – que trazia a programação da Rádio Sociedade do Rio de Janeiro, considerada a primeira do país – apresentava artigos que tratavam das grandes discussões travadas à época sobre o veículo. No editorial "O nosso anniversario", comemorando um ano do rádio no Brasil, Roquette-Pinto (que trouxe para o Brasil pela primeira vez também a TV, esta em uma experiência no Rio de Janeiro em 1933) definia como missão do rádio, com sua vocação para veículo de massas, levar cultura para o povo brasileiro – era nesse sentido, portanto, que o interesse público era defendido por Roquette-Pinto.

> [...] Mas o Brasil tem forças e riquezas capazes de o transformarem em dez annos numa das maiores patrias da Terra. Falta-lhe apenas cultura. Ella ha-de fazer o povo precaver-se melhor contra a doença que gera a preguiça, porque o homem são nunca é preguiçoso em qualquer clima que viva; ella ha-de impedir que o povo seja explorado pelos egoistas e exaltados que não comprehendem e não querem comprehender que a violência e a guerra não resolvem as situações humanas, como se viu ainda agora, de 1914 a 1918; ella ha-de fazer reagir os bons brasileiros contra os apetites de alguns desalmados que não hesitam explorar o paiz de uma maneira vilipendiosa. Só a cultura fará reagir o povo contra a doença, contra a pobreza, contra a desordem.
>
> Hoje, mais do que nunca sentimos a grandeza do papel que nos cabe como força humilde mas sincera no preparo da transformação geral que é preciso seja feita na educação dos brasileiros.
>
> A Radio Sociedade do Rio de Janeiro, a Sociedade Radio Educadora Paulista, o Radio Club do Recife, a Radio Sociedade da Bahia, o Radio Club de S. Paulo, o Radio Club de Curityba, o Radio Club do Ceará, a Radio Sociedade Rio Grandense, o Radio Club do Brasil,

> que acaba de fundar ao nosso lado, e todos os outros *centros de cultura* que se formarem no paiz; dispostos a se entregarem à nossa obra, elevada e pura, *sabendo resistir de todo ponto às tentações do mercantilismo grosseiro*, todos os que se gruparem para propagar no Brasil a radiotelephonia como processo de informação popular, para diffundir a sciencia, a literatura, a musica, todos os que se gruparem para impedir que a radiotelephonia seja empregada no Brasil como uma nova arma para explorar o povo, hão de contar sempre com o nosso apoio decidido, energico e franco. (grifo meu)

Naquele momento, o rádio ainda não era o veículo de massas que viria a se tornar – no Rio de Janeiro, apenas 965 residências tinham o aparelho receptor –, mas Roquette-Pinto acreditava que rapidamente o rádio atingiria um grande público e, por isso, estava preocupado com o conteúdo que seria transmitido (revista *Radio*, 1º de outubro de 1924, p. 2-4). Roquette já era um cientista conhecido, membro da Academia Brasileira de Ciências, formado pela Faculdade de Medicina do Rio de Janeiro em 1905 e, pouco depois, tendo se tornado professor de Antropologia no Museu Nacional, desenvolvendo extensa pesquisa sobre os sambaquis (concentrações pré-históricas de conchas, utensílios e ossadas) no litoral do Rio Grande do Sul. Em 1912, passou quatro meses na expedição do então tenente-coronel Cândido Mariano da Silva Rondon entre os rios Juruena e Madeira, atuando como etnógrafo, sociólogo, geógrafo, arqueólogo, botânico, zoólogo, linguista, médico, farmacêutico, legista, fotógrafo, cineasta e folclorista. A partir dessa experiência, publica, em 1916, o livro *Rondônia*. Em 7 de setembro de 1922, acontece a primeira demonstração pública de rádio no Brasil, na Feira-Exposição Mundial do Centenário da Independência, na Praça XV, no Rio de Janeiro, com equipamentos instalados pelos fabricantes e depois comprados pelo Governo Federal. Em 1º de maio de 1923, usando o tempo ocioso desses equipamentos, Roquette-Pinto começa as transmissões da Rádio Sociedade do Rio de Janeiro, que havia sido fundada no dia 20 de abril (Ferraretto, 2008). Mas, mesmo antes da exposição de 1922, Roquette já fazia experiências artesanais com rádio. Ele começou a se interessar pelo tema em 1912, quando acompanhou Cândido Mariano Rondon em expedição para a construção de linhas telegráficas do Mato Grosso ao Amazonas.[3]

3 Entrevista com Claudio Roquette-Pinto Bojunga em 16 de abril de 2010.

Uma grande preocupação do início do rádio – e também a grande disputa – era como financiar esse veículo. De um lado estava a taxa anual, paga pelos então chamados "amadores" (ouvintes), que sustentava as emissoras, como se fosse uma conta de luz ou outro serviço público. Já naquela época era possível antever – ou, pelo menos, os defensores da taxa poderiam fazê-lo – que isso trazia independência para as emissoras. De outro lado, havia a defesa da publicidade, que eximiria os ouvintes de pagar a taxa. A mesma revista *Radio*, em 1º de outubro, publica como artigo uma carta do professor da Escola Politécnica e presidente do Comitê de Broadcasting da Rádio Sociedade, Dulcidio Pereira, polemizando com uma entrevista do número anterior que defendia a taxa, à época coletada pelos Correios e Telégrafos. No artigo "Deve ser livre a transmissão?", Pereira afirma:

> [...] Contra a taxa cobrada de cada amador que possue apparelho de recepção, eu me insurgi, julgando-a "vexatoria, injusta e impossível de ser fiscalizada".
>
> [...]
>
> É vexatoria, porque obriga ao amador modesto uma despeza annual que póde representar uma percentagem elevada sobre o valor de sua installação. E em paiz onde a educação popular concretiza o mais importante e urgente de todos os problemas nacionaes, é vexatoria qualquer taxa, por mínima que seja, desde que ella venha incidir sobre um factor, e um factor preponderante da solução desse problema.
>
> É injusta, porque não attinge a todos com o grão de proporcionalidade aos benefícios a que ella se refere. A taxa é a mesma para o grande e para o pequeno, e são justamente os abastados que, possuindo apparelhos aperfeiçoados, podem se furtar à collecta, por dispensarem a antena, o accessorio indiscreto que em alguns casos póde facilitar uma pseudo fiscalização.
>
> [...]
>
> E quando nenhuma outra razão pudesse ser invocada, bastaria lembrar que "o amador que installa o seu apparelho presta um serviço ao paiz", pelo menos igual ao benefício que recebe, tal como acontece a todo indivíduo que se educa. Cada apparelho receptor funciona como um novo centro de irradiações de idéas e de ensinamentos, e é de interesse da Nação que esses centros se multipliquem.

Ou seja, a publicidade seria a solução para difundir a cultura para todos, porque a maioria do povo era pobre e não poderia pagar a taxa, logo, não teria o rádio. Só que as emissoras comerciais sustentadas pela publicidade, como se viu tanto no rádio como na televisão, que seguiu o mesmo modelo, estavam bem menos interessadas em difundir a cultura e ajudar o povo a combater a pobreza (se é que havia algum interesse) do que em fazer programas de grande audiência que permitissem vender bem os comerciais.

A argumentação de Dulcidio Pereira e dos demais que a defendiam partia de uma base falsa. O problema não era a taxa, a qual os pobres não poderiam pagar e por causa dela o sonho de melhorar o nível cultural do povo pelo rádio não poderia ser atingido. O problema era a má distribuição de renda no país, que não permitia que o povo tivesse condições de pagar a taxa.

Em livro publicado em 1927 e com trechos republicados sob a forma de artigo em 2008 (com a grafia atualizada para a época da publicação), Roquette-Pinto contava que havia mais de três anos começara a praticar a "radiotelefonia educativa". Ele calculava que na época havia cerca de 150 mil ouvintes diários dessas "lições, conferências, música, História do Brasil, higiene, conselhos úteis à agricultura, notícias cambiais e comerciais, notas de ciência etc." (Roquette-Pinto, 2008:23). Ele dizia saber que muitas das pessoas que ouviam ainda eram pessoas cultas, que tinham no rádio um passatempo, mas afirmava que outros milhares eram pobres que, sem saber ler, iam aprendendo um pouco. Nesse artigo, ele faz um resumo do que seria seu plano "para transformar em cinco ou seis anos a mentalidade popular da minha terra":

> Em linhas gerais:
> 1º – Cada estado, na sua capital, dispondo de estabelecimentos de ensino de certo vulto, fundaria uma grande radioescola. Um entendimento entre os governos, sob os auspícios do Governo Federal, permitiria a aquisição das vinte poderosas estações necessárias. Seriam todas do mesmo tipo, por economia, fornecidas em concorrência pública. Não há um só estado do Brasil em condições de não poder com essa despesa. A função dessas vinte grandes Radioescolas Estaduais seria puramente diretora. Seus programas educativos mostrariam às cidades do interior o caminho a seguir.

> 2º – Uma vez que o ideal é dar ao homem do povo o seu rádio, seria preciso completar a instalação do sistema. Para isso, os municípios limítrofes entrariam em acordo para subvencionar um, mais rico e mais bem situado. Nesse seria erigida a Radioescola Municipal, servindo diretamente ao povo, de acordo com a orientação recebida das Radioescolas Estaduais.
> Naqueles municípios centrais há sempre um respeitável juiz de Direito, estudioso da História e da Geografia do Brasil (o seu sonho dourado é mesmo entrar para o Instituto Histórico...); há um promotor, moço de talento, que tem garbo em tratar de versos e literatura e vive pensando na Academia de Letras; há um médico, ou dois, para as lições de História Natural ou de Higiene; há professores do "grupo escolar"... enfim, há sempre um rapaz que toca harmônio na igreja e muitas moças que cantam. É só mobilizar todos esses elementos em benefício da educação dos pobres.
> A estação da Radioescola Municipal?... Custará muito menos do que o altar-mor da Matriz...
> E os receptores?
> Cada brasileiro, que carece de cultura, deve encontrar no município meios de possuir seu par de fônios e seu cristal; os municípios conseguirão facilmente – desde que se não entreguem aos exploradores gananciosos e malvados – um tipo de receptor local popular que poderá custar a terça parte do preço de uma sanfona. (Roquette-Pinto, 2008:24)

Roquette-Pinto conclui a proposta dizendo que o Estado deveria oferecer isso à população, e que os povos fortes são os que sabem aplicar a ciência e a arte para melhorar a vida. Podemos entender melhor essa intenção de levar cultura ao povo com Bauman:

> O termo "cultura" foi concebido no interior de uma família de conceitos que incluía expressões como "cultivo", "lavoura", "criação" – todos significando aperfeiçoamento, seja na prevenção de um prejuízo, seja na interrupção e reversão da deterioração. O que o agricultor fazia com a semente por meio da atenção cuidadosa, desde a semeadura até a colheita, podia e devia ser feito com os incipientes seres humanos pela educação e pelo treinamento. As pessoas não *nasciam*, eram

> *feitas*. Precisavam *tornar-se* humanas – e, nesse processo de se tornar humanas (uma trajetória cheia de obstáculos e armadilhas que elas não seriam capazes de evitar nem poderiam negociar, caso fossem deixadas por sua própria conta), teriam que ser guiadas por outros seres humanos, educados e treinados na arte de educar e treinar seres humanos. (Bauman, 2009:71-72)

Apesar dessa relação desigual, que poderia mesmo ser considerada etnocentrista da parte de Roquette, a intenção dele era tornar os "incultos" iguais aos "cultos" para que os primeiros não fossem explorados pelos segundos. Era dessa forma que Roquette e outros alinhados à mesma causa defendiam o interesse público naquela década de 1920 no Brasil.

O cientista estava além de seu tempo em relação à democracia, e isso é comprovado inclusive por seu posicionamento em relação ao racismo. No livro *Rondônia*, ele vai contra o racismo "científico" que grassava na época com base na teoria de Arthur de Gobineau de que a mistura das raças as enfraquecia:

> Nenhum dos tipos da população brasileira apresenta qualquer estigma de degeneração antropológica. Ao contrário. As características de todos eles são as melhores que se poderiam desejar. [...] O número de indivíduos somaticamente deficientes em algumas regiões do país é considerável. Isso, porém, não corre por conta de qualquer fator racial; deriva de causas patológicas cuja remoção, na maioria dos casos, independe da antropologia. É questão de política sanitária e educativa. [...] A antropologia prova que o homem no Brasil precisa ser educado e não substituído. (Roquette-Pinto, 1916, apud Castro, 1996:8)

E, para aqueles que acusam Roquette e seus companheiros de oferecer apenas alta cultura, de difícil digestão pelas massas, vale lembrar que a Rádio Sociedade do Rio de Janeiro abrigou o "Programa Casé", que apresentava músicos como Noel Rosa – de quem Roquette era admirador declarado –, Francisco Alves e Orlando Silva (Ferraretto, 2008).

Mas, pressionado pelo interesse de empresários em lucrar com o novo meio de comunicação, em 1932 Getúlio Vargas baixa o Decreto nº 21.111 e autoriza a publicidade no rádio brasileiro sem nenhuma contrapartida, como uma legislação sobre o conteúdo que garantisse o uso do rádio em benefício do povo. Como veremos adiante na disputa em torno da TV digital, também naquele momento do rádio venceu quem defendia os interesses do capital, quem queria estabelecer um negócio lucrativo. Para quem defendia o meio como instrumento de cultura e luta contra a pobreza, como Roquette-Pinto, só restou doar a Rádio Sociedade do Rio de Janeiro ao Ministério da Educação em 1936 – a atual Rádio MEC, que segue há décadas com os recursos insuficientes repassados pelo Governo Federal.

Mais tarde, no governo Juscelino Kubitschek, a filha de Roquette, Beatriz, teve de ir à Justiça contra o Governo Federal, que queria levar a rádio para Brasília para transmitir as sessões do Congresso. Ela conseguiu ganhar a causa mostrando que constava do ato da doação que a rádio não poderia fazer proselitismo político, econômico ou religioso. O jornalista e escritor Claudio Roquette-Pinto Bojunga, filho de Beatriz, relembra: "Nesta briga, muita gente apoiou minha mãe, gente que trabalhou na rádio, como Paulo Autran, Fernanda Montenegro e Carlos Drummond de Andrade; e quando Juscelino soube, disse: 'Essa é a rádio do Roquette, estão malucos?'"[4]

O cenário da radiodifusão brasileira foi sendo dominado pelo comercial, e a Rádio MEC permaneceu ocupando apenas um pequeno nicho. Do jeito que ficaram as regras para o rádio e a TV no Brasil, as empresas tratam seu conteúdo como produto, e os telespectadores, como consumidores potenciais desses produtos e daqueles anunciados por seus patrocinadores. Mas, mesmo que aceitássemos reduzir o papel do telespectador ao de consumidor, o modelo brasileiro não oferece para esses consumidores a contrapartida de um órgão como o "Procon", que recebe e investiga denúncias dos consumidores, e nem mesmo de telefones gratuitos das emissoras para receber reclamações sobre a qualidade do serviço.

3.2. O exemplo britânico de regulação

Como poderiam ter sido o rádio e a televisão brasileiros caso os defensores da taxa tivessem vencido a disputa ou houvesse uma legislação específica para o conteúdo desses meios de comunicação? Podemos ter uma ideia analisando o modelo britânico de rádio e televisão, que usou tanto a taxa quanto a lei. Vale lembrar que uma legislação sobre o conteúdo a ser veiculado pode ser encarada como censura em um país tão traumatizado quanto

4 Entrevista com Claudio Roquette-Pinto Bojunga em 16 de abril de 2010.

o nosso por ditaduras que cerceavam a imprensa. E foi com acusações de censura que reagiu boa parte da mídia, principalmente as Organizações Globo, ao projeto do governo Lula de criar a Ancinav (Agência Nacional do Cinema e do Audiovisual), que regularia o conteúdo do audiovisual, aí incluída a televisão. Porém, quando essa regulação e fiscalização é feita com base em leis democraticamente aprovadas pelos parlamentares (como seria a Ancinav), trata-se de um controle social (Leal Filho, 1997). A cada momento em que surge um projeto desse tipo a reação é a mesma por parte das Organizações Globo e dos demais grupos com os mesmos interesses.

Na Grã-Bretanha, que ninguém acusa de censura, existe um órgão chamado Ofcom (Office of Communication), que não recebe ordens do governo e presta contas ao Parlamento anualmente. O Ofcom, além de fiscalizar as companhias de telefonia, regula e fiscaliza a programação de televisão e rádio comerciais, sempre com base em leis debatidas e aprovadas pelo Parlamento na década de 1990: o *Broadcasting Act*, de 1990 (que trata de imparcialidade e de como a violência é retratada, entre outras questões), e o *Human Rights Act*, de 1998.

A partir dessa legislação, o Ofcom tem um código com padrões editoriais que a audiência tem o direito de esperar dos serviços de televisão comercial no Reino Unido: um padrão de qualidade para o conteúdo. Para obter licença de funcionamento, as emissoras (abertas e por assinatura, incluindo programas que vêm do exterior) devem concordar com esse código. Quando surge uma nova lei ou tratado internacional assinado pela Grã-Bretanha de alguma forma relacionado ao que é veiculado na televisão, o código pode ser revisto com base na lei (de qualquer forma, fica claro que as emissoras devem ter conhecimento e seguir essas leis e tratados, como a Lei das Discriminações Sexuais e as Leis das Crianças e Jovens). As emissoras das TVs aberta e fechada são responsáveis por tudo o que veiculam, mesmo programas comprados de terceiros. O Ofcom monitora de duas maneiras se o código está sendo seguido: recebe reclamações do público e funcionários assistem aos programas. As reclamações e o fato de serem ou não consideradas procedentes são divulgados no *site* do Ofcom. Além disso, são feitas pesquisas para perceber expectativas e reações do público para ajudar no trabalho regulatório e na interpretação e aplicação do código – inclusive checando se programas afetaram o comportamento e as atitudes dos espectadores.

Quando há infração, o órgão multa a emissora de forma proporcional ao dano causado e ao fato de atenuantes ou agravantes – como ser reincidente. As emissoras também precisam ter um serviço de atendimento ao consumidor e reportar as reclamações ao Ofcom. Como sabe que é impossível escrever regras para todas as situações que podem surgir, o órgão regulador está aberto a consultas por parte das emissoras e espera que elas operem dentro do espírito do código. Ou seja, não vale dizer que colocou no ar determinada informação porque não estava escrito em lugar algum que não podia, se a veiculação de informação desse tipo for contra a ideia geral defendida pelo código. Além disso, existem horários para que determinadas cenas sejam mostradas – e está definido, inclusive, que as emissoras devem levar em conta que as crianças dormem mais tarde em época de férias – e outras restrições. O código desce a minúcias como determinar que um hipnotizador não apareça olhando diretamente para a câmera no ato de hipnotizar; e que o que classifica como demonstrações de ocultismo (como a invocação de espíritos) em programas de não ficção só pode aparecer em um contexto de investigação legítima, e nunca antes das 21h. A BBC não está sob a fiscalização do Ofcom, pois já é pública, controlada pelo público por intermédio de representantes e mantida pela taxa anual, a qual também tem um percentual repassado às emissoras comerciais para que não fiquem 100% dependentes de publicidade.

Claudio Roquette-Pinto Bojunga lembra que, na época da Guerra das Malvinas, entre Argentina e Grã-Bretanha, tentaram censurar a BBC, mas ela se manteve firme na divulgação das informações imparciais sobre a guerra. Para Bojunga, o fato de a emissora ser financiada pelo público é que faz a diferença, dando independência ao conteúdo da programação. Ele faz a mesma defesa que seu avô do financiamento pelo público e diz que o financiamento comercial é "uma janela para baixar o nível":

> A Abert (Associação Brasileira das Empresas de Rádio e Televisão) tem intelectuais orgânicos, para usar o termo de Gramsci. E uma das teses deles é que é fora da realidade do Brasil [ter programas de mais alto nível]. Eles estão interessados não no cidadão, mas no consumidor. A formação da cidadania com uma sociedade vigorosa, com espírito público, não interessa.
>
> Em meados da década de 80 eu traduzi uma série de Robert Hughes produzida pela BBC para a TVE. Foi ao ar, mas foi considerada elitista

> nos comentários dos corredores. Depois vim a saber que o Roberto Marinho comprou a série para ver em casa. Mas não ofereceu para o público da TV. O biscoito fino eles não oferecem para o povo, acham que é atirar pérolas aos porcos. E eu é que sou elitista.[5]

Bojunga explicou que, no ato de doação da Rádio Sociedade do Rio de Janeiro, seu avô estava doando a rádio à Nação e não ao governo. Mas, segundo ele, a apropriação do público pelo privado existe sempre. "Isso tem uma longa linhagem, não é uma briga nova, é antiga", afirmou.

No Brasil, diferentemente da Grã-Bretanha, o controle legal sobre o conteúdo está espalhado entre Constituição, Código Civil, Código Penal, Estatuto da Criança e Adolescente e outras leis que não estão ao alcance da mão do telespectador. Comparando-se à regulamentação britânica, o controle disperso do Brasil dificulta a punição rápida e a prevenção a alguma infração das emissoras que traga dano aos telespectadores. A Lei de Radiodifusão trata basicamente de quem pode ou não conseguir uma outorga e muito pouco do conteúdo (ao privilegiar, na licitação da outorga, empresas que se comprometem a apresentar determinados conteúdos), e não há órgão para fiscalizar esse pouco. Ao defender a regulamentação para o rádio digital, Abdalla e Ramos fazem um rápido histórico dos problemas na regulação brasileira para rádio e TV:

> No polo desvinculado dos interesses de mercado, a estratégia de luta pela hegemonia passa pela instituição de modelos institucionais, seus agentes e normas, que nasçam de ambições socialmente abrangentes e resultem de amplos processos de discussão e elaboração por instâncias diversas da sociedade. Já para aqueles voltados aos interesses de mercado, a estratégia de luta pela hegemonia passa pela negação de modelos com as características anteriores, em favor de uma fragmentação política e dispersão regulamentar que favoreçam e facilitem a regulação quase que exclusiva pelas forças de mercado.
>
> Isso é o que explica, historicamente, entre nós, eventos e processos que eliminam conselhos e outros órgãos de deliberação e regulação coletivas, como foi o caso do Contel; do jamais instalado Conselho de Comunicações, previsto na estrutura original do Ministério das

5 Entrevista com Claudio Roquette-Pinto Bojunga em 16 de abril de 2010.

> Comunicações; e do Conselho Nacional de Comunicação Social, transformado pela Constituinte de 1988 em órgão auxiliar do Congresso Nacional e que levou nada menos do que onze anos para ser instalado. Isso é também o que explica eventos e processos como a derrubada dos 42 vetos do presidente João Goulart ao Código Brasileiro de Telecomunicações, por pressão do *lobby* dos radiodifusores, o mesmo *lobby* que, depois de impedir a criação do Conselho de Comunicação Social, em 1988, provocou a implausível separação constitucional da radiodifusão do restante das comunicações, em 1995, com o objetivo último, e bem-sucedido, de retirar o rádio e a televisão abertos da alçada regulatória da nova Agência Nacional de Telecomunicações (Anatel). Agência que somente foi criada para o segmento das telecomunicações por exigência intrínseca ao processo de privatização do Sistema Telebras, tal qual exposto nos manuais do Banco Mundial, por inspiração dos investidores estrangeiros, a quem não interessa um ambiente regulatório sem condições mínimas de isonomia de tratamento na relação com os governos e com o empresariado local. (Abdalla; Ramos, 2005:138-139)

Os autores fazem, também, uma crítica aos defensores da democratização das comunicações que adotam eles mesmos estratégias de fragmentação política e dispersão regulamentar, o que, segundo eles, faz com que a hegemonia penda para os interesses exclusivos de mercado.

O rádio brasileiro, a partir da década de 1930, passou a ser predominantemente comercial, espalhou-se pelo país e conseguiu grande audiência. A programação era principalmente formada por entretenimento. Em 1950, nascia a TV brasileira, já comercial, pelas mãos do empresário da comunicação Assis Chateaubriand, dono de uma cadeia de jornais, os *Diários Associados*, e de emissoras de rádio. A TV acabou por canibalizar o rádio, contratando boa parte dos seus quadros e fazendo com que sua audiência fosse caindo não apenas por ter de concorrer com um veículo que trazia som e imagem, mas, também, por perder para ele astros e programas inteiros (Sodré, 1984:97). Em 1958, as verbas publicitárias aplicadas na TV, que tinha apenas oito anos de idade, já atingiam 8% do total, contra 22% no rádio e 44% nos jornais. E isso levando-se em conta que um ano depois, em 1959, no Rio de Janeiro apenas 7% da classe C e 28% da classe B viam televisão – apenas a classe A estava mais bem representada, sendo 65% dela telespectadores (Ortiz, 2001). A fatia do bolo publicitário destinada à TV só fez crescer depois disso, e hoje a TV aberta fica com 53%, e a TV por assinatura, com 8%, contra apenas 4% do rádio (o mesmo que a internet, que vem crescendo a cada ano), em dados do Ibope referentes ao ano de 2010.

Sodré (1984) diz que, na década de 1960, a televisão cresce em paralelo ao que ele chamou de "produção de bens duráveis de luxo" (que, por sua vez, se apoiava na concentração urbana de renda), permitindo seu financiamento pela publicidade. Esse é o modelo a que a TV Globo (e as demais redes abertas privadas) ainda está atrelada e que deve sofrer uma crise com o advento da televisão digital. Mas o fato de o modelo de financiamento da TV aberta sofrer uma crise não significa que não haverá solução para os interesses do capital.

3.3. As primeiras tentativas de emissoras de TV educativa

Nesse quadro de emissoras privadas já funcionando a partir de 1950, com a TV Tupi, e ganhando audiência é que surge no Brasil a TV não comercial. Os educadores Maria de Fátima Monte Lima, Nelson de Luca Pretto e Simone de Lucena Ferreira contam que

> Embora a primeira televisão brasileira tenha sido uma emissora comercial, voltada para a comercialização de produtos por meio de anúncios, já existia uma solicitação de um grupo de educadores ligados à tradicional Rádio Roquette-Pinto para a concessão de um canal de TV para fins exclusivamente educativos. O objetivo era dar continuidade ao trabalho de educação a distância, já em desenvolvimento na rádio. Apesar de a concessão solicitada ter sido aprovada em 1952, por problemas de ordem político-administrativa, a primeira televisão educativa no Brasil somente foi criada em 1967, com a inauguração da TV Educativa do Rio de Janeiro (TVE/RJ). (2005:242)

O Decreto Presidencial nº 30.832, de 10 de maio de 1952, outorgou à Prefeitura do Distrito Federal (então localizado no Rio de Janeiro) concessão para estabelecer, por meio da Rádio Emissora Roquette-Pinto, uma estação de televisão no canal 2. Os planos detalhados para a emissora foram elaborados por Roquette-Pinto (dois anos antes de sua morte), "seu discípulo Fernando Tude de Souza, o engenheiro José Oliveira Reis e o general Lauro de Medeiros", que o entregaram à Prefeitura (Milanez, 2007:19).

A verba para a instalação da emissora foi incluída no orçamento da Prefeitura, e os responsáveis pelo planejamento (citados) passaram a negociar com os fabricantes de equipamentos até escolher o fornecedor, uma empresa americana. A Prefeitura chegou a pagar a primeira prestação dos equipamentos, que já estavam no porto de Nova York esperando o embarque para o Rio de Janeiro, enquanto os estúdios da nova emissora terminavam de ser construídos. Em poucos dias, porém, o prefeito João Carlos Vital "foi levado a se exonerar, sendo imediatamente substituído pelo cel. Dulcídio Cardoso" (Milanez, 2007:23). O projeto parou, nesse momento, e nenhum outro prefeito o retomou, embora a Rádio Roquette-Pinto, por meio de várias diretorias ao longo dos anos, tenha insistido na proposta.

De acordo com Milanez, outras iniciativas de emissoras de TV educativas, ainda experimentais, começaram a surgir: a estação de TV Educativa da Universidade de Santa Maria (RS), em 1958, e algumas experiências na década de 1960, como a TV Escolar, em São Paulo, a Fundação João Batista do Amaral e a Universidade de Cultura Popular, no Rio de Janeiro. A primeira emissora educativa a entrar efetivamente em operação foi a TV Universitária de Pernambuco, em 1967, e em 1974 já eram nove emissoras com esse perfil.

A TVE do Rio de Janeiro, também uma emissora educativa, foi concebida durante a ditadura militar, no governo do marechal Arthur da Costa e Silva (1967-1969). Os trabalhos de uma comissão criada pelo MEC e pelo Conselho Nacional de Telecomunicações (Contel), a qual contou com a participação de Alfredina de Paiva e Souza, da Fundação João Baptista do Amaral, e Gilson Amado, da Universidade de Cultura Popular, levaram à promulgação da Lei nº 5.198, de 3 de janeiro de 1967, que criava o Centro Brasileiro de Televisão Educativa, sob a forma de fundação. Gilson Amado foi seu primeiro presidente. A emissora já começava com recursos escassos (Amado só foi receber seu primeiro pró-labore em 1972), funcionando em um apartamento de quarto e sala em Copacabana e tendo apenas 10 funcionários. Apesar do crescimento físico e em número de funcionários da emissora ao longo dos anos, o orçamento modesto continuou a ser parte de sua história.

Em São Paulo, a criação da TV Cultura foi diferente. Ela havia sido fundada por Assis Chateaubriand, dono da TV Tupi, em 1960, sendo sua segunda emissora em São Paulo. O objetivo inicial era ser uma emissora cultural, como diz seu nome, mas em pouco tempo já se dedicava ao "que ficou conhecido como 'mundo cão'" (Leal Filho, 1988:19). A emissora enfrentou sérios problemas financeiros e, em 1967, foi comprada pela Fundação Padre Anchieta, do Governo do Estado de São Paulo. Após um período fora do ar, voltou a funcionar, em 15 de junho de 1969, com o objetivo de se dedicar inteiramente a finalidades educativas e culturais. A TV Cultura enfrentou altos e baixos políticos, mas conseguiu implantar uma programação em que há vários pontos de destaque, como uma programação infantil sistematicamente premiada pela Unesco.

3.4. A TV Brasil

É a partir desse histórico que a televisão brasileira chega ao momento de implantação da TV Brasil, no fim de 2007, em plena era da digitalização desse meio de comunicação. A intenção do governo era ampliar a rede inicial, com a adesão de outras TVs da esfera pública, como as educativas estaduais, as universitárias ou comunitárias. De acordo com o *site* da EBC, "a adesão será voluntária, mas há grande interesse entre as emissoras estaduais. Todos vão ganhar com o formato de rede, sobretudo as TVs isoladas, que precisam de apoio e recursos para se modernizarem e migrarem para o sistema digital". Ainda segundo o *site*, as emissoras serão repetidoras da grade nacional da TV Brasil, reservando pelo menos quatro horas para a programação local, mas não em um formato vertical, com uma cabeça de rede definindo a programação da rede. A previsão era de que um comitê de programação, com representantes de todas as emissoras associadas, definisse a programação, com produções de todas compondo a grade nacional. Havia previsão, ainda, de editais para seleção de programas independentes a ser veiculados pela rede. De acordo com Bolaño e Brittos (2008), a TV Aperipê, controlada pelo Governo do Estado de Sergipe, foi a primeira a afiliar-se à rede.

O modelo da TV Brasil também inclui o Conselho Curador, com 20 conselheiros, 15 dos quais representantes da sociedade nomeados pelo presidente da República, de variadas correntes de pensamento, regiões e formações profissionais. Outros quatro são representantes do governo – Ministérios da Ciência e Tecnologia, da Cultura, da Educação e da Comunicação Social, e um representante dos empregados. Esse Conselho, com mandato de três anos, deveria aprovar anualmente um plano de trabalho e fiscalizar sua implementação, tendo poderes, inclusive, para aprovar voto de desconfiança ao diretor-presidente, a um diretor isoladamente ou a toda a diretoria. A ideia da TV pública nesse atual modelo vinha sendo debatida e proposta por movimentos sociais ligados às comunicações havia muitos anos (embora nem todos tenham ficado satisfeitos com a versão implantada), e, no governo Lula, os ideais que nortearam sua criação foram responsáveis também por propostas como a já citada Ancinav, órgão que regularia e fiscalizaria a produção audiovisual no país (abatido por pressão das emissoras comerciais) e o modelo brasileiro de TV digital proposto pelo Ministério das Comunicações na gestão Miro Teixeira, que teve o mesmo destino da Ancinav. A TV pública seria, então, junto com o projeto de lei que propõe cotas para a produção nacional na TV por assinatura, provavelmente o último suspiro do ideal de democratizar as comunicações por meio da televisão ainda naquele governo.

Antes mesmo da criação da TV Brasil, o ministro-chefe da Secretaria de Comunicação Social da Presidência da República, Franklin Martins, tinha ido à Comissão de Ciência e Tecnologia, Comunicação e Informática da Câmara dos Deputados a pedido dos deputados Jorge Bittar (PT/RJ) e Paulo Bornhausen (DEM/SC) para responder à preocupação em torno da possibilidade de manipulação política da TV pública. Martins disse que o governo estava atento ao problema e, por isso, criaria um conselho consultivo para fiscalizar as ações das diretorias das emissoras. A intenção, segundo ele, era que uma lei proibisse o contingenciamento das verbas para a TV pública e que houvesse um estatuto jurídico para que os empregados fossem regidos pela Consolidação das Leis do Trabalho (CLT), ou seja, que não tivessem estabilidade no emprego.[6]

Logo em seguida à publicação da medida provisória, deputados oposicionistas, liderados por Paulo Bornhausen (DEM/SC), acusaram o governo de tentar montar uma rede de propaganda oficial.[7] Ainda como resposta a essas acusações, na estreia da TV Brasil, em 2 de dezembro de 2007 (mesmo dia da estreia da TV digital, cuja inauguração também foi transmitida pela emissora), os ministros Gilberto Gil, da Cultura, e Franklin Martins, da Secretaria de Comunicação Social da Presidência da República, "repetiram à exaustão que a emissora não é oficial, e sim um espaço com as portas abertas para a participação do público", segundo reportagem do *Globo* do

6 TV pública: possível uso político preocupa deputados. *Jornal da Câmara*, p. 8, 28 jun. 2007.

7 Oposição: TV pública será rede de propaganda. *O Globo*, p. 11, 31 out. 2007.

dia seguinte. A matéria traz, também, uma declaração de Franklin Martins: "– Existe o risco de manipulação política, por isso tem um conselho curador para fiscalizar se o jornalismo vai ser plural, se tem as diferentes culturas nacionais presentes. Mas o risco de manipulação política não é só na TV pública, tem também nas comerciais – explicou" (Brígido, *O Globo*, 2007).

De acordo com a reportagem, a programação foi aberta com um debate, no qual alguns convidados falaram sobre o perigo de uma TV pública ser mantida com recursos do governo, e os ministros defendendo que haveria independência dos interesses do governo. O jornal destacava em intertítulo a declaração de um dos convidados, o escritor João Ubaldo Ribeiro: "Temo que essa TV seja do governo." A reportagem informava ainda que a TV não começou digital porque os novos transmissores ficaram retidos na alfândega do Aeroporto de Guarulhos, e que apenas o telejornal era um programa novo: o restante era formado pela programação da TVE e de emissoras estaduais. Novos programas estavam previstos para entrar no ar a partir de março.

Em 26 de fevereiro de 2008, o plenário da Câmara dos Deputados decidiu que a sede da TV Brasil seria em Brasília, mas o principal centro de produção continuaria no Rio de Janeiro, contemplando as bancadas do Rio e do Distrito Federal. A decisão foi tomada na aprovação da medida provisória da TV pública, que seguiu, então, para o Senado, sob protestos da oposição em relação à criação da Contribuição para Fomento da Radiodifusão Pública (R$ 150 milhões em 2008 para a TV Brasil), que viria de 10% da arrecadação do Fundo de Fiscalização das Telecomunicações, de acordo com matéria do *Globo* de 27 de fevereiro. O presidente Lula viria a sancionar a lei que cria a EBC em 8 de abril de 2008.

Funcionários da antiga TVE reclamaram (sem querer se identificar), em entrevistas para este livro em março de 2008, de que a emissora havia sido tomada de assalto por pessoas vindas do cinema e que nada entendiam de televisão. Por conta disso, havia uma demora que consideravam impressionante na definição e na criação de novos programas. "O pessoal de cinema tomou conta. Só que o tempo deles é diferente. Tiraram o programa da Lúcia Leme e não botaram nada no lugar, só reprise do Canal Livre. Eles ficam pensando e pensando o que fazer e não fazem nada", disse uma funcionária estatutária.

Em 8 de abril de 2008, o jornal *O Globo* contava que o jornalista Luiz Lobo tinha sido demitido quatro dias antes da TV Brasil e saíra acusando o governo de interferência no noticiário. Lobo, editor-chefe do telejornal "Repórter Brasil", teria dito que era obrigatório, em matérias sobre problemas na saúde, mencionar a derrubada da CPMF (imposto destinado à saúde), e que, no caso do dossiê contra o governo Fernando Henrique feito pelo Palácio do Planalto, a palavra dossiê tinha de ser trocada por "levantamento sobre uso dos cartões". Por conta disso, o Conselho Curador da TV Brasil faria uma reunião eletrônica em 24 horas. A reportagem termina com a TV Brasil negando que Lobo tenha sido demitido por questões político-ideológicas, e sim por querer trabalhar menos horas do que o necessário para a feitura do jornal.

Em 17 de junho, o diretor-geral da Empresa Brasil de Comunicação (EBC), Orlando Senna, pediu demissão, após oito meses no cargo. Senna, um dos principais defensores da democratização da televisão dentro do governo (inclusive como secretário-geral do Ministério da Cultura), afirmou que a TV Brasil é burocrática e engessa a produção de determinados programas, e que o modelo de gestão concentra poderes excessivos na presidência da emissora. Mas ele negou que houvesse ingerências políticas na TV Brasil, e disse que, se tivesse havido, já teria deixado a emissora há muito tempo.

Entrevistas com funcionários da TV Brasil no Rio de Janeiro entre agosto e setembro de 2008 mostram o descontentamento de quem trabalhava na empresa desde antes da mudança – tanto entre estatutários quanto entre funcionários da Acerp (Associação de Comunicação Educativa Roquette-Pinto, constituída no governo Fernando Henrique para gerir a TVE). Uma funcionária da Acerp relatou que "o Michel Melamed, que tem um programa inovador, jovem, fez várias propostas de modificação do programa que eles tinham pedido, mas ninguém resolveu nada; no final ele desistiu e resolveu sair".

Outra funcionária contou que os estatutários, como ela, estavam sendo convidados a conhecer outros órgãos para ser transferidos. Segundo ela, já havia funcionários transferidos para o Ministério do Planejamento, onde davam expediente de duas horas apenas para assinar o ponto e nada faziam.

> Diversos programas da TVE foram cancelados e em seu lugar são colocados filmes de longa e curta-metragem, nem sempre de boa qualidade. Os funcionários ficam pelos corredores sem fazer nada. Para o programa do Ancelmo Góis (novo) foi contratada uma diretora

> de fora. Ela trabalhou por dois anos no Canal Futura, a pedido da mãe, que é uma procuradora poderosa em Brasília, até que o Futura não aguentou mais sua incompetência. Para a edição foi contratada uma produtora de vídeo de fora. Depois de algum tempo, o editor da produtora foi contratado para fazer a edição de dentro da TV Brasil. Tudo isso para um programa de entrevistas comum. Trouxeram um músico do cinema, que trouxe com ele o filho de um cantor famoso, que está como editor de texto, e o editor de imagens é que tem que ficar dizendo para ele tudo o que tem que fazer e sai fazendo. "Isso aqui você tem que fazer assim, ó", e faz. Isso é o tempo todo, porque ele não sabe fazer. Enquanto isso editores da TVE estão para ser deslocados. Estava sendo dito, até o início do mês, que nenhum estatutário ficaria. Agora estão calados, não se toca mais no assunto, talvez porque tenham percebido que não tem como substituir assim tão rápido pessoal técnico. Tem estatutário indo procurar lugar na Casa do Livro, na Uni-Rio etc., jogando fora o conhecimento de fazer televisão.[8]

Em 16 de dezembro de 2008, na TV Brasil no Rio de Janeiro, a rotina ainda se desenrolava em meio a equipamentos analógicos (com exceção das ilhas de edição). Lá, notícias sobre as perspectivas para a TV digital, se é que existiam, ainda não tinham sido compartilhadas com os funcionários. Interatividade via TV aberta digital é algo que não se comenta. Um dos programas mais interativos da emissora é o Atitude.com, destinado ao público jovem, mas não passava pela cabeça de ninguém ali uma perspectiva concreta (ou mesmo remota) de que essa comunicação com o telespectador fosse feita através da própria TV.

A diretora do programa, Kitty Kiffer, explicou que, além das entradas de telespectadores no programa por telefone e de a apresentadora ler *e-mails*, eles fizeram uma experiência via internet com o ponto de cultura de Cataguazes, em Minas Gerais, que pretendiam repetir. "Nos pontos de cultura há câmera e ilha de edição. Fizemos uma transmissão ao vivo com o pessoal de Cataguazes, que mandou a imagem pela internet e o áudio pelo telefone celular", contou. Ela explicou que, para esse tipo de experiência, o programa "não tem o compromisso de uma imagem tecnicamente maravilhosa". Segundo Kitty, a intenção da TV Brasil é estimular o que chama de produção

8 Depoimento de funcionária estatutária da TV Brasil que não quis se identificar, em setembro de 2008.

colaborativa. "Eu não tenho dinheiro para ter correspondente em Manaus, mas pode ser que tenha lá uma garota esperta, estudante, que mande para o programa o que está acontecendo lá", resumiu. Por isso ela pretende fazer das experiências ao vivo, via internet, com os pontos de cultura, algo frequente no programa. Quanto à TV digital, Kitty conta que houve algumas reuniões de diretoria sobre o tema na TV Brasil, "mas os diretores de programas não ficaram sabendo de nada".

Bia Barbosa, membro da coordenação executiva do Coletivo Intervozes, afirmou, em junho de 2009, que não existe no Brasil "uma TV pública consolidada como tal":

> Tem um sistema estatal, TV Câmara, TVs das Assembleias Legislativas etc., mas são estatais. As educativas tradicionais se intitulam públicas, mas há uma série de condições que não cumprem. A grande maioria tem orçamento totalmente vinculado ao governo estadual, que interfere diretamente. Nem o financiamento nem a gestão são públicos. Nossa expectativa é que a TV Brasil seja um embrião de TV pública. Por esta defesa estão canais comunitários, Intervozes, gestores das emissoras educativas tradicionais e setores do governo. A TV Brasil ainda nem se consolidou e a gente tem a possibilidade de mudar de governo ano que vem e perder a TV Brasil. Na TV Cultura não se critica o governo José Serra. O jornalismo foi desmontado para isso. [Na época do] Maluf era a mesma coisa. Não é à toa que a TV Cultura passou a ter anúncios das Casas Bahia e outros, comerciais mesmo. Houve saída de nomes da EBC e TV Brasil. É o grupo do Ministério da Cultura *versus* o grupo da Secom (Franklin Martins e Tereza Cruvinel, diretora-presidente da EBC). O conselho curador da TV Brasil foi inteiro definido pelo presidente da República. Sequer as atas das reuniões do conselho são tornadas públicas. E a base da TV Brasil foi uma carta definida em seminário com diversas entidades. Já no Comitê Gestor de internet tem eleição dos representantes.[9]

Alguns dos autores que fazem reflexões sobre a pós-modernidade, mesmo não tratando especificamente de televisão, ajudam a entender e a formular questões pertinentes à criação da TV pública no Brasil. Para autores como

9 Palestra no JPPS da ECO/UFRJ em 1º de junho de 2009.

Leal Filho (1997), lembramos, só é pública a emissora de TV financiada diretamente pelo público, como queria Roquette-Pinto e como é a britânica BBC. Se o dinheiro vier dos cofres do governo, a emissora é estatal, o que pode trazer implicações como a interferência do governo da hora no conteúdo. No *site* da TV Brasil, na seção "Tire suas dúvidas", a definição é a seguinte:

> TV Pública não é o mesmo que TV governamental ou estatal, embora a confusão seja natural pelo fato de não termos, no Brasil, uma TV Pública que realmente corresponda a este conceito. TV Pública é aquela que não se pauta pela lógica econômico-comercial da TV privada e que não é, também, subordinada ao poder político, seja ele de partidos, governos ou poderes, mesmo que seu financiamento dependa muito do setor público. Quando faz isso, o Estado está devolvendo aos cidadãos uma parcela dos impostos na forma de um serviço de comunicação independente, voltado para a cidadania. Neste sentido, a TV Pública deve ser vista como uma instituição da sociedade civil, que participa do gerenciamento de seu conteúdo e de sua programação através de um organismo de representação forte e com efetivos para exercer este papel. No caso da TV Brasil, o Conselho Curador. Com algumas variações, este é o instrumento de controle social usado em todas as experiências internacionais bem-sucedidas de TV Pública, em que se destacam os países da Europa Ocidental.

Essa definição de TV pública não segue a de Leal Filho no que diz respeito ao financiamento, ou seja, só é pública uma emissora financiada diretamente pelo público, mediante o pagamento de uma taxa. Ao mesmo tempo, não assume a TV Brasil como estatal. Chamá-la de pública parece uma tentativa de dizer às emissoras privadas e também aos defensores do modelo de TV pública que o governo não vai usar essa TV para fazer sua propaganda.

Outra questão que se apresenta para a TV Brasil é o atendimento à reivindicação dos movimentos sociais de uma produção diversificada e regionalizada para a TV pública. No papel, ao menos, essa questão está resolvida, com a produção das emissoras regionais e a contratação pontual de produções independentes. No *site* da EBC está definido que "a produção independente no Brasil é muito rica, mas não encontra oportunidades de veiculação satisfatórias nas redes privadas. Ela tem uma importância econômica e também simbólica, na medida em que representa olhares e pontos de vista diferenciados sobre a realidade".

3.5. Produção independente: democratização ou economia?

A decisão de comprar produtos independentes tem o objetivo explícito de democratizar a comunicação. O fato de as equipes das emissoras associadas fazerem programas para a grade da TV Brasil certamente seria o suficiente para trazer as especificidades de cada região em rede nacional. Por outro lado, seria o suficiente para democratizar a comunicação?

Aqui entra a crença de que uma produção vinda de uma comunidade, muito mais do que outra vinda de funcionários da TV pública/estatal da região, seria algo como a voz do povo e a abertura de espaço para novas estéticas. No grupo de trabalho "Fotografia, cinema e vídeo" da Compós 2008 houve um debate sobre a possibilidade de se ter uma produção audiovisual não no padrão Globo, mas alguma coisa que venha "de dentro" das comunidades carentes. O que é esse dentro? Angeluccia Habert (que apresentava o trabalho "Sobre observadores e participantes: relatos e interpretações"), professora do programa de mestrado da PUC-Rio, perguntou, então, a que as pessoas que produzem esses vídeos têm acesso além do padrão Globo. "O pessoal da favela não tem o mesmo acesso a bens culturais, abstração etc. que o [cineasta] João Moreira Salles. Na favela se imita mais a TV", afirmou ela.

O *site* da EBC diz que a empresa é "de capital aberto, não dependente: isso lhe garantirá acesso ao orçamento federal, porém sem bloquear as possibilidades de outras formas de captação de recursos, como apoios culturais, patrocínios institucionais, prestação de serviços etc.". Não dependente de quê? O orçamento, ainda segundo o *site*, é equivalente ao da menor rede privada de televisão (o previsto para o primeiro ano da TV Brasil era de R$ 350 milhões, segundo reportagem do *Globo* de 20 de setembro de 2007). Portanto, se a emissora quiser concorrer de igual para igual com as redes de maior porte, vai depender de buscar no mercado recursos privados, sob a forma de patrocínios e apoios culturais, além da venda de serviços para terceiros. E então começa sua dependência do mercado. É a lógica do capital, do mercado, que deve ser usada para salvar a TV pública de um orçamento ridículo.

É preciso, também, cuidado para que não seja dentro dessa lógica do capital que seja pensado o uso de produções independentes (no lugar de usá-las com o objetivo de democratizar a comunicação). Não estaríamos, aqui, seguindo um caminho para ter cada vez menos empregados fixos na TV pública e diversos produtores independentes? Gorz descreve esse tipo de relação como colocando empresas como as citadas, na maioria dos casos, "sob a dependência de um único grande grupo, ou de um pequeníssimo número de grandes grupos que as submetem à alternância de períodos de hiperatividade e de desemprego" (2005:26). Submeteríamos nós (sociedade brasileira) a TV pública a fazer parte desse jogo do grande capital? Vejamos o que diz Gorz ao tratar da relação das empresas com os empregados na pós-modernidade:

> Todas as grandes firmas sabem, no entanto, *no quadro de uma relação salarial*, que é impossível obter de seus colaboradores um envolvimento total, uma identificação sem reservas a todas as suas tarefas. Pelo fato de ser contratual, a relação salarial reconhece a diferença e até mesmo a separação das partes contratantes, e de seus interesses respectivos. (Gorz, 2005:22)

O autor segue explicando o processo do novo capitalismo de apagar a fronteira entre trabalho e vida, transformar o trabalhador em empreendedor (responsável por sua própria "empregabilidade"), tornar as relações flexíveis tendo menos empregados e mais colaboradores, a quem se demanda mais ou menos trabalho dependendo da necessidade do dono do negócio, sem se comprometer em sustentar aquele empregado todo o tempo, com plano de saúde, previdência etc. Exatamente o que já fazem canais de TV por assinatura com orçamento baixo: usam produtoras independentes que concorrem entre si para fornecer programas – e elas próprias, em muitos casos, contratam seus empregados por projeto, embora sejam sempre os mesmos empregados, eximindo-se dos encargos trabalhistas.

Há, ainda, a questão da imagem das TVs educativas junto ao público a modificar, caso seja a meta ter um público maior que o residual de hoje. Hoje, as TVs educativas pelo Brasil (possivelmente com a exceção da TV Cultura) têm uma imagem de algo chato, educativo no sentido de aula desinteressante; ou então de ter uma programação altamente intelectualizada que ninguém vê. Como mudar isso? Para começar, com uma produção que realmente atraia (e não mudando apenas a imagem), desde que não caindo no conto da audiência pela audiência, sem se importar com o conteúdo, embora isso nem seja preciso dizer. Exemplos de programas atraentes são o infantil "Castelo Rá Tim Bum", da TV Cultura, e o "Sem Censura", da antiga TVE do Rio, que se manteve na TV Brasil. Alguns desses programas podem até ser baratos (como o "Sem Censura", um debate em estúdio com participantes de várias áreas que tenham alguma coisa interessante para contar), dependendo apenas de competência para ser bem realizados, mas um programa como "Castelo Rá Tim Bum", com cenários e figurinos elaborados, atores e roteiristas de primeira linha, demanda um dinheiro de que o orçamento atual da TV Brasil certamente não dispõe.

Um dos papéis da TV pública no Brasil – um país que parece ter perdido a consciência de que televisão é um serviço público prestado por concessionários, não um loteamento de espaços publicitários visando ao lucro sem restrições – poderia ser o de tentar trazer um pouco de equilíbrio ao espectro de frequências televisivo. Não o de fazer propaganda, mas sim de mostrar também aquilo que a mídia privatizada esconde. Se o objetivo da TV Brasil for, de fato, democratizar as comunicações sem se deixar dominar pelo mercado, esse trabalho deve começar por um orçamento com fundos públicos que a coloque em condição de competir em pé de igualdade com as maiores emissoras do país. Deve, ainda, buscar a produção independente de forma complementar à produção própria por parte das emissoras que compõem a rede, mas sem fazer dos independentes uma forma de preencher a grade de programação a preço baixo. A emissora deve estar preparada para propor novos formatos ao público, estar aberta a outras estéticas, inclusive pensando formas de fomentá-las, sem cair na ilusão de que o independente será automaticamente o novo.

3.6. A digitalização da TV pública

Em 7 dezembro de 2008, reportagem do *Globo* informava que tinha sido assinado no Palácio do Planalto o protocolo para a implantação da rede de TV digital para as televisões públicas, em parceria público-privada e coordenada pela Empresa Brasil de Comunicação (EBC). Barbosa Filho e Castro (2009:70-72) comentam que o compartilhamento de redes existe no Japão, em vários países europeus e na Austrália, e permite a melhora da qualidade e a redução dos custos de transmissão dos sinais eletromagnéticos, diminuindo a incidência de raios gama sobre a população. Eles explicam que o Japão integra, além das emissoras públicas e privadas, banda larga e satélites. Esse compartilhamento de rede não deve ser confundido com o operador de rede do modelo europeu. A transmissão continua nas mãos das emissoras, elas apenas dividem a estrutura física da transmissão entre si, reduzindo seus gastos.

Os autores informaram, ainda, que o governo brasileiro criou, em dezembro de 2008, o Centro Nacional de Excelência em Produção de Conteúdos Digitais Interativos e Interoperáveis, coordenado pelo Ministério da Ciência e Tecnologia. O objetivo é estimular a produção de conteúdos audiovisuais digitais para TV digital e/ou mídias convergentes, especialmente para a TV pública, incluindo interatividade.

Mas não vinha sendo fácil para uma emissora pública trilhar esse caminho. A TV Cultura teve de brigar com o Ministério das Comunicações para conseguir fazer multiprogramação. Reportagem do *Globo* de 18 de março de 2009 informava que o presidente da Fundação Padre Anchieta, Paulo Markun, apresentara na véspera ao ministro das Comunicações, Hélio Costa, um pedido para transmitir pela mesma frequência, em caráter experimental, dois outros canais: a Univesp TV e o Multicultura. A matéria, espremida em um canto de página por um grande anúncio de página dupla, disse que o pedido foi feito após os canais terem sido transmitidos por uma semana sem qualquer autorização.

"A TV Cultura foi obrigada a tirá-los do ar, depois de ser notificada – a pedido de Costa – pela Agência Nacional de Telecomunicações (Anatel) no último dia 13", dizia a reportagem. A emissora tinha cinco dias para se explicar:

> – O ministro disse que vai examinar o assunto com interesse, e a gente vai aguardar que isso se resolva, de preferência em um prazo que permita realizar esse programa da Univesp – disse Markun.
> O executivo da TV Cultura informou que a emissora chegou a apresentar dois pedidos para os canais, um ainda no ano passado, em fevereiro, e outro em 11 de março. Não houve resposta para ambos. Os canais foram ao ar em 9 de março último. (Tavares, *O Globo*, 2009c)

A matéria contava, ainda, que Markun explicou que a Univesp TV é para auxiliar na especialização de professores das universidades paulistas, e o primeiro curso, de neurociência, começaria em maio. O Multicultura faria experimentos de interatividade com o laboratório da USP. Costa disse que a multiprogramação para emissoras comerciais precisava ainda ser regulamentada, o que aconteceria em 90 dias. As TVs Justiça, Senado e Câmara já teriam recebido autorização por decreto.

No 6º Fórum Internacional de TV Digital do IETV, em 28 de agosto de 2009, Ricardo Mucci, diretor de Novas Mídias da Fundação Padre Anchieta, contou que "depois de uma queda de braço com o ministro Hélio Costa, fomos autorizados a ter dois canais de TV digital. [...] O presidente Lula ajudou porque entende que a TV Cultura não é a TV do Sarney. A TV digital terá multiprogramação: TV Cultura HD, Univesp TV e Multicultura". Mucci informou que a Univesp TV tinha sido lançada poucos dias antes, e que a TV Cultura a havia disponibilizado para três universidades do estado. O Multicultura seria um canal *premium*, com programação mais sofisticada, "uma seleção do que há de melhor na grade", segundo Mucci. A TV Cultura implantou a TV digital com cobertura parcial do estado de São Paulo e a intenção de ampliar.

Ele citou diversos projetos da TV Cultura para a TV digital, como Poupatempo Digital – projeto de canal de serviços interativo em parceria com LSI-USP; parceria com o CPqD para criação de interface de interatividade para a TV digital; e experiência de canal de retorno pela rede elétrica. Sobre a interatividade, Mucci afirmou que, pela natureza do negócio, a TV comercial abre a porta do *shopping center*, enquanto a TV pública abre a porta da biblioteca.

Apesar dos vários projetos para TV digital, Mucci afirmou que a nova mídia era "um dilema", e que a cobertura e o custo eram muito complicados, "por isso é que eu acho que a internet vai resolver".

> O custo é um limitador, nossos transmissores são caros para uma TV pública. Agora estamos tentando que o governo estadual ajude com os transmissores para podermos chegar principalmente nas [*sic*] escolas. Apenas 40% do orçamento da TV Cultura vem do governo estadual. O restante são projetos que a Fundação apresenta, como operar a TV Justiça, e outros serviços para complementar a sua receita.
> Eu pessoalmente sou um pessimista em relação ao modelo que foi pensado, de acessar a internet, democratizar, não vai ser possível. Isso vai ser pela internet. O modelo foi apressado. Acho que a TV digital

> tem uma estrada longa. Esse desafio passa pela interatividade. Os jovens querem acessar a programação na hora em que querem.[10]

O executivo falou de forma bem mais entusiasmada de interatividade fora da TV. Ele contou que a primeira transmissão ao vivo de programa na internet foi o "Vitrine", da Cultura, com Marcelo Tas; a IPTV Cultura tinha programas na internet; o programa "Roda Viva" adotou o Twitter em maio de 2008 e passou a ser transmitido ao vivo pela internet, com o público participando; o programa "Ao Ponto", da Cultura e TV Futura, também passava ao vivo na *web* antes de ir ao ar; e havia o IPTV Escola, "uma espécie de YouTube para educadores, alunos e pais da rede estadual paulista". Começaria em breve um programa para jovens com nome a ser eleito e com uma plataforma de jogos desenvolvida pela UFSC. Os telespectadores iriam interagir com o jogo em tempo real via internet ou celular.

Mucci contou, ainda, sobre o Media Center – canais próprios e colaborativos via IPTV com o acervo de 40 anos da TV Cultura. "É uma parceria com Google e YouTube, com canal próprio, como a Globo tem, e dá receita compartilhada", informou. Apenas em relação a programas para celular o diretor da Fundação Padre Anchieta não estava tão entusiasmado. Eles tinham o "Cultura Móbile", um "encapsulamento de conteúdo de programas da TV Rá Tim Bum com a Claro Minha TV. As operadoras pagam, mas ainda não é o suficiente. Não está resolvido o problema do custo desse tipo de programa", afirmou.

Regina Lima, presidente da Associação Brasileira das Emissoras Públicas e da Fundação Paraense de Radiodifusão, explicou, em novembro de 2010,[11] que a rede compartilhada ainda não tinha se tornado realidade e que as emissoras públicas enfrentavam problemas graves de gestão (por ter seus presidentes indicados pelos governos) e de falta de recursos. Ela disse que o modelo estético da TV pública continuava a ser o mesmo que da particular.

A TV Cultura era a emissora de TV que podemos chamar de pública mais adiantada em relação à TV digital. E, ainda assim, o diretor que cuida dessa área na Fundação Padre Anchieta não acreditava muito no futuro da

10 Ricardo Mucci, diretor de Novas Mídias da Fundação Padre Anchieta, em palestra no 6º Fórum Internacional de TV Digital do IETV, em 28 de agosto de 2009.

11 Palestra no I Seminário Internacional Convergência das Mídias: Regulação para a Cidadania, do Peic da ECO/UFRJ e Instituto Nupef, em 5 de novembro de 2010.

TV digital e preferia apostar na internet e na IPTV. A paraense Regina Lima, por sua vez, contou que o Governo Federal implantou o projeto Navega Pará para disseminar a internet no estado, "e hoje você vai pela beira do rio e tem gente acessando a internet". O projeto de TV digital inicial imaginado pelo governo Lula, para democratizar o espectro de frequências e fazer a inclusão digital, foi solapado pelas emissoras privadas por ameaçar seu modelo de negócios; nas emissoras públicas, está arriscado a não alçar voos mais altos pela falta de recursos suficientes e pela concorrência implacável de mídias interativas mais ágeis e baratas.

Conclusões

A TV DIGITAL, grande promessa na virada do milênio para democratizar as comunicações no Brasil – podendo trazer uma quantidade muito maior de canais para a televisão aberta e promover a inclusão digital mais rapidamente que por meio do computador –, acabou se tornando quase uma mídia natimorta. Sua potência, seu potencial de democratizar, foi podada para não atrapalhar um modelo de negócios que vem servindo às emissoras de televisão comerciais desde o nascimento da TV no Brasil, em 1950.

Esse modelo de negócios é o da venda de publicidade – principalmente anúncios de 15 ou 30 segundos nos intervalos comerciais – com preços baseados na audiência de cada programa. A interatividade, palavra da moda na atual era da comunicação, era enaltecida por todos, inclusive pelas emissoras. Mas, na prática, o que se viu foi que ela não interessava de fato às redes de TV comerciais. Enquanto faziam testes com modelos de interatividade, contratando consultorias de informática para criá-los em conjunto, as emissoras iam adiando sua implantação ao máximo, e em 2011 havia apenas interatividade local, com informações como o resumo de capítulos anteriores de novelas. O problema, que começou a ser desvendado em uma ou outra declaração de executivos de emissoras, era que, ao interagir com o programa ou anúncio, o telespectador provavelmente não veria o anúncio seguinte.

Quando ficasse claro para o mercado – anunciantes e agências de publicidade – o novo comportamento do consumidor, o modelo de negócios a partir de intervalos comerciais começaria a ruir. Já a interatividade através de outros meios – o *site* da emissora ou do programa, *e-mail*, telefone –, que não atrapalhava esse modelo de negócios, foi prosperando. A interatividade via televisão foi sendo deixada de lado, obscurecida pelo que as emissoras defendiam como o grande ganho para o telespectador com a chegada da TV digital: a imagem em alta definição.

Até outubro de 2011, as emissoras ainda falavam bem do Ginga, faziam testes e planos, como afirmou Raymundo Barros, diretor de engenharia da TV Globo São Paulo em painel do congresso da SET, que discutiu a convergência da TV digital com as Smart TVs: "Nós acreditamos que o Ginga é a plataforma padrão que nos permitirá trabalhar com múltiplas telas, múltiplos dispositivos e conteúdos complementares, preservando o *widescreen* para o vídeo" (Luca, 2011). Discurso similar ao que havia desde o início da TV digital aberta e, tanto tempo depois, nada significativo estava implantado e disseminado. A probabilidade de que seja para valer agora continua pequena.

A imagem em HD (*high definition*) também servia às empresas de comunicação como motivo aparente para não haver a divisão do espectro de frequências ou multiprogramação. Ao afirmar que precisavam de toda a banda de frequência de 6 mega-hetz para a transmissão em alta definição, as emissoras se eximiam do custo de quadruplicar ou mesmo de apenas duplicar sua programação. E, mais que isso, conseguiram evitar o pior, que seria o governo entregar a cada uma delas apenas o espaço necessário para enviar uma programação e licitar o espaço restante para outros, aumentando o número de vozes a falar para o público telespectador – aumentando também, do ponto de vista das emissoras, a concorrência pelo bolo publicitário, uma quantidade de dinheiro de anunciantes que dificilmente aumentaria apenas porque passaram a existir mais canais de televisão.

Para as emissoras de TV, portanto, a TV digital ameaçava tanto do ponto de vista do aumento de custo – através da interatividade, que exigiria a produção de mais conteúdo disponível para o telespectador, além do uso de mais tecnologia, e da possibilidade de multiprogramação, que exigiria ou mais conteúdo ou, no mínimo, mais despesa com a transmissão em outro canal de programação já existente – quanto do ponto de vista do faturamento, uma vez que a entrada em cena de novas emissoras traria mais concorrência na captação de anúncios e *merchandising*.

O aumento no número de canais de TV aberta foi um dos pontos bastante defendidos pelo movimento social e por muitos acadêmicos para aumentar a democratização na TV. Wolton (2006) é um autor que poderia ser usado por quem quisesse criticar essa defesa – o que não é o caso aqui. Ele é favorável à TV que chama de geralista e à grade de programação no lugar da livre-escolha. "Se o público se dissipa nas mídias do segundo tipo, desaparecem muitas ocasiões de conversar, pois uns e outros não assistirão à mesma coisa" (2006:16-17). Wolton parece tratar a questão como se um canal de televisão assistido por milhões de pessoas fosse o equivalente ao pertencimento a uma comunidade.

Não nego que uma novela ou o "Big Brother Brasil" gerem oportunidade para conversa, mas minha visão é bastante diferente da desse pesquisador. Milhões de pessoas assistiram ao vídeo da caloura Susan Boyle no programa "Britain's got talent" via YouTube. Cada um na hora em que quis, sozinho ou em grupo, virando tema para conversa depois. E como era antes do rádio e da televisão? Cada um (que sabia ler) lia um livro, e determinados livros tinham um público muito maior que outros, e tudo isso gerava conversa, gerava uma experiência coletiva. E por que apenas experiências coletivas seriam motivo para conversa, para unir pessoas? Experiências individuais também podem gerar trocas enriquecedoras.

Por sua vez, a interatividade plena, com canal de retorno do televisor para a emissora, do ponto de vista da inclusão digital, serviria especialmente para que os telespectadores pudessem interagir com serviços de governo e empresas, como já se fazia na internet, à qual uma parcela ainda reduzida da população tinha acesso (além de servir para votações em programas, enviar mensagens etc.). Esse tipo de interação, porém, ficou relegado às emissoras chamadas públicas, que até o momento não o implantaram.

Nesse processo da TV digital, o cidadão, se fosse tratado como tal, teria como retorno por parte do governo e empresas a preocupação com a inclusão digital e com a democratização das comunicações por meio da multiplicidade de canais. Ao ser tratado apenas como consumidor, o que ele recebe é a necessidade de trocar de televisor para ter acesso a imagem e som de alta definição. Se cada emissora fica com o espaço no espectro de frequências onde cabem até oito canais, se a interatividade é usada apenas para vender produtos e votar no "Big Brother" ou no melhor final para a novela e, ainda, se não houver uma regulamentação para o conteúdo veiculado, o telespectador vai continuar sendo tratado apenas como consumidor.

Enquanto isso, a possibilidade de assistir à TV em um dispositivo móvel, cercada de grandes expectativas iniciais, não entusiasmou o grande público. Ouvindo fabricantes de equipamentos, radiodifusores e governo, a revista *Tela Viva* informou que entraves como a proibição pelo Ministério das Comunicações de se fazer programação específica para os dispositivos móveis e cobertura insuficiente fizeram o mercado "não acontecer" até agora.

A perspectiva de que venha a acontecer mais adiante é remota, uma vez que quem tem um dispositivo móvel com TV normalmente tem também acesso à internet por ele e pode preferir o acesso a vídeos pela rede.

Em relação à TV digital aberta, podemos dizer que o governo Lula teve duas fases: antes e depois do chamado escândalo do Mensalão. Naquele momento, o governo ficou fragilizado, especialmente pelo fato de o presidente Lula estar pretendendo se reeleger, e ficou exposto à pressão e à manipulação das empresas de mídia. As emissoras de TV, então, insatisfeitas com um projeto de implantação de TV digital que as expunha a todos os perigos elencados anteriormente, puderam negociar com o governo um novo projeto, a ser liderado por um ministro das Comunicações indicado por elas.

A partir daí, ainda no que diz respeito à TV digital, existiu mais de um governo dentro do governo Lula, com o Ministério das Comunicações levando o processo para um lado e o da Cultura tentando levar para outro. Uma polifonia, poderíamos dizer, às vezes uma cacofonia, mas a decisão, obviamente, só poderia beneficiar um dos lados, e a hegemonia ficou com quem defendia os interesses dos radiodifusores. O interesse público, mais uma vez, foi vencido pelo interesse econômico de alguns poucos.

Mas Lula foi invariável em um aspecto: ele foi sempre pragmático em seus dois governos. Se, para dar continuidade à sua política de distribuir renda e colocar comida na mesa de todos os brasileiros, ele tivesse de abrir mão de outra política de seu governo, ele faria isso. Cabe a cada cidadão brasileiro julgar se o fim justifica os meios no caso de crianças morrendo de fome.

O projeto de TV pública, uma espécie de válvula de escape para as intenções de democratizar a comunicação brasileira através da televisão, incentivado pelo Ministério da Cultura, enfrenta dificuldades de gestão e falta de recursos, estando portanto longe de cumprir seu papel conforme planejado. Nem mesmo o compartilhamento de rede, que reduz os custos individuais das emissoras públicas para completar o processo de digitalização, foi realizado.

As produtoras de vídeo, por sua vez, que vêm produzindo uma parcela crescente do conteúdo da televisão brasileira, tiveram uma postura apolítica na questão da TV digital, permanecendo fora das discussões. Não parecia haver como ser diferente no contexto em que estão inseridas. Não havia motivo para produzirem, testarem ou mesmo defenderem programas de TV digitais interativos se os seus clientes, as emissoras, não demandavam esse tipo de programa. Seria, para elas, apenas perda de tempo e dinheiro.

O período de debate sobre a TV digital – debate esse um pouco distante do público, uma vez que as emissoras de TV não tinham interesse em divulgá-lo – foi também um período de algumas tentativas de mudança na legislação. Em especial, houve a tentativa de controle social das comunicações brasileiras com o projeto da Ancinav (Agência Nacional de Cinema e do Audiovisual), frustrada por pressão das emissoras de TV, lideradas pela TV Globo; proposta de Lei Geral de Comunicação de Massa (que regularia, inclusive, internet e TV digital) elaborada pelo governo, que não foi adiante; e a Conferência Nacional da Comunicação, bastante adiada e que finalmente ocorreu em dezembro de 2009, com o objetivo de mostrar um caminho para uma legislação geral para as comunicações – sem resultado prático algum até o momento. A única lei criada no período foi a da TV por assinatura, após pressões de todos os lados que derrubaram algumas questões de interesse do público, como o limite ao excesso de propaganda em uma TV que já é paga.

Toda essa dificuldade em aprovar uma lei que regule a comunicação como um todo parece vir de obstáculos criados pelas emissoras de televisão, que temem uma regulação de seu conteúdo. Elas classificam qualquer tentativa nesse sentido, embora vinda de lei a ser aprovada pelo Congresso, de censura, e usam esse argumento para convencer o público através de diversos meios de comunicação de suas organizações empresariais, fazendo pensar, justamente por esse tipo de reação, se não fica ainda mais clara a necessidade de uma lei para regular o setor. As emissoras, em seu projeto de poder bastante bemsucedido até agora, defendem que qualquer regulação afeta a liberdade de expressão, o que seria inconstitucional. Mas se até o direito constitucional de ir e vir é regulamentado, através, por exemplo, do Código de Trânsito, por que apenas o direito à liberdade de expressão deve ser deixado à lei do mais forte?

O jornal *O Globo*, no período analisado, parece se debater entre informar e defender os interesses das Organizações Globo. De uma forma geral, a segunda opção é vencedora, visto que não houve informação em quantidade e qualidade minimamente necessárias para informar o leitor sobre o debate que se travava em torno da TV digital. Mas o jornal fez uma cobertura sobre o tema e, para o leitor atento, que não deixava de ler notícias com pouco destaque e enxergar onde estava a defesa dos interesses corporativos, era possível acompanhar pelo jornal parte do que acontecia, especialmente após a decisão do modelo, quando restava pouca coisa a fazer para evitar o predomínio dos interesses das emissoras na questão.

O que as reportagens do jornal *O Globo* pós-definição do modelo passam para o leitor é que a única questão realmente importante no processo é o preço do conversor, um teatro em que o ministro das Comunicações, Hélio Costa, estava sempre bradando a necessidade de o preço cair e nada se fazia na realidade. Não interessa às emissoras de TV e aos meios de comunicação ligados a elas informar as pessoas sobre o tema de forma mais aprofundada, para que não haja uma mobilização em torno de alguma opção que as emissoras considerem danosa aos seus lucros. Por outro lado, não existe um controle social desses meios de comunicação para garantir à população informação sobre assuntos de interesse público.

A partir da pesquisa feita sobre a época da implantação do rádio no Brasil, as disputas de interesses de então e de agora me pareceram bastante similares. As especificidades daquele tempo podem ser diferentes, mas o espírito da disputa era basicamente o mesmo. Roquette-Pinto e outros que defendiam as mesmas ideias que ele queriam o rádio como instrumento do interesse público. Para eles, o interesse público se traduzia em levar cultura ao povo para evitar que este fosse explorado e manipulado por pessoas com nível de conhecimento e informação maior, portanto com maiores condições de defender seus interesses no mundo, mais condições de conseguir dinheiro e poder. De outro lado estavam pessoas interessadas no rádio como negócio que pudesse gerar lucro, ou seja, o interesse comercial. Em ambos os casos, os governos trabalhistas (de Getúlio Vargas e de Lula) acabaram decidindo em prol do interesse empresarial.

Tanto no caso do rádio quanto no caso da TV digital, a grande questão dos defensores do interesse público era a inclusão dos excluídos na sociedade: no primeiro caso, através da cultura; no segundo, também através da cultura (que poderia vir pela multiplicidade de canais, dependendo da regulamentação, e pela interatividade com conteúdos mais aprofundados), mas, especialmente, através da inclusão digital. Em vez disso, privilegiou-se o mercado nos dois casos. O início da TV no Brasil nem entra nessa comparação TV digital–rádio, porque a televisão, aqui, já nasceu comercial, nos moldes norte-americanos, e não houve esse debate sobre interesse público e modo de financiamento.

Mas não é porque os interesses do mercado venceram no início do rádio brasileiro e na implantação da TV digital que a luta pelo interesse público se encerra. O movimento popular, embora relativamente fragmentado e não tão forte quanto já foi no Brasil, continua lutando por uma comunicação democrática no país através de questões como uma lei que regule toda a comunicação. Segundo Santos (2007:58), "é necessário encontrar quadros teóricos e políticos que continuem tentando não ser enganados, mas ao mesmo tempo sem desistir, sem entrar no que chamamos a razão cínica, a celebração do que existe porque não há nada além". Para a sociologia das emergências, é preciso ver sinais, pistas, possibilidades emergentes que são descredibilizadas porque são embriões, porque são coisas não muito visíveis (Santos, 2007:37).

Pistas da democratização das mídias existem, mas elas estão vindo por outros meios que não a TV digital. O próprio movimento social parece já ter desistido dela, como se viu nas propostas da Conferência Nacional de Comunicação, que não a contemplaram. As saídas se dão principalmente pela internet, a partir da possibilidade de disseminá-la pela população brasileira.

O Governo Federal, enquanto aquiescia às exigências das emissoras de TV quanto à TV digital, dava a volta ao problema, aparentemente tentando resolver a questão da democratização das comunicações disseminando a internet. O Plano Nacional de Banda Larga (PNBL) e iniciativas anteriores servem a esse propósito. Governos estaduais e prefeituras, como o Governo do Estado do Rio de Janeiro, que vem instalando banda larga gratuita em comunidades carentes, têm somado esforços nesse sentido. Mas, pela velocidade proposta e um início hesitante de implantação, até agora o PNBL está mais para Plano Nacional de Banda Lenta.

O espectro de frequência que será liberado com o fim das transmissões analógicas de TV (previsto para 2016) é motivo de disputa entre teles e radiodifusores. As primeiras querem usá-lo para banda larga móvel. Setores do governo defendem que parte dele seja usada para o canal de retorno da TV digital aberta interativa. Mas os radiodifusores preferem pedir que o espaço seja usado para a criação de geradoras de TV regionais.[1]

Enquanto uma nova tecnologia, a TV digital, era politicamente freada na TV aberta por causa de um interesse local, outras, com velocidade dada por ventos globais e incentivo de governos, se disseminavam, pondo em xeque, de qualquer forma, a manutenção desse oligopólio local das comunicações, as Organizações Globo. Mas que ninguém se iluda: em primeiro lugar, esse oligopólio já vem há anos percebendo a ameaça e se instalando nesses novos meios; e, em segundo lugar e ainda mais importante, a internet, os celulares, toda essa nova tecnologia que ajuda a democratizar as comunicações traz a

1 Em defesa do modelo. *Tela Viva*, p. 24, ago. 2011.

reboque grandes empresas (como Google, Apple, Microsoft, telefônicas e fabricantes de equipamentos multinacionais) e seus interesses que podem nem sempre coincidir com o interesse público.

Muita gente já tem a vida nas mãos da Google, com o Gmail, se guia pelo Google Maps, tem todos os seus arquivos na nuvem etc., em uma nova construção de hegemonia. E com empresas globais (sem trocadilho) de internet, de um lado, e telefônicas, do outro, a Globo aparece ali no meio pequenininha, tentando defender seu espaço na comunicação do Brasil. Muita coisa está mudando, mas isso *não faz* com que o interesse público tenha conseguido mais poder no país. Ao mesmo tempo, nesta vida líquida em que estamos, o interesse público parece uma coisa fora de moda; o que realmente importa é o consumo. As novas tecnologias significam, também, a criação de necessidades de compra de novidades que estão sempre surgindo, como telas com maior definição, iTouch, iPad e *tablets* em geral, televisão em 3D e Google TV, que geram lucros para as indústrias e ansiedade para os consumidores.

Portanto, a internet pode ou não tornar as comunicações mais democráticas no futuro, não sendo possível ter certeza agora se coisas como os *softwares* livres, o *copyleft* e criações compartilhadas em geral vão revolucionar o sistema econômico, contra a mercadorização do mundo.

Caso a TV digital fosse implantada com multiprogramação e interatividade desde o início, com apoio e regulação por parte do Governo Federal, a tendência seria a de que ela só fosse superada pela internet em um futuro mais distante. A tendência internacional, como vimos especificamente no caso da Grã-Bretanha, é a de que os usuários prefiram a internet em países onde ela já está bastante disseminada.

Como está, a TV digital, uma tecnologia desenvolvida para que os telespectadores possam interagir com os emissores, feita para a TV aberta, que hoje é o meio de comunicação acessível a praticamente todos os brasileiros, será desperdiçada. Em vez de democratizar as comunicações, estaremos novamente atendendo apenas a quem tem maior poder aquisitivo e, com isso, fazendo bons negócios – o interesse público fica em segundo plano, incluindo-se nele, além do interesse direto do público telespectador e cidadão, uma porta para o desenvolvimento da tecnologia nacional e da política industrial.

Referências bibliográficas

Livros

ABDALLA JR., Humberto; RAMOS, Murilo C. Edgard Roquette-Pinto: o que ele tem a ver com o rádio digital. In: BARBOSA FILHO, André; CASTRO, Cosette; TOME, Takashi (Orgs.). *Mídias digitais*: convergência tecnológica e inclusão social. São Paulo: Paulinas, 2005.

BAKHTIN, Mikhail. *Estética da criação verbal*. São Paulo: Martins Fontes, 2003.

BARBOSA FILHO, André; CASTRO, Cosette. Apontamentos para implantação da TV pública digital no Brasil. In: FECHINE, Yvana; SQUIRRA, Sebastião (Orgs.). *Televisão digital*: desafios para a comunicação. Porto Alegre: Sulina, 2009.

______; ______; TOME, Takashi (Orgs.). *Mídias digitais*: convergência tecnológica e inclusão social. São Paulo: Paulinas, 2005.

BAUMAN, Zygmunt. *Vida líquida*. Rio de Janeiro: Zahar, 2009.

BOLAÑO, César R.; BRITTOS, Valério C. *A televisão brasileira na era digital*: exclusão, esfera pública e movimentos estruturantes. São Paulo: Paulus, 2007.

______. *TV pública, políticas de comunicação e democratização*: movimentos conjunturais e mudança estrutural. Trabalho apresentado na 17ª Compós, Universidade Paulista, São Paulo, 4 de junho de 2008.

CABRAL FILHO, Adílson; TAVEIRA, Eula. Começar de novo: sobre o controle público como perspectiva para o modelo brasileiro de televisão digital. In: BARBOSA FILHO, André; CASTRO, Cosette; TOME, Takashi (Orgs.). *Mídias digitais*: convergência tecnológica e inclusão social. São Paulo: Paulinas, 2005.

CAIAFA, Janice. *Nosso século XXI*: notas sobre arte, técnica e poderes. Rio de Janeiro: Relume-Dumará, 2000.

CASTRO, Cosette. Conteúdos para TV digital: navegando pelos campos da produção e da recepção. In: BARBOSA FILHO, André; CASTRO, Cosette; TOME, Takashi (Orgs.). *Mídias digitais*: convergência tecnológica e inclusão social. São Paulo: Paulinas, 2005.

CASTRO, Ruy. Roquette-Pinto: o homem multidão. Rio de Janeiro, 1996. *Revista comemorativa dos 60 anos da Rádio MEC*. Disponível em: <http://www.consciencia.net/2004/arquivo/roquette-pinto.html>. Acesso em: 25 jan. 2010.

CRUZ, Renato. *TV digital no Brasil*: tecnologia *versus* política. São Paulo: Senac, 2008.

DANTAS, Marcos. Onde os fracos não têm vez. Como evoluiu e por que evoluiu a TV digital. In: FECHINE, Yvana; SQUIRRA, Sebastião (Orgs.). *Televisão digital*: desafios para a comunicação. Porto Alegre: Sulina, 2009.

DUPAS, Gilberto. *Ética e poder na sociedade da informação*. São Paulo: Unesp, 2001.

EAGLETON, Terry. *Depois da teoria*. Rio de Janeiro: Civilização Brasileira, 2005.

FERRARETO, Luiz A. Roquette-Pinto e o ensino pelo rádio. In: MEDITISCH, Eduarto; ZUCULOTO, Valei (Orgs.). *Teorias do rádio*: textos e contextos. Florianópolis: Insular, 2008. v. II.

FERRAZ, Carlos. Análises e perspectivas da interatividade na TV digital. In: FECHINE, Yvana; SQUIRRA, Sebastião (Orgs.). *Televisão digital*: desafios para a comunicação. Porto Alegre: Sulina, 2009.

FREIRE FILHO, João. Sociedade do espetáculo à sociedade da interatividade?. In: *Guy Debord antes e depois do espetáculo*. Porto Alegre: EdiPUCRS, 2007.

GORZ, André. *O imaterial – conhecimento, valor e capital*. São Paulo: Annablumme, 2005.

HABERT, Angeluccia. Sobre observadores e participantes: relatos e interpretações. 17º Encontro Anual da Associação Nacional dos Programas de Pós-Graduação em Comunicação. *Anais*. São Paulo: Unip, 2008.

JENKINS, Henry. *Cultura da convergência*. São Paulo: Aleph, 2009.

JOST, François. De l'influence de la télévision numérique sur les programmes et la programmation. In: FECHINE, Yvana; SQUIRRA, Sebastião (Orgs.). *Televisão digital*: desafios para a comunicação. Porto Alegre: Sulina, 2009.

LEAL FILHO, L. *A melhor TV do mundo. O modelo britânico de televisão*. São Paulo: Summus, 1997.

LOPES, Vera. A lei da selva. In: HAMBURGER, Esther; BUCCI, Eugênio. *A TV aos 50*. São Paulo: Fundação Perseu Abramo, 2000.

MACHADO, Arlindo. O mito da alta definição. In: FECHINE, Yvana; SQUIRRA, Sebastião (Orgs.). *Televisão digital*: desafios para a comunicação. Porto Alegre: Sulina, 2009.

MARTINS, R. B.; HOLANDA, Giovanni de M. O projeto do Sistema Brasileiro de TV digital terrestre. In: BARBOSA FILHO, André; CASTRO, Cosette; TOME, Takashi (Orgs.). *Mídias digitais*: convergência tecnológica e inclusão social. São Paulo: Paulinas, 2005.

MILANEZ, Liana. *TVE*: cenas de uma história. Rio de Janeiro: Acerp, 2007.

MOTA, Regina. Os desafios da TV digital no Brasil. In: BARBOSA FILHO, André; CASTRO, Cosette; TOME, Takashi (Orgs.). *Mídias digitais*: convergência tecnológica e inclusão social. São Paulo: Paulinas, 2005.

ORTIZ, Renato. *A moderna tradição brasileira*. São Paulo: Brasiliense, 2001.

PATRIOTA, Karla. Sob demanda, convergente e interativa. A customização da publicidade na TV digital. In: FECHINE, Yvana; SQUIRRA, Sebastião (Orgs.). *Televisão digital*: desafios para a comunicação. Porto Alegre: Sulina, 2009.

RAMONET, Ignacio. *A trama da comunicação*. Petrópolis: Vozes, 2001.

ROQUETTE-PINTO, Edgard. Cinzas de uma fogueira (pelo rádio – 1923-1926). In: MEDITSCH, Eduardo; ZUCULOTO, Valci (Orgs.). *Teorias do rádio*: textos e contextos. Florianópolis: Insular, 2008. v. II.

SANTOS, Boaventura de S. *Renovar a teoria crítica e reinventar a emancipação social*. São Paulo: Boitempo, 2007.

______; MENESES, Maria Paula. *Epistemologias do Sul*. São Paulo: Cortez, 2010.

SCOLARI, Carlos A. Ecologia de la hipertelevisión. Complejidad narrativa, simulación y transmedialidad en la televisión contemporánea. In: FECHINE, Yvana; SQUIRRA, Sebastião (Orgs.). *Televisão digital*: desafios para a comunicação. Porto Alegre: Sulina, 2009.

SODRÉ, Muniz. *A comunicação do grotesco*: um ensaio sobre a cultura de massa no Brasil. Petrópolis: Vozes, 1977.

______. *O monopólio da fala*: função e linguagem da televisão no Brasil. Petrópolis: Vozes, 1984.

WOLTON, Dominique. *Elogio do grande público*: uma teoria crítica da televisão. São Paulo: Ática, 2006.

VILCHES, Lorenzo. Televisión digital: entre la esperanza y el exceptismo. In: FECHINE, Yvana; SQUIRRA, Sebastião (Orgs.). *Televisão digital*: desafios para a comunicação. Porto Alegre: Sulina, 2009.

Jornais e revistas

ALMEIDA, Eduardo. O exemplo lá do Norte. *O Globo*, Digital, p. 6, 22 mar. 2010.

BARBOSA, Adauri A. Liberdade de expressão é o pilar da democracia. *O Globo*, p. 27, 16 jul. 2008; e Contra a censura, mesmo a bem-intencionada. *O Globo*, p. 26, 17 jul. 2008.

BECK, Martha. Ministro descarta padrão brasileiro de TV digital. *O Globo*, 14 jul. 2005. Disponível em: <http://arquivoglobo.globo.com/ns_index.htm>.

BRAVO, Zean. Do site para a telinha da MTV. *O Globo*, Revista da TV, p. 15, 14 dez. 2008.

BRÍGIDO, Carolina. TV Brasil estreia com ministros prometendo independência. *O Globo*, p. 5, 3 dez. 2007.

CALAZANS, Ricardo. Na era da TV móvel. *Conexão*, n. 50, p. 12-15, 2008.

CARVALHO, Jailton de. ANJ e Abert cobram regras iguais para sites. *O Globo*, p. 9, 17 nov. 2009a.

_______________. Confecom aprova medidas restritivas ao jornalismo. *O Globo*, p. 4, 14 dez. 2009b.

D'ERCOLE, Ronaldo. Net adquire tecnologia digital para programação. *O Globo*, 5 maio 2004. Disponível em: <http://arquivoglobo.globo.com/ns_index.htm>.

D'ERCOLE, Ribeiro et al. Guerra de preços de conversor e TV não ocorrerá tão cedo, diz indústria. *O Globo*, p. 30, 25 nov. 2007.

DUARTE, Patrícia; TAVARES, Mônica. TV digital: transmissão começa no fim de 2007. *O Globo*, p. 33, 11 out. 2006.

FABRINI, Fábio. Cemig quer oferecer internet. *O Globo*, p. 26, 4 set. 2009.

FERNANDES, Lilian. Programa bom é o que tem apelo. *O Globo*, Revista da TV, 14 nov. 2004. Disponível em: <http://arquivoglobo.globo.com/ns_index.htm>.

_______________. Emissoras lançarão pouco conteúdo em HD. *O Globo*, 25 nov. 2007.

JUNGBLUT, Cristiane. Governo desiste de controlar setor audiovisual. *O Globo*, 15 jan. 2005. Disponível em: <http://arquivoglobo.globo.com/ns_index.htm>.

KOGUT, Patrícia. TV paga cresce entre a classe C. *O Globo*, Segundo Caderno, p. 8, 27 mar. 2010.

LAUTERJUNG, Fernando. TV participativa. *Tela Viva*, p. 14-17, mar. 2010.

LEITÃO, Gustavo. Na trilha da comunicação virtual. *O Globo*, Revista da TV, p. 12-13, 14 dez. 2008a.

_______________. Todo poder aos internautas. *O Globo*, Revista da TV, p. 14-15, 14 dez. 2008b.

LUCA, Cristina de. Web? Não! O futuro da TV é a nuvem. Disponível em: <http://idgnow.uol.com.br/blog/circuito/2011/09/07/web-nao-o-futuro-da-tv-e-a-nuvem/>. Set. 2011.

MACHADO, André. TV digital: técnicos debatem padrão brasileiro. *O Globo*, 12 jan. 2003. Disponível em: <http://arquivoglobo.globo.com/ns_index.htm>.

_______________. Net digital insere padrão DVB no cabo. *O Globo*, 15 nov. 2004. Disponível em: <http://arquivoglobo.globo.com/ns_index.htm>;

_______________. Um novo mundo de possibilidades. *O Globo*, p. 30, 25 nov. 2007.

MERMELSTEIN, André. O Ginga chegou, e agora?. *Tela Viva*, p. 3, mar. 2010.

MIRANDA, André. A internet não veio para salvar o mundo. *O Globo*, Segundo Caderno, p. 8, 25 jul. 2009.

MONTEIRO, Elis. A próxima atração: sua nova TV. *O Globo*, Caderno Info Etc., p. 1, 5 fev. 2007a.

___________. TV digital: novo round. *O Globo*, Caderno Info Etc., p. 3, 30 jul. 2007b.

MONTEIRO, Karla. A quarta tela. *O Globo*, p. 16, 13 maio 2007.

MOUSSE, Simone. Universo de detalhes. *O Globo*, Revista da TV, p. 12-14, 13 jul. 2008.

MUNIZ, Diógenes. TV digital mudará maneira de medir Ibope; telejornais podem perder pontos. *Folha On Line*, 13 ago. 2007. Disponível em: <http://www1.folha.uol.com.br/ilustrada/ult90u3119568.shtml>. Acesso em: 14 ago. 2007.

NOVO, Aguinaldo. TV paga aumentou base de clientes e faturamento no primeiro semestre. *O Globo*, 5 ago. 2004. Disponível em: <http://arquivoglobo.globo.com/ns_index.htm>;

NUCCI, João Paulo. A virada da Net. *Meio e Mensagem*, 9 out. 2006.

OLIVEIRA, Eliane; BATISTA, Henrique G. Nos bits do rádio: transmissões no padrão digital começam este ano no país e prometem revolução no setor. *O Globo*, p. 21, 30 jul. 2007.

OLIVEIRA, Flávia. Política pública na TV digital. *O Globo*, p. 26, 4 abr. 2008

PARAJARA, Fabiana. Net investe R$ 100 milhões. *O Globo*, 11 ago. 2004. Disponível em: <http://arquivoglobo.globo.com/ns_index.htm>;

RODRIGUES, Lino. TV paga divide setor de telecomunicações. *O Globo*, p. 22, 12 ago. 2008.

ROSA, Bruno. Net inicia transmissão em alta definição no Rio, com novo canal. *O Globo*, p. 28, 7 maio 2008.

ROSA, Bruno; ANTUNES, Elizabete. Rede TV! inicia transmissão de TV digital no Rio. *O Globo*, p. 21, 9 abr. 2008.

ROSA, Bruno; ORDOÑEZ. Com novela, Globo estreia na TV digital no Rio. *O Globo*, p. 27, 17 jun. 2008.

ROSA, Bruno; TAVARES, Mônica. Ao pedir mudança na lei, teles miram conteúdo. *O Globo*, p. 25, 13 fev. 2008.

SANCHES, Sydney. Ameaça ao conteúdo nacional na TV digital. *O Globo*, p. 7, 25 ago. 2007.

SCOFIELD JR., Gilberto. Brasil a um passo do padrão japonês. *O Globo*, 13 abr. 2006. Disponível em: <http://arquivoglobo.globo.com/ns_index.htm>.

______________. TV digital nos EUA excluirá três milhões de domicílios. *O Globo*, p. 20, 12 jun. 2009.

SENNA, Orlando. Quem tem medo da Ancinav?. 4 jan. 2005. Disponível em: <http://www.cultura.gov.br/site/2005/01/04/quem-tem-medo-da-ancinav-por-orlando-senna/>.

TAVARES, Mônica. Definição de padrão para TV digital sai até fevereiro. *O Globo*, 19 maio 2005. Disponível em: <http://arquivoglobo.globo.com/ns_index.htm>.

_______________. Rio terá TV digital de 6 a 12 meses depois da implantação em São Paulo. *O Globo*, p. 37, 10 ago. 2006a.

_______________. Lula anuncia polos de TV digital fora de Manaus. *O Globo*, p. 29, 19 out. 2006b.

_______________. TV digital começa a transmissão em Brasília. *O Globo*, p. 22, 23 abr. 2009a.

_______________. Regras da internet pela tomada são aprovadas. *O Globo*, p. 22, 26 ago. 2009b.

_______________. TV Cultura quer transmitir mais dois canais. *O Globo*, p. 20, 18 mar. 2009c.

_______________. Telefônica quer ingressar na TV por assinatura. *O Globo*, p. 27, 8 fev. 2007a.

_______________. Vai movimentar toda a economia. *O Globo*, 25 nov. 2007b.

TAVARES, Mônica; FRANÇA, Mirelle de; RIBEIRO, Fabiana. É dada a largada para a TV digital. *O Globo*, p. 29, 25 nov. 2007.

TAVARES, Mônica; ROSA, Bruno. TV Globo inicia transmissão digital no Rio. *O Globo*, p. 38, 15 jun. 2008.

VASCONCELOS, Nelson. Googleband. *O Globo*, Conexão Global, p. 25, 23 mar. 2010a.

_______________. Só dá Google. *O Globo*, Conexão Global, p. 25, 23 mar. 2010b.

Principais documentos consultados

Campanha Quem financia a baixaria é contra a cidadania: Disponível em: <www.eticanatv.org.br>.

Classificação indicativa dos programas de TV por idade (Ministério da Justiça):

Disponível em: <www.mj.gov.br/classificacao/>.

Disponível em: <www.tvbrasil.org.br>. Acesso em: jun. 2008.

Disponível em: <www.ebc.tv.br>. Acesso em: jun. 2008.

Exposição de motivos do ministro das Comunicações: Exposição de motivos do decreto que institui o sistema brasileiro de TV Digital. Disponível em: <http://www.mc.gov.br/tv-digital/exposicao-de-motivos-do-decreto-que-institui-o>.

Legislação britânica: Disponível em: <www.ofcom.org.uk>.